EXCEL 2000
Herramientas Avanzadas, Macros y Programación con VBA

Jesús Belchí Tendero
Gema Fernández Pascual

EXCEL 2000

Herramientas Avanzadas, Macros y Programación con VBA

Autores: Jesús Belchí Tendero
Gema Fernández Pascual

Edita:
© FUNDACIÓN CONFEMETAL
Príncipe de Vergara, 74. 28006 Madrid
Tel.: 91 782 36 30 - Fax: 91 563 17 41
www.fundacionconfemetal.com
editorial@fundacionconfemetal.es

ISBN: 84-95428-35-0
Depósito Legal: M-29485-2001

Maquetación e impresión:
Bouncopy, S.A. - c/ San Romualdo, 26

Impreso en España - *Printed in Spain*

A nuestras respectivas familias que nos han soportado estoicamente,
mientras nos dedicábamos a escribir este libro.
Nuestro agradecimiento más sincero a todos los alumnos que con
sus inquietudes, que hemos hecho nuestras,
han motivado la realización de este libro.

ÍNDICE

CAPÍTULO 1

INTRODUCCIÓN

Este libro se plantea con la intención de dar un paso importante en el aprendizaje de Excel, no sólo cuantitativa sino cualitativamente. Se trata de abrir una puerta en este programa que conduce a multitud de posibilidades.

Excel ofrece muchas alternativas, sin llegar a entrar en programación, que podrán satisfacer un tanto por ciento muy elevado de nuestras necesidades. El enfoque de este libro se realiza desde la perspectiva de que el lector ya conoce los procedimientos básicos en Excel, tales como seleccionar y editar celdas, aplicarles formato, realizar cálculos matemáticos sencillos, etc.

En este libro encontraremos dos partes diferenciadas: en la primera hablaremos de aquellas herramientas más avanzadas y menos conocidas de Excel, y en la segunda nos adentraremos en el estudio del lenguaje de programación de macros, con el cual podremos crear soluciones basadas en Excel que se adapten a nuestras necesidades específicas.

Así pues, comenzaremos con un breve repaso de las distintas formas de hacer referencia a las celdas y de cómo nombrar rangos. Estudiaremos un amplio conjunto de funciones de distintas categorías que pueden resultar de gran utilidad en multitud de situaciones.

A continuación serán los gráficos los que tomarán el protagonismo en un capítulo dedicado a la creación y diseño de gráficos. Estudiaremos cómo crear un gráfico con ayuda del Asistente y profundizaremos en la utilización de herramientas de gráficos que nos ayuden a darles el formato más apropiado.

El siguiente capítulo estará dedicado a las bases de datos. Veremos cómo definir, insertar y validar la información incluida en la base de datos, y examinaremos las herramientas de análisis que nos permitan obtener el máximo rendimiento de los datos que en ellas hemos incluido.

Más adelante, trasladaremos nuestro punto de atención a una serie de programas complementarios como Buscar Objetivo y *Solver* que permiten buscar una solución rápida a los distintos modelos de problemas que podamos diseñar.

Para los que van más allá de asistentes y herramientas prefabricadas, Excel ofrece la creación de macros y la programación en Visual Basic.

No tenemos que convertirnos en programadores de alto nivel para aprovechar estas ventajas. En realidad con unas pocas instrucciones seremos capaces de realizar infinidad de programas.

Comenzaremos esta parte del libro por el estudio de las macros. Cuando grabamos una macro, Visual Basic genera automáticamente el programa necesario para ejecutarla posteriormente.

Esto nos permite observar cómo Visual Basic transforma nuestras acciones en código de programa y, por tanto, aprender de ello.

Aprenderemos los fundamentos básicos de programación, tanto para modificar macros como para crear procedimientos directamente desde el editor de Visual Basic.

Utilizaremos las diferentes funciones disponibles desde el editor, además de aprender a crear las funciones definidas por el usuario, que luego podremos utilizar desde cualquier celda de una hoja.

Accederemos al uso de formularios estudiando los controles de la caja de herramientas que podemos insertar en dichos formularios.

Nos introduciremos en el acceso a bases de datos de Access. Por una parte, directamente a través de DAO *(Data Access Objects)*, y por otra, accediendo a objetos ya creados en el propio entorno de Access como tablas, consultas, formularios o informes.

Aunque este libro está enfocado para utilizarse en las versiones de Excel 2000 y Excel 97, también se puede practicar, en su mayor parte, el contenido de los ejercicios planteados en este libro, en la versión de Excel 5.0, ejecutable en Windows 3.1 y 3.11.

Hay que tener en cuenta que en esta versión se nos ofrecía la posibilidad de trabajar en dos idiomas, español o inglés. De este modo, las instrucciones de programación generadas por las macros o las que se escribían directamente podían verse en uno de los dos idiomas.

La versión de Excel 5.0 no traduce un programa escrito en un idioma a otro. Antes de empezar debemos cambiar el idioma, cerrar el libro actual y abrir uno nuevo.

En las versiones de Excel 97 y Excel 2000, el idioma utilizado para programar en Visual Basic es inglés.

Es importante, al hacer la instalación o más adelante si ya está hecha, que la ayuda para Visual Basic esté instalada. Hay que tener en cuenta que Excel nos proporciona dos entornos de ayuda, uno para trabajar con Excel propiamente dicho y otro para el entorno de Visual Basic.

Ambas ayudas siguen la misma estructura que todas las ayudas de Windows en cuanto a los apartados, contenido e índice.

En el entorno de Visual Basic podemos también utilizar los elementos del Office, como el ayudante (Clipo), que aparece para que podamos preguntarle sobre algún tema, y el apartado Microsoft en el Web, o MSDN *(Microsoft Developer Network)*, en el caso del Office 2000.

CAPÍTULO 2

REFERENCIAS Y NOMBRES

2.1. INTRODUCCIÓN

Dedicaremos este capítulo a exponer los aspectos más relevantes de las referencias a celdas. Comenzaremos con una breve explicación de cómo identificar las celdas y nos adentraremos en el estudio de las diversas formas de referenciar celdas.

Todas las celdas de una hoja de cálculo de Excel tienen un nombre estándar formado por la letra de la columna y el número de la fila en las que se encuentran. Así llamaremos a las celdas A1, A2, B1, B2, etc. tal y como se puede observar en la Tabla 2.1.

	A	B	C	D	E
1	A1	B1	C1	D1	E1
2	A2	B2	C2	D2	E2
3	A3	B3	C3	D3	E3
4	A4	B4	C4	D4	E4

Tabla 2.1: Nombres para hacer referencia a las celdas.

Además de hacer referencia a una sola celda, es posible hacer referencia a un rango de celdas. En este caso, indicaremos los nombres de las celdas que se encuentran en los vértices del rango separándolos con (:). Así, el rango resaltado en la Tabla 2.1 recibiría el nombre B2:D3.

2.2. REFERENCIAS RELATIVAS

Uno de los mecanismos básicos en Excel, y que se utiliza muy a menudo cuando creamos hojas de cálculo, consiste en escribir una fórmula en una celda para realizar un cálculo y, a continuación, arrastrar el contenido de dicha celda para "copiarlo" a las celdas contiguas. Sin embargo, no se trata exactamente del mismo cálculo, dado que obtenemos resultados diferentes en cada celda. Podríamos decir que en realidad lo que copiamos es la "idea" o la "intención" de dicho cálculo.

Esto sucede así porque al insertar la fórmula en una celda y escribir los nombres de las otras celdas que intervienen en el cálculo, Excel no interpreta que la celda que queremos utilizar sea, concreta y precisamente, aquella que hemos seleccionado, si no que, en realidad, Excel interpreta que debe incluir la celda que está en esa ubicación con respecto a la celda que contiene la fórmula. Es decir, toma la posición **relativa** a la celda.

	A	B	C	D	E
1		**Ingresos**	**Gastos**	**Beneficios**	
2	**Enero**	1.258.321 Pts	864.321 Pts	= B2-C2	
3	**Febrero**	1.385.000 Pts	795.346 Pts	= B3 - C3	
4	**Marzo**	1.439.400 Pts	806.324 Pts	= B4 - C4	
5	**Abril**	1.327.600 Pts	997.000 Pts	= B5 - C5	
6	**Mayo**	1.907.535 Pts	867.324 Pts	= B6 - C6	
7	**Junio**	1.452.641 Pts	799.555 Pts	= B7 - C7	
8	**Julio**	1.157.069 Pts	799.864 Pts	= B8 - C8	
9	**Agosto**	987.321 Pts	990.541 Pts	= B9 - C9	
10	**Septiembre**	1.059.647 Pts	759.321 Pts	= B10 - C10	
11	**Octubre**	1.834.269 Pts	709.321 Pts	= B11 - C11	
12	**Noviembre**	2.035.874 Pts	951.357 Pts	= B12 - C12	
13	**Diciembre**	2.180.054 Pts	895.132 Pts	= B13 - C13	
14					

Figura 2.1: Cálculo de beneficios.

Analicemos lo que obtenemos al realizar una tarea tan cotidiana como la de arrastrar el **control de relleno** de una celda que contiene una fórmula. Supongamos que tenemos una lista de ingresos y gastos durante los meses de un año y queremos calcular los beneficios de cada mes.

En una hoja de cálculo como la reflejada en la Figura 2.1, escribiríamos la fórmula =B2-C2 en la celda D2, y arrastraríamos el **control de relleno** hasta la celda D13. Si nos fijamos en las fórmulas que obtenemos en las celdas que acabamos de rellenar, veremos que aparecen las fórmulas que se observan en el rango D3:D13 de la tabla. Estas fórmulas son iguales a la primera que hemos escrito, pero con la particularidad de que, según avanzamos hacia abajo por las filas, los números de la fórmula van aumentando, precisamente debido a que las referencias a celdas que se escribieron en la primera celda eran relativas. Es como si hubiésemos escrito: "Restar la celda que está en esta misma fila, pero dos columnas más a la izquierda menos la celda que está en esta fila, pero en la columna de la izquierda".

Cuando los desplazamientos se producen en horizontal, lo que irá cambiando será el nombre de la columna, es decir, irá aumentado o disminuyendo la letra.

Si pensásemos en las referencias suponiendo que son flechas que apuntan a la celda con la que se debe operar, en el caso de las referencias relativas, tendríamos que suponer que son flechas rígidas y que se desplazan a distintas posiciones en función de la dirección en la que arrastremos el control de relleno.

2.3. REFERENCIAS ABSOLUTAS

El mecanismo consistente en arrastrar el **control de relleno**, que se utiliza habitualmente para realizar el mismo cálculo a lo largo de una misma fila o columna que vimos en el apartado anterior, no resulta útil en todas las situaciones. Puede darse la situación en la que una o varias de las celdas que intervienen en un cálculo deba ser siempre la misma, como, por ejemplo, cuando queremos calcular el incremento del tanto por ciento del IVA en un precio. En estos casos, si escribimos la fórmula indicando el nombre de la celda sin más, al arrastrar el **control de relleno** para copiar la fórmula a otras celdas podemos encontrarnos con errores, o resultados incorrectos, puesto que la referencia a la celda, que siempre debe ser la misma, también cambia al ser copiada a otras celdas. La solución a este problema se consigue haciendo referencia a la celda de forma absoluta, lo que consiste en poner el signo **$** delante del nombre de la fila y del de la columna (p. ej.: $A$2).

Veamos con un ejemplo una situación en la que resulta necesario la utilización de referencias absolutas. Supongamos que tenemos una lista con precios, y que queremos calcular la cantidad de IVA de dichos precios. Podríamos encontrarnos con una disposición de celdas similar a la de la Figura 2.2.

	A	B	C
1	**Lista de Precios**		
2			
3	**% IVA:**	16%	
4			
5	**Producto**	**Precio Neto**	**IVA**
6	Producto 1	2.736 Pts	
7	Producto 2	1.123 Pts	
8	Producto 3	1.046 Pts	
9	Producto 4	2.107 Pts	
10	Producto 5	1.275 Pts	
11			

Figura 2.2: Cálculo del IVA.

Para realizar el cálculo escribiríamos la fórmula =B6*B3 en la celda C6. Esta fórmula tiene el problema de que no podemos arrastrarla hacia abajo porque produciría valores incorrectos en las demás celdas. Por ejemplo, la fórmula que obtendríamos en la celda C7 sería =B7*B4, lo que daría como resultado 0. En otras celdas obtendríamos valores distintos pero siempre incorrectos.

Como se ha dicho, la solución a este problema consiste en hacer uso de las **referencias absolutas**, que permiten especificar el nombre de una celda en una fórmula de manera que, aunque copiemos dicha fórmula, la celda permanezca fija. Para indicar que una celda debe ser fija, debemos bloquear el nombre de la fila y la columna a las que pertenece con ayuda del símbolo **$**.

En el ejemplo del cálculo del IVA, la fórmula correcta que deberíamos escribir es: =B6*$B$3. De este modo, al arrastrar el contenido de la celda a las celdas inferiores, el número 6 de la celda B6 irá aumentado, pero la celda B3 permanecerá fija en todas ellas.

Para colocar el símbolo **$,** podemos teclearlo directamente en su lugar apropiado dentro de la fórmula o, una vez que hemos escrito o indicado el nombre de la celda, pulsar la tecla <F4>, mientras el cursor permanece sobre el nombre de la celda que debe llevar los signos de **$**.

En el caso de las **referencias absolutas**, las flechas que suponíamos haciendo referencia a las celdas son elásticas en lugar de rígidas, ya que, copiemos al lugar que copiemos la fórmula, el destino de la flecha siempre apuntará a la celda con los signos **$**.

2.4. REFERENCIAS MIXTAS

En los dos apartados anteriores hemos visto que es posible hacer referencia a las celdas tanto de forma relativa como absoluta. Una tercera forma de referenciar celdas son las **referencias mixtas**, que consisten en bloquear sólo la referencia a la fila o a la columna de una celda.

En este caso el símbolo **$** sólo se pone delante de la letra si queremos bloquear la referencia a la columna, o delante del número si queremos bloquear la referencia a la fila. La pulsación repetida de la tecla <F4> permite añadir las distintas combinaciones del símbolo **$** al nombre de la celda sobre la que se encuentra el cursor ($A$1; A$1; $A1; A1).

Así, si escribimos en una celda una fórmula con una referencia que siga el patrón $A1, al copiar dicha fórmula a las celdas contiguas, el 1 se irá transformando en 2, 3, 4... a medida que avanzamos por las filas hacia abajo, y la letra A permanecerá inalterable aunque se copie la fórmula a celdas de otras columnas.

En la Figura 2.3 vemos qué referencias obtendríamos al escribir la fórmula =$A1+A$1 en la celda B2, y copiarla en las celdas de su alrededor:

	A	B	C	D
1	Error	Error	Error	Error
2	Error	**=$A1 + A$1**	=$A1 + B$1	=$A1 + C$1
3	Error	=$A2 + A$1	=$A2 + B$1	=$A2 + C$1
4	Error	=$A3 + A$1	=$A3 + B$1	=$A3 + C$1

Figura 2.3: Resultado de copiar una fórmula a otras celdas.

Veamos un ejemplo en el que las referencias mixtas nos pueden ahorrar mucho trabajo a la hora de escribir fórmulas durante la creación de una hoja de cálculo. Supongamos que queremos crear una hoja con la estructura que se observa en la Figura 2.4, en la que se calculen de forma automática todas las tablas de multiplicar, de modo que las fórmulas que deberíamos escribir en cada celda serían las que aparecen en dicha figura.

Si nos fijamos bien en las formulas que debemos escribir, nos daremos cuenta de que en todas ellas hay dos elementos que no cambian: la fila 1 y la columna A. También debemos notar que aquellos elementos cambiantes, lo hacen de un modo consecutivo; es decir, tanto los números de fila como las letras de las columnas van aumentando progresivamente.

Esto indica que existe la posibilidad de escribir una única fórmula que sirva para calcular todas las celdas. Si bloqueamos dicha fila y columna al escribir la primera fórmula, podremos arrastrar el contenido de esta celda a todas las demás de la tabla, de modo que la multiplicación se realizará de forma correcta en todas las celdas. Esta primera fórmula, escrita en la celda B2, debería ser: =B$1*$A2. Una vez escrita, tan sólo debemos copiar la fórmula a las celdas adyacentes que pertenecen al rango B2:K11 y Excel realizará las multiplicaciones de forma correcta.

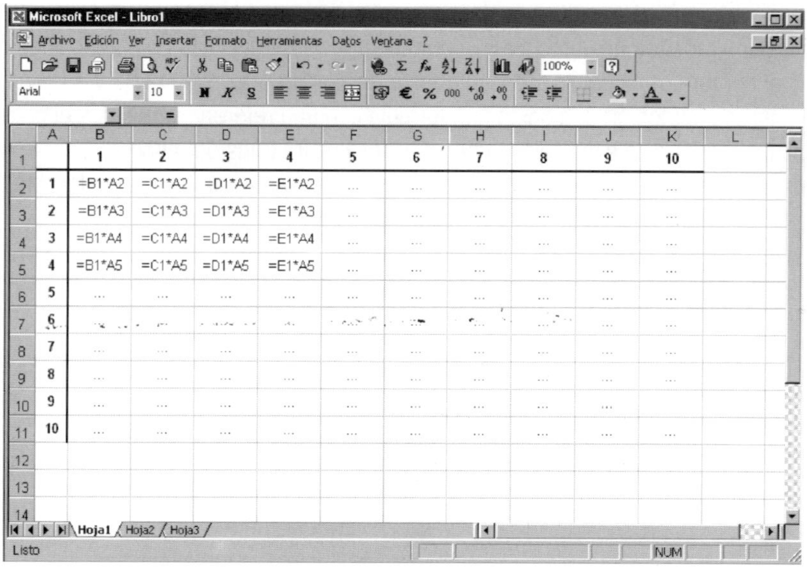

Figura 2.4: Fórmulas para obtener la tabla de multiplicar.

2.5. REFERENCIAS REMOTAS

Hasta ahora hemos creado fórmulas en las que utilizamos referencias a celdas de forma relativa, absoluta o mixta, pero que siempre se encuentran en la misma de hoja de cálculo. Sin embargo, en ocasiones podríamos necesitar realizar un cálculo en el que intervinieran celdas de otra hoja de cálculo, ya sea del mismo libro o de cualquier otro. Serán las referencias a este tipo de celdas las que denominaremos como **referencias remotas**.

Supongamos que tenemos un libro como el de la Figura 2.5 en el que anotamos el número de llamadas que se reciben en cada uno de los departamentos de nuestra empresa, de manera que tenemos una hoja para cada día de la semana en la que anotamos las llamadas recibidas en cada franja horaria. Además, nuestro libro tiene una hoja al final en la que vamos a totalizar las llamas recibidas durante la semana.

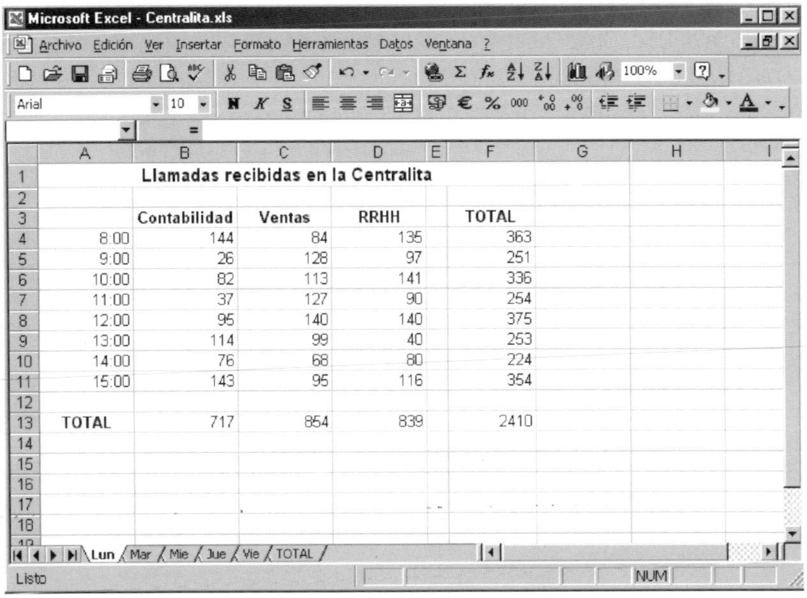

	A	B	C	D	E	F
1		Llamadas recibidas en la Centralita				
2						
3		Contabilidad	Ventas	RRHH		TOTAL
4	8:00	144	84	135		363
5	9:00	26	128	97		251
6	10:00	82	113	141		336
7	11:00	37	127	90		254
8	12:00	95	140	140		375
9	13:00	114	99	40		253
10	14:00	76	68	80		224
11	15:00	143	95	116		354
12						
13	TOTAL	717	854	839		2410

Figura 2.5: Control de llamadas recibidas.

Cuando queramos realizar la suma total de los datos de la semana en la hoja "TOTAL" lo lógico será sumar las celdas de cada día de la semana. Para ello tendremos que ir a la celda en la queremos obtener dicha suma, escribir un **=**, activar la hoja "Lun" e indicar la celda que debemos incluir en la suma, pulsar el signo **+** y seleccionar la celda adecuada de la siguiente hoja "Mar". Repetiremos este proceso con todas las hojas que deban estar incluidas en el resultado final. Veremos entonces que antes de los nombres de celdas de la fórmula que hemos obtenido en la hoja de totales están indicados los nombres de las hojas, separados por el signo **!**. La fórmula concreta que debemos obtener es:

=Lun!B4+Mar!B4+Mie!B4+Jue!B4+Vie!B4

Las referencias están hechas de forma relativa, ya que no hay ningún signo **$** en la fórmula, lo que significa que podríamos extender la fórmula a todas las demás celdas de la hoja y no sería necesario repetir de nuevo la operación de realizar el cálculo.

En el supuesto de que la celda perteneciese a otro libro, aparecería el nombre del libro delante de la referencia a la hoja, escrito entre corchetes **[ ]**, pero en esta ocasión la referencia a la celda se hace de forma absoluta. Un ejemplo de referencia remota a otro libro sería: [Datos.xls]Hoja2!$B$4. De todos modos, aunque Excel tome la referencia remota a las celdas de otro libro de forma absoluta, nosotros podemos modificar esta referencia quitando los signos **$**, si nos interesa que la referencia sea relativa.

2.6. REFERENCIAS 3D

Acabamos de ver cómo podemos operar en una celda con datos que se encuentran en otras hojas. Sin embargo, existe otra forma de hacer referencia a celdas de otras hojas. Una **referencia 3D** consiste en hacer referencia a la misma celda de un rango de hojas. El aspecto que tendrán estas referencias será similar a: Hoja1:Hoja8!A1.

En el ejemplo anterior sobre las llamadas a la centralita, puede resultar más conveniente e interesante hacer la suma de las llamadas de toda la semana con una referencia de este tipo, ya que siempre estamos haciendo referencia a la misma celda en todas las hojas.

Para realizar la suma de las llamadas de todos los días de la semana en la hoja de totales debemos seguir los siguientes pasos:

1. Colocar el cursor en la celda que debe contener la suma en la hoja "TOTAL".
2. Pulsar el botón de Autosuma en la barra de herramientas estándar.
3. Seleccionar todas las hojas desde "Lun" a "Vie". El modo de realizar esta selección consiste en hacer clic sobre la primera de las hojas del rango ("Lun"). Pulsar una de las dos teclas <MAYÚSCULAS> del teclado (no debemos confundirnos con la tecla <BLOQ MAYÚS.>) y hacer clic sobre la última celda del rango ("Vie").
4. Seleccionar la celda que queremos sumar de cada una de las hojas
5. Pulsar <INTRO> para indicar que hemos terminado de escribir la fórmula.

Una vez realizados estos pasos nos encontraremos con que la celda seleccionada en el primer paso contiene la siguiente fórmula: =SUMA(Lun:Vie!B5). Lo que significa que va a sumar todas las celdas B5 de las hojas que se encuentren entre "Lun" y "Vie".

Debemos tener en cuenta dos cosas a la hora de utilizar estas referencias. La primera es que si movemos alguna de las hojas de cálculo incluidas en el rango de hojas que indica la referencia 3D, de modo que ya no esté incluida entre los extremos, sus valores no serán tenidos en cuenta en el resultado final. De igual modo, si incluimos nuevas hojas en el intervalo indicado en la referencia 3D, los valores contenidos en dichas hojas serán incluidos en el cálculo final.

Por último, debemos tener en cuenta que este tipo de referencias no se pueden utilizar con cualquier función, sino que sólo se pueden incluir en aquellas que necesiten como argumento una lista de datos. Algunas funciones que permiten el uso de estas referencias son: SUMA, PRODUCTO, PROMEDIO, MAX, MIN, VAR, DESVEST, CONTAR y, en general, aquellas funciones estadísticas más comunes que se utilizan para obtener información sobre un grupo de valores. Se puede consultar el modo de utilizar éstas y otras funciones en el capítulo dedicado a funciones.

2.7. NOMBRES DE RANGOS Y CELDAS

Hemos visto cómo podemos hacer referencia a las celdas utilizando para ello sus nombres estándar. Sin embargo, tenemos la posibilidad de asignar nombres personalizados tanto a celdas individuales, como a rangos sencillos o múltiples, que nos permitan referenciarlas de una forma más nemotécnica.

2.7.1. Definir nombres de celdas

Existen varias posibilidades para dar nombres a las celdas. Para nombrar una celda o un rango de celdas de forma sencilla hay que seguir los siguientes pasos:

1. Seleccionar la celda o celdas que queremos nombrar.
2. Hacer clic sobre el cuadro de nombres, que se encuentra a la izquierda de la barra de fórmulas y que suele contener el nombre de la celda activa.
3. Escribir el nombre que queremos asignar a las celdas seleccionadas en dicho cuadro. Este nombre debe empezar por una letra, y puede contener letras, números y algunos caracteres especiales, aunque no es recomendable utilizarlos. No podemos dar nombres que lleven un espacio en blanco. En su lugar se puede poner un guión de subrayado (_). Otra posibilidad para distinguir las diferentes palabras que pueden componer un nombre consiste en intercalar letras mayúsculas y minúsculas de modo que cada nueva palabra empiece con una letra mayúscula y el resto esté escrito en minúsculas (p. ej.: NúmeroCeldas).
4. Pulsar <INTRO> para terminar. Este paso es imprescindible. Si se omite, Excel no registrará el nuevo nombre. Esto es algo que hay que tener muy en cuenta, pues

resulta habitual que tras escribir el nuevo nombre, pulsemos las flechas de dirección o hagamos clic en otra celda, con lo que Excel interpreta que estamos intentado seleccionar un rango de celdas con ese nombre.

Otra posibilidad para crear nuevos nombres de rangos consiste en utilizar el menú **Insertar — Nombre — Definir**, con lo que obtenemos la pantalla de la Figura 2.6.

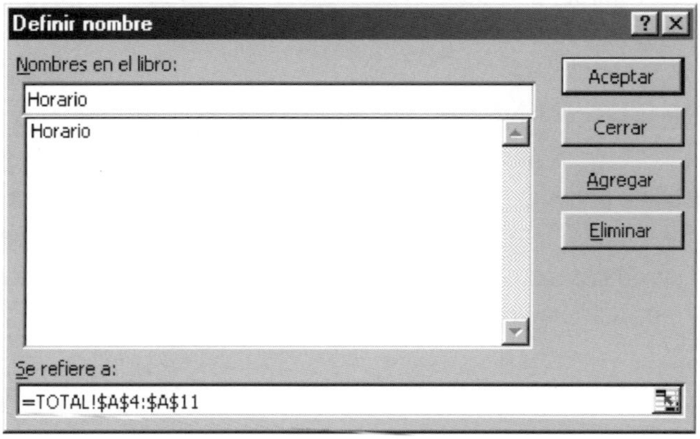

Figura 2.6: Definir nombre.

Desde este cuadro de diálogo podemos añadir nuevos nombres, escribiéndolos en el cuadro **Nombres en el libro**, indicando la celda o celdas a las que debe hacer referencia en el cuadro **Se refiere a** y pulsando el botón **Agregar**. En la caja central, aparece una lista con los nombres que se han definido en el libro activo, y podemos eliminarlos si los seleccionamos y pulsamos el botón **Eliminar**. También podemos modificar las celdas a las que hace referencia cualquier nombre. Para ello debemos seleccionar el nombre en cuestión de la lista y, a continuación, las celdas a las que hace referencia en el cuadro **Se refiere a**. Por último hay que pulsar el botón **Agregar** para que Excel registre el cambio. Ésta es la única forma de modificar las celdas a las que se hace referencia mediante un nombre personalizado, ya que, si volviésemos a escribir un nombre existente en el cuadro de nombres, Excel, en lugar de modificar la referencia de dicho nombre, seleccionaría las celdas a las que se hace referencia.

Una tercera forma de definir nombres consiste en utilizar la opción del menú **Insertar — Nombres — Crear**, seleccionando previamente un rango de celdas sobre el cual queremos definir nuevos nombres, y en el que al menos una fila o columna de su exterior contenga los textos que queremos utilizar para dichos nombres. Un ejemplo válido de cómo deberíamos distribuir los datos para utilizar esta opción podría ser el que se propuso en el ejemplo de las llamadas a la Centralita (Figura 2.5). En dicha hoja de cálculo podríamos nombrar los rangos de celdas existentes bajo los nombres de los departamentos, de manera que tomen el nombre de la celda que hay sobre ellos.

Cuando activamos el menú **Insertar — Nombres — Crear**, aparece el cuadro de diálogo **Crear nombres** cuyas opciones son las que se observan en la Figura 2.7:

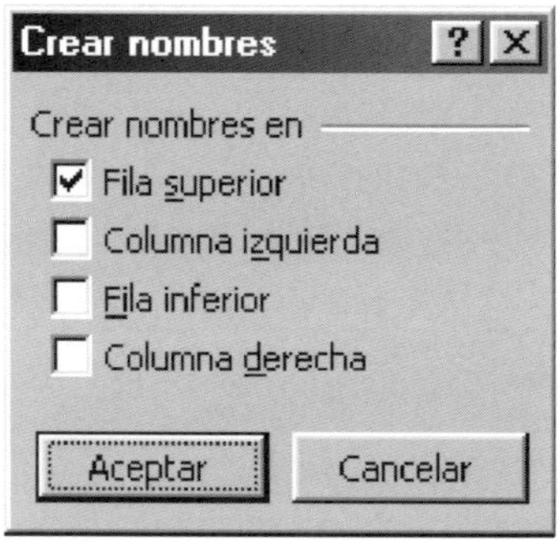

Figura 2.7: Crear nombres.

Fila superior: Si seleccionamos esta opción, Excel crea un nombre con el contenido de cada celda de la fila superior del rango que hemos seleccionado. Estos nombres hacen referencia a las celdas que están debajo de cada cabecera en la zona seleccionada.

Columna izquierda: Al activar esta opción, Excel crea un nombre con el contenido de cada celda de la columna de la izquierda del rango que hemos seleccionado. Estos nombres hacen referencia a las celdas que están a la derecha de cada cabecera en la zona seleccionada.

Fila inferior: Si seleccionamos esta opción, Excel crea un nombre con el contenido de cada celda de la fila inferior del rango que hemos seleccionado. Estos nombres hacen referencia a las celdas que están encima de cada cabecera en la zona seleccionada.

Columna derecha: Al activar esta opción, Excel crea un nombre con el contenido de cada celda de la columna de la derecha del rango que hemos seleccionado.

Estos nombres hacen referencia a las celdas que están a la izquierda de cada cabecera en la zona seleccionada.

En el cuadro de diálogo **Crear nombres** podemos seleccionar tantas opciones como sean oportunas, sin embargo, no se crearán nombres con aquellas celdas que contengan datos exclusivamente numéricos.

	A	B	C	D
1		**Ingresos**	**Gastos**	
2	**Trimestre 1**	1.258.321 Pts	864.321 Pts	
3	**Trimestre 2**	1.385.000 Pts	795.346 Pts	
4	**Trimestre 3**	1.439.400 Pts	806.324 Pts	
5	**Trimestre 4**	1.327.600 Pts	997.000 Pts	
6				

Figura 2.8: Situación para creación de nombres.

Por ejemplo, si nos encontramos ante una distribución en la hoja como la de la Figura 2.8, al seleccionar el rango A1:C5, los distintos nombres que se pueden crear, y los rangos a los que éstos hacen referencia serían:

Fila Superior: Tomaría como nombres las cabeceras **Ingresos** y **Gastos** que harían referencia a las 4 celdas que tienen debajo cada uno de ellos.

Columna Izquierda: Tomaría como nombres los rótulos **Trimestre1**, **Trimestre2**, **Trimestre3** y **Trimestre4**, que harían referencia a las dos celdas a la derecha de cada uno.

2.7.2. Utilización de nombres de rango

Una vez que hemos definido nombres para las celdas o rangos de la hoja de cálculo, tenemos la posibilidad de seleccionar dichas celdas abriendo para ello el desplegable del **cuadro de nombres**, con lo que encontraremos una lista con todos los nombres definidos en nuestro libro (ver Figura 2.9).

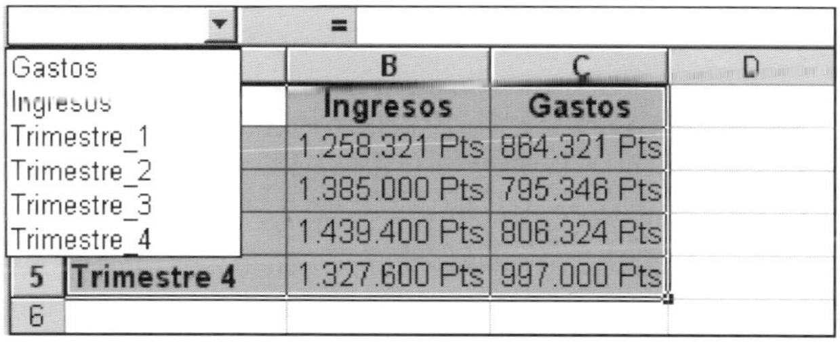

Figura 2.9: Cuadro de nombres.

La selección de uno de los nombres equivale a seleccionar las celdas a las que hace referencia. De hecho, tras elegir un nombre de la lista, veremos que quedan marcadas las celdas a las que dicho nombre hace referencia.

Los nombres también se pueden incluir en las fórmulas, y como argumentos de las funciones. Debemos tener en cuenta que los nombres que hacen referencia a celdas individuales son tratados en las fórmulas como si fueran referencias absolutas, y que aquellos que hacen referencia a un rango de celdas formado por una sola fila o columna tienen validez en las columnas o filas adyacentes a dicho rango.

Veamos de nuevo el ejemplo de la Figura 2.2 en el que calculábamos el importe del IVA de una serie de precios, pero esta vez vamos a dar un nombre a la celda que contiene el porcentaje de IVA.

Para dar nombre a la celda que contiene el porcentaje del IVA, seleccionaremos dicha celda (B3) y haciendo clic sobre el cuadro de nombres escribiremos "IVA" y pulsaremos <INTRO>.

Ahora, seleccionaremos la primera celda en la que debemos calcular el IVA (C6) y escribiremos la siguiente fórmula: =B6*IVA.

Por último, podemos arrastrar sin más preocupaciones el contenido de la celda (C6) hasta las celdas inferiores. Observaremos que realiza los cálculos correctamente y que no se producen errores, puesto que, como se ha dicho, la referencia a la celda "IVA" se realiza de forma absoluta en todas estas celdas.

Para incluir un nombre de rango en una fórmula tenemos dos posibilidades; una de ellas es teclear el nombre directamente como se ha hecho en el ejemplo anterior; pero si no recordamos el modo exacto en el que lo hemos escrito, podemos usar el menú **Insertar — Nombre — Pegar**, seleccionar el nombre adecuado de la lista y pulsar **Aceptar**.

Los nombres de rango también pueden ayudarnos a resolver de una forma cómoda situaciones similares a la que teníamos en el ejemplo de la tabla de multiplicar (Figura 2.4).

Para resolver el mismo problema ayudándonos de los nombres lo primero que debemos hacer es dar nombres a los rangos de celdas que contienen los números que hacen de encabezado, es decir, A2:A11 y B1:K1. Si seleccionamos cada rango por separado y les damos los nombres "Horizontal" (B1:K1) y "Vertical" (A2:A11), podremos escribir en cualquiera de las celdas del interior de la tabla la siguiente fórmula: =Horizontal * Vertical; y Excel realizará la multiplicación de las celdas situadas en los encabezados que se corresponden con los dos rangos que hemos nombrado. Si esta fórmula la copiamos a todas las celdas que hay en el rango B2:K11, los resultados siguen siendo correctos y no hemos tenido que tratar con las **referencias mixtas**, que utilizamos anteriormente.

Si copiásemos esta fórmula fuera de los límites del rango B2:K11, obtendríamos un error en las celdas, puesto que, fuera de dicho rango, Excel no reconoce los nombres indicados para ambos rangos.

2.7.3. Nombres locales

Por defecto, todos los nombres se crean como nombres globales a todo el libro en el que se definen, de manera que podemos hacer referencia a ellos desde cualquier hoja de dicho libro. Si necesitamos referenciar con el mismo nombre celdas que pertenezcan a distintas hojas, podemos utilizar nombres locales, que sólo tendrán validez en la hoja dentro de la cual se definen.

Para ello, cuando estamos creando el nombre, ya sea desde el cuadro de diálogo **Definir Nombre** o escribiéndolo en el cuadro de nombres, debemos anteponer el nombre de la hoja y el signo admiración (**!**) al nombre del rango que estamos creando. De este modo, dichos nombres sólo serán accesibles desde la hoja en la que se han definido, y además podremos utilizar el mismo nombre en tantas hojas como sea necesario.

CAPÍTULO 3

USO DE FUNCIONES DE LA HOJA DE CÁLCULO

3.1. INTRODUCCIÓN

En las celdas de Excel podemos escribir datos y fórmulas que operan con dichos datos. En estas fórmulas, además de los operadores matemáticos comunes (suma, resta, multiplicación y división), es posible la utilización de gran variedad de funciones que nos ayudan a simplificar las operaciones que necesitamos realizar.

Las funciones son herramientas que nos permiten realizar cálculos complejos de una forma sencilla. Generalmente, es necesario que aportemos a la función una serie de datos, llamados argumentos, con los que opera para obtener el resultado. Este resultado es el valor que devuelve la función y es el que se visualiza en la celda que contiene dicha función.

En Excel, las funciones están organizadas en distintas categorías según su propósito. Dedicaremos el presente capítulo a estudiar cómo se utilizan las funciones de forma general, y veremos con más detenimiento aquellas que pertenecen a categorías de uso más frecuente. En capítulos posteriores, profundizaremos en otras funciones más afines al tema tratado.

3.2. FORMATO DE LAS FUNCIONES

Cuando queremos realizar un cálculo utilizando una función, debemos escribirla teniendo en cuenta que todas las funciones siempre constan de tres partes:

Nombre: Cada función tiene un nombre distinto al de todas las demás, que habitualmente nos indica el propósito de dicha función.

Argumentos: Los argumentos son los datos que debemos aportar a cada función para que ésta pueda calcular el resultado que esperamos. Cada función necesita distinto número y tipo de argumentos. El número de argumentos y el tipo de cada uno de ellos están definidos en la sintaxis de cada función. Estos argumentos deben escribirse dentro de los paréntesis y separados unos de otros con punto y coma (;).

Paréntesis: Todas las funciones llevan paréntesis **( )** a continuación de su nombre. La finalidad de estos paréntesis es incluir en su interior la lista de argumentos que necesita la función. Es preciso escribirlos incluso cuando la función no necesita ningún argumento.

Tomemos como ejemplo la función SUMA. Es una función que posiblemente se utilice de forma habitual sin que seamos conscientes de ello, pues es la que emplea Excel cuando pulsamos el botón **Autosuma**. Si tras calcular la suma de un rango de celdas, analizamos el contenido de aquella en la que aparece el resultado, encontraremos algo similar a:

= SUMA (A1:C10)

En esta función podemos distinguir perfectamente su nombre (SUMA), los paréntesis, y un único argumento (A1:C10), que es el nombre de un rango.

3.3. ASISTENTE PARA FUNCIONES

Cuando conocemos la sintaxis de una función, podemos escribir su expresión directamente en la celda donde la necesitemos, sin olvidar insertar el símbolo igual (**=**) al principio de dicha expresión. Sin embargo, Excel pone a nuestro servicio una herramienta muy útil para la utilización de funciones, pues no sólo nos guía a la hora de insertarlas, sino que también nos permite consultar la extensa lista de funciones disponibles, de manera que podamos encontrar aquella que resulte más adecuada para realizar el cálculo que precisemos.

Para iniciar el asistente para funciones podemos utilizar el menú **Insertar — Función**, o bien utilizar el botón **Pegar función** (**fx**) de la barra de herramientas. Con cualquiera de las dos opciones, se inserta un **=** en la celda activa y se muestra el cuadro de diálogo **Pegar función**, similar al de la Figura 3.1.

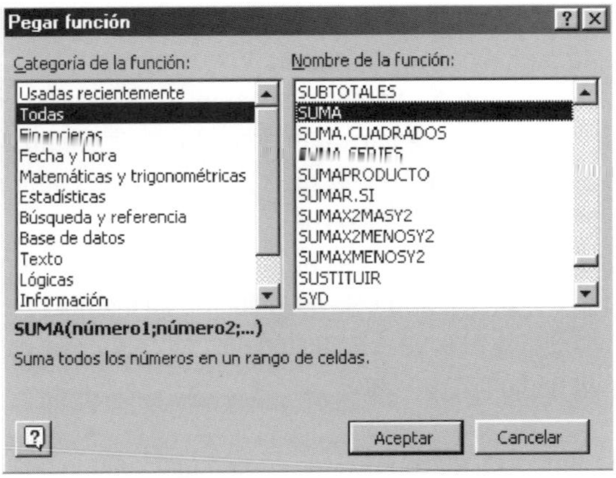

Figura 3.1: Asistente para funciones.

En el cuadro de diálogo **Pegar función** podemos encontrar todas las funciones disponibles en Excel, organizadas por categorías según su ámbito de utilización. En la lista de la izquierda están todas las categorías disponibles, y en la de la derecha se puede seleccionar cualquier función perteneciente a la categoría resaltada. En la parte inferior del cuadro de diálogo, podemos ver la sintaxis de la función seleccionada y una breve explicación de la operación que realiza. El botón de ayuda (**?**) nos permite consultar las ayudas de Excel para encontrar una descripción más detallada de la función seleccionada o de cualquier otra.

Una vez seleccionada la función adecuada, pulsando el botón **Aceptar**, llegamos al segundo paso del asistente. En este paso debemos indicar los argumentos de la función, si procede. En caso de haber seleccionado la función SUMA nos encontraríamos con un cuadro de diálogo como el de la Figura 3.2, que aparecería bajo la barra de fórmulas.

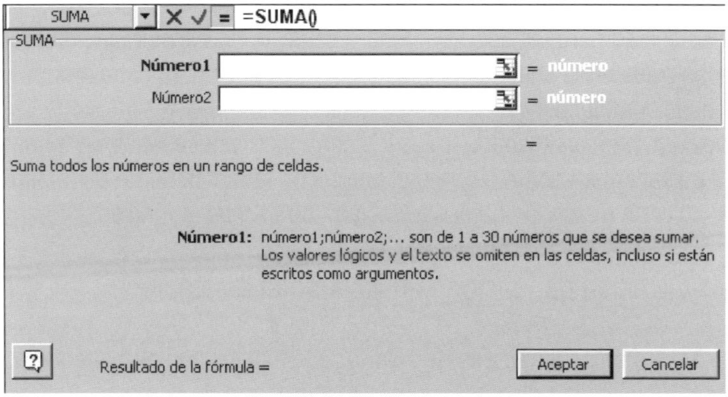

Figura 3.2: Argumentos de una función.

En la parte superior encontramos un recuadro que contiene una lista en la que se deben indicar los valores de cada argumento que necesita la función. Los que aparecen en negrita deben indicarse obligatoriamente, mientras que los que no están en negrita son opcionales y sólo los incluiremos si resultan oportunos. Cuando se rellenan los argumentos, se puede leer su valor actual junto al cuadro del argumento.

Este cuadro de diálogo también muestra una breve descripción del propósito de la función y a continuación se ofrece una explicación de la finalidad y del tipo de dato del argumento que esté seleccionado en la lista del recuadro superior.

En la parte inferior, junto al rótulo **Resultado de la fórmula =**, podemos observar el resultado final que devolverá la función, con los valores que en ese momento estén indicados en los argumentos.

Existen varias posibilidades para indicar los argumentos que queremos utilizar. En primer lugar, se pueden escribir directamente los valores de dichos argumentos en el cuadro proporcionado para ello. También es posible indicar el nombre estándar de las celdas o del rango de celdas que contiene dichos valores, tecleándolo sobre el cuadro o seleccionando con el ratón. Al hacer clic sobre el botón que aparece en el extremo derecho de los huecos destinados a la inserción de argumentos, se recoge el cuadro de diálogo que solicita dichos argumentos. Éste se convierte en una pequeña ventana y nos permite seleccionar con el ratón la celda o celdas que contienen los valores necesarios para el argumento seleccionado. Para poder volver a ver el cuadro de diálogo de argumentos debemos pulsar sobre el mismo botón que aparece en el extremo derecho del cuadro de referencia a celdas, o podemos pulsar la tecla <INTRO>.

Otra posibilidad para indicar argumentos consiste en escribir los nombres personalizados de las celdas que contienen los valores adecuados para cada argumento, en caso de haber definido alguno.

Una vez que hemos rellenado todos los argumentos necesarios para nuestro cálculo, sólo resta pulsar **Aceptar** <INTRO> o el botón con la marca verde de la barra de fórmulas, para indicar a Excel que hemos terminado de escribir la función.

3.3.1. Modificación de funciones utilizando el asistente

Una vez que hemos terminado de insertar una función con el asistente, podemos volver a él para modificarla pulsando el botón **=** de la barra de fórmulas. Esto vuelve a activar el cuadro de diálogo que permite indicar cuáles son los argumentos de la función. En el caso de que la fórmula esté compuesta por más de una función debemos hacer clic sobre el nombre de aquella función que queremos modificar, de modo que podamos visualizar los argumentos propios de cada una de ellas.

Si pulsamos el botón **=** sobre una celda que no contiene ninguna función, se activa una versión resumida del asistente, que nos permite seleccionar las funciones a partir de una lista que contiene aquellas que se han utilizado recientemente. Esta lista desplegable aparece en la zona que habitualmente ocupa el cuadro de nombres. La última opción de dicha lista (**Más funciones**) permite acceder a la pantalla del primer paso del asistente para funciones, en la que podemos encontrar la lista completa de las funciones disponibles en Excel.

3.4. EJEMPLOS DE FUNCIONES

Excel pone a nuestra disposición más de 300 funciones, de las cuales podremos encontrar detallada información en la ayuda de Excel. Sería muy difícil que una misma persona pudiera comprender y utilizar el uso de todas ellas, puesto que Excel es una herramienta creada con la idea de que se pueda utilizar en gran variedad de ámbitos de trabajo y serían necesarios conocimientos de una gran cantidad de disciplinas para comprenderlas todas, ya que podemos encontrar funciones matemáticas, estadísticas, financieras, de ingeniería, etc.

No obstante, en este apartado intentaremos familiarizarnos con el uso de las funciones como parte de nuestras fórmulas, por lo que, a continuación, veremos una serie de ejemplos en los que utilizaremos algunas de las funciones más comunes de cada categoría que podemos necesitar en nuestro trabajo diario con Excel.

3.4.1. Funciones matemáticas y trigonométricas

Se trata de una categoría que recoge un gran número de funciones de carácter general que nos permitirán realizar cálculos cotidianos.

Comenzaremos por unas cuantas funciones para realizar operaciones matemáticas comunes como multiplicar, calcular potencias, o raíces cuadradas.

La función PRODUCTO permite que le aportemos hasta 30 argumentos de tipo numérico, y devuelve el resultado de multiplicar todos ellos. Podemos rellenar estos argumentos escribiendo los números directamente o indicando las referencias a celdas individuales o rangos de celdas que contengan las cantidades. En el caso de indicar un rango de celdas como argumento, esta función multiplicará los números que contengan todas las celdas pertenecientes al rango.

Supongamos que en una hoja de cálculo hemos anotado el número de filas, columnas y hojas que hay en un libro de Excel y queremos saber el número total de celdas de las que disponemos. Para ello debemos multiplicar los tres datos indicados anteriormente.

Para realizar el cálculo utilizando la función PRODUCTO, suponiendo que los datos están en las celdas B3, B4 y B5 y que queremos obtener el resultado en la celda B6, podríamos escribir cualquiera de las siguientes fórmulas:

a. =PRODUCTO(B3:B5)
b. =PRODUCTO (B3;B4;B5)

En el caso **a** hemos utilizado la función PRODUCTO utilizando como único argumento el nombre de un rango. En el caso **b,** la función PRODUCTO tiene tres argumentos que coinciden con las tres celdas que queremos multiplicar.

La función POTENCIA calcula el resultado de elevar el número a la potencia; la base y el exponente serán sus argumentos. De este modo, si necesitamos calcular el cuadrado de un número que esté en la celda A1 escribiríamos la siguiente fórmula en cualquier celda, excepto en la A1:

= POTENCIA (A1;2)

La función RAIZ calcula la raíz cuadrada del número que le pasemos como argumento. Para calcular la raíz cuadrada de un número que esté en la celda A1 tendríamos que escribir la siguiente fórmula:

= RAIZ (A1)

La función FACT calcula el factorial del número que se le pasa como argumento. El factorial de un número consiste en multiplicar dicho número por todos los números menores que él hasta el 1. Así, el factorial de 5, sería 5*4*3*2*1 = 120. La fórmula que debemos escribir para que Excel realice este cálculo será:

=FACT(5)

La función RESIDUO devuelve el resto que se obtiene de dividir el primer argumento entre el segundo. Esta función podríamos utilizarla para saber si un número es par o impar. Cuando dividimos un número entre 2, solo hay dos posibilidades, que el cociente sea exacto, por lo que su resto sería 0, o que el cociente no lo sea, por lo que el resto obligatoriamente será 1. (Ya que si fuera 2 sería automáticamente divisible por 2.) Pues bien, si el número del cual queremos saber si es par o impar está escrito en la celda A1, en otra celda escribiríamos la fórmula: = RESIDUO(A1;2), y si el resultado da 0, entonces el número es par, y si da 1 es impar.

Veremos a continuación una serie de funciones que nos van a ayudar en el redondeo de números.

La función ENTERO devuelve la parte entera del número que le pasamos como argumento. Elimina todos sus decimales independientemente del valor que tengan. Si escribimos la siguiente fórmula =ENTERO(4,98938) el resultado será 4 (el mismo número, pero sin la parte decimal).

La función TRUNCAR convierte un número con decimales, indicado en el primer argumento, en otro que tendrá tantos decimales como indiquemos en su segundo argumento. De modo que si escribimos la fórmula =TRUNCAR(4,98938;2) obtendremos como resultado 4,98 (el mismo numero, pero con 2 decimales).

La función REDONDEAR, y sus variantes, también necesita que indiquemos dos argumentos, el primero será el número que queremos redondear, y el segundo el número de decimales que le queremos dejar. En principio, podría parecer que hace lo mismo que la función TRUNCAR, pero la diferencia consiste en que esta función tiene en cuenta el valor de los números que se desechan, de forma que los utiliza para aumentar o disminuir los últimos números que debe mostrar. Así en el caso de escribir la fórmula REDONDEAR(4,98938;2), obtendríamos como resultado 4,99 en lugar del 4,98 que obteníamos con TRUNCAR. Podemos utilizar esta función para obtener números enteros de modo que se redondeen indicando en el argumentos números decimales un 0. Así, la fórmula REDONDEAR(4,98938;0) devolvería el valor 5. Además, la función REDONDEAR tiene una serie de variantes como son REDONDEAR.PAR, REDONDEAR.IMPAR, REDONDEAR.MENOS y REDONDEAR.MAS que permiten elegir el método de redondeo que se va a utilizar.

Se comentó que algunas funciones no necesitaban argumentos para llevar a cabo su cometido. Éste es el caso de funciones como PI que devuelve el número pi (π) con precisión de hasta 15 dígitos. Si escribimos en una celda la fórmula =PI(), obtendremos en ella el valor del número pi (3,14159265). No debemos olvidar que, aunque no necesitemos especificar argumentos, es imprescindible que escribamos los paréntesis.

Otra función que tampoco necesita argumentos es la función ALEATORIO, que devuelve un número decimal al azar que será mayor o igual que 0 y menor que 1. Este número se volverá a calcular automáticamente cada vez que Excel recalcule el contenido de las celdas de la hoja de cálculo, o de forma manual cada vez pulsemos la tecla <F9>.

También disponemos de varias funciones que nos permiten realizar cálculos trigonométricos como son SENO, COS o TAN, las cuales devuelven el seno, coseno o tangente del ángulo que les pasemos como argumento. Al trabajar con estas funciones debemos tener en cuenta que los ángulos se deben indicar en radianes, por lo que si quisiéramos obtener el coseno de un ángulo de 90º tendríamos que convertir el ángulo en radianes, como π =180º, entonces 90º = $\pi/2$, por lo que deberíamos escribir la fórmula =COS(PI()/2).

Dentro de la categoría de funciones matemáticas vamos a encontrar un grupo de funciones para trabajar con matrices. Podremos calcular determinantes, obtener la inversa de una matriz y multiplicar matrices. Cuando trabajemos con funciones matriciales debemos poner especial cuidado en el tipo de dato que debe devolver la función, pues algunas nos devolverán un número y otras una matriz. Esto se lo tenemos que indicar a Excel de forma especial.

La función MDETERM devuelve el determinante de la matriz que le pasemos como argumento. El determinante de una matriz es el número entero que se obtiene de realizar diversas sumas, restas y multiplicaciones con los distintos elementos de la matriz. Si este numero es distinto de 0, indica que los vectores que componen la matriz son linealmente independientes, es decir que no podemos obtener unos a partir de otros realizando la misma operación en todos sus elementos. En caso de que el determinante sea 0, indica que al menos uno de los vectores de la matriz se puede obtener realizando una operación matemática sobre otro de ellos, como por ejemplo, multiplicar todos sus elementos por 2.

Supongamos que tenemos las matrices A y B detalladas en la Figura 3.3:

	A	B	C	D	E	F	G	H	I	J
1										
2		5	4	3			2	4	6	
3	A	8	6	2		B	4	8	12	
4		9	3	7			9	4	3	
5										

Figura 3.3: Ejemplos de matrices.

Podemos calcular el determinante de la matriz A con la siguiente fórmula: =MDETERM(B2:D4). El resultado será: -62. Para calcular el determinante de la matriz B, tendremos que utilizar la fórmula =MDETERM(G2:I4). El resultado es 0 debido a que la segunda fila se puede obtener a partir de la primera si la multiplicamos por 2.

Para calcular la inversa de una matriz debemos tener en cuenta que sólo podremos calcular matrices inversas si la matriz es cuadrada y su determinante es distinto de 0. En nuestro caso sólo podremos obtener la matriz inversa de A. Para ello utilizaremos la función MINVERSA y seguiremos los siguientes pasos:

1. Es recomendable seleccionar un rango equivalente en filas y columnas al rango de la matriz original. Este rango es el que va a contener el resultado.
2. Con el asistente para funciones (**fx**) seleccionamos la función MINVERSA, que se encuentra dentro de la categoría **Matemáticas**. Pulsar Aceptar.

3. Escribimos o seleccionamos el rango de la matriz original como argumento y aceptamos.
4. Hacemos clic al final de la expresión de la barra de fórmulas introducida por el asistente, por ejemplo: =MINVERSA(B2:D4).
5. Nos aseguramos de que tenemos seleccionado un rango adecuado para la matriz que debemos obtener y pulsamos <CTRL> + <MAYUS> + <INTRO>.

Si no ejecutamos este último paso, la respuesta de Excel se sitúa únicamente en la primera celda del rango respuesta seleccionado en el primer paso, sin que nos avise de que la respuesta está incompleta. Si seleccionamos menos celdas de las necesarias, tampoco vamos a ver ningún aviso que indique el error. Pero si seleccionamos un rango mayor, aparecerán errores en las celdas sobrantes, y además no podremos eliminarlas de forma individual, sino que tendremos que eliminar todo el rango. De todos modos, siempre podemos utilizar el comando **Deshacer** para omitir el último paso, volver a seleccionar un rango de celdas adecuado y pulsar de nuevo la combinación de teclas <CTRL> + <MAYUS> + <INTRO> sobre la barra de fórmulas.

Para multiplicar dos matrices debemos tener en cuenta que la matriz 1 debe tener el mismo número de columnas que filas haya en la matriz 2, y que el resultado será una matriz con tantas filas como tenga la matriz 1 y tantas columnas como haya en la matriz 2. Por lo tanto, al multiplicar matrices, debemos tener cuidado en el orden en el que indicamos las dos matrices que se necesitan como argumento, pues no es lo mismo multiplicar la matriz 1 por la matriz 2, que multiplicar la matriz 2 por la matriz 1.

La función que tenemos que utilizar es MMULT, y los pasos a realizar son parecidos a los que debemos realizar para obtener la inversa de una matriz.

1. Seleccionamos el rango donde deseamos obtener el resultado del producto de las dos matrices que, como se ha dicho, tendrá tantas filas como la matriz 1 y tantas columnas como la matriz 2.
2. Activamos el asistente para funciones y elegimos la función MMULT, que está incluida en la categoría **Matemáticas**.
3. Escribimos o seleccionamos el rango de la matriz 1 y de la matriz 2, en los argumentos adecuados y cuidando el orden con el que seleccionamos estas dos matrices.
4. Colocamos el cursor en la barra de fórmulas, al final de la expresión.
5. Pulsamos <CTRL> + <MAYUS> + <INTRO>.

Veamos un ejemplo interesante para la práctica de estas funciones, que consiste en utilizarlas para resolver un sistema de ecuaciones utilizando matrices. Los pasos a seguir serían:

1. Crear una primera matriz (A) con los coeficientes de las incógnitas de las ecuaciones previamente ordenadas, de modo que los coeficientes de cada incógnita estén bajo los coeficientes de la misma incógnita en las otras ecuaciones.
2. Establecer una segunda matriz (B) con los términos independientes de cada ecuación.
3. Calcular la inversa de la matriz A. Identificaremos esta nueva matriz con la letra C.
4. Multiplicando la matriz inversa C, obtenida en el paso anterior por la matriz B, obtenemos una matriz cuyos elementos se corresponden con el valor de cada incógnita de la ecuación. Estos valores aparecen en una columna de manera que el primero se corresponde con la primera incógnita que hayamos colocado en la matriz A, el siguiente con la segunda, y así sucesivamente.

Supongamos que queremos hallar la respuesta al siguiente sistema de 3 ecuaciones con 3 incógnitas:

$x - y + z = 0$
$2y + x + 3z - 1 = 0$
$x - z - 3y = 2$

Este ejemplo se podría haber resuelto con una distribución en la hoja de calculo similar a la de la Figura 3.4, en la que las ecuaciones aparecen reordenadas para poder extraer fácilmente los coeficientes de las incógnitas y los términos independientes.

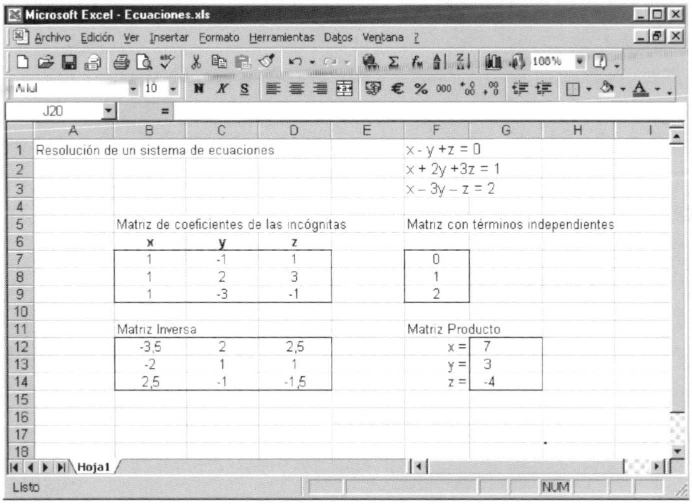

Figura 3.4: Resolución de un sistema de ecuaciones.

3.4.2. Funciones estadísticas

En principio vamos a estudiar un grupo de funciones que nos permiten analizar conjuntos de datos numéricos desde el punto de vista estadístico. En general, las funciones que vamos a presentar a continuación necesitan como argumento un conjunto de valores sobre los que se opera para conseguir los resultados esperados.

La función PROMEDIO calcula la media aritmética de los números que se indican como argumento. La función CONTAR cuenta el número de celdas cuyo contenido es un valor numérico. La función MODA devuelve el valor que se repite más veces. La función MEDIANA devuelve el elemento central de la lista de números que hemos indicado, suponiendo que los tenemos ordenados de menor a mayor. En caso de que el número de elementos no sea impar, devuelve la media aritmética de los dos que se encuentran el centro. Otras dos funciones MAX y MIN devuelven el número mayor y menor, respectivamente, del conjunto de números que pasemos como argumento. También podemos calcular la varianza y la desviación típica de cualquier conjunto de valores utilizando para ello las funciones VAR y DESVEST.

En la Figura 3.5 podemos ver un ejemplo en el que realizamos un estudio de las notas obtenidas por un grupo de alumnos:

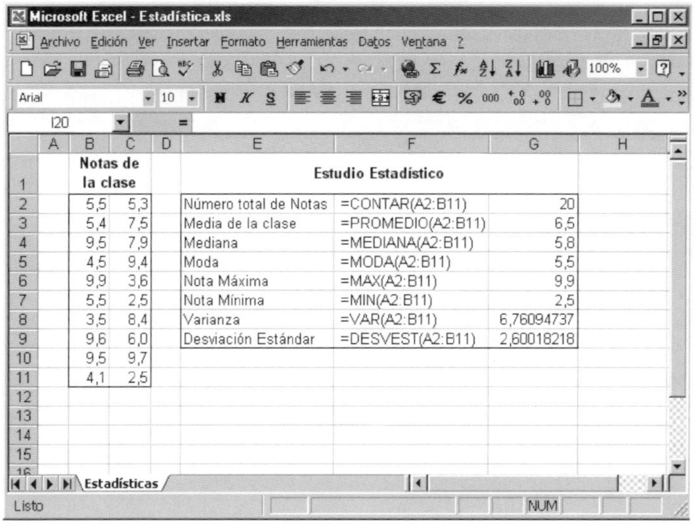

	A	B	C	D	E	F	G
1		Notas de la clase				Estudio Estadístico	
2		5,5	5,3		Número total de Notas	=CONTAR(A2:B11)	20
3		5,4	7,5		Media de la clase	=PROMEDIO(A2:B11)	6,5
4		9,5	7,9		Mediana	=MEDIANA(A2:B11)	5,8
5		4,5	9,4		Moda	=MODA(A2:B11)	5,5
6		9,9	3,6		Nota Máxima	=MAX(A2:B11)	9,9
7		5,5	2,5		Nota Mínima	=MIN(A2:B11)	2,5
8		3,5	8,4		Varianza	=VAR(A2:B11)	6,76094737
9		9,6	6,0		Desviación Estándar	=DESVEST(A2:B11)	2,60018218
10		9,5	9,7				
11		4,1	2,5				

Figura 3.5: Ejemplos de funciones estadísticas.

En estadística es muy habitual el uso de una serie de tablas para obtener probabilidades a partir de distribuciones estándar como la Normal, Binomial, Beta, Gamma, t de Student, Chi Cuadrado, etc. Para obtener estos valores podemos utilizar las funciones DIST.NORMAL, DIST.BINOM, DIST.BETA, DIST.GAMMA, DIST.T, DIST.CHI, etc.

Por último, veremos una función que se utiliza para comparar un conjunto de pares de números que miden dos características de una población y así poder saber si estas características están interrelacionadas entre sí. El nombre de la función es PEARSON y necesita que le aportemos dos argumentos que deben ser dos matrices de datos con igual número de elementos. Esta función devuelve el coeficiente de correlación de Pearson, el cual es un valor comprendido entre —1 y 1. Si este valor es cercano a 0, indica que las dos características que estamos comparando no están prácticamente relacionadas entre sí, pero si el resultado se acerca a 1 o a —1 nos muestra que ambas magnitudes sí están relacionadas entre sí. En el caso de que el valor sea positivo, la relación es directa, esto es que si una de las características crece, la otra también lo hará. Si el valor es negativo, tenemos una relación inversa, es decir, si una de las características aumenta, la otra disminuye.

Por ejemplo, si tenemos los datos de altura y peso de una determinada población y deseamos saber la correlación que existe entre ambas medidas, podríamos calcular la correlación de Pearson entre estas dos columnas de datos. El resultado nos indicaría que las personas más altas pesan más si la correlación es positiva ya que la función PEARSON devolvería un valor positivo. Si los dos conjuntos de datos que comparamos fuesen la altura de las personas y la distancia desde sus cabezas al techo, esta función debe devolver un valor muy próximo a —1, pues cuanto más alta sea la persona, menor distancia habrá desde su cabeza al techo.

3.4.3. Funciones financieras

Veremos cómo utilizar una función de esta categoría que nos va a permitir calcular las cuotas que se deben pagar por un préstamo, conociendo el valor del capital, la tasa de interés y el número total de pagos que se van a realizar. Para introducir los datos en la función hay que tener en cuenta que el banco nos indicará una tasa de interés anual, que nosotros tendremos que convertir al período de tiempo en el que se produce cada pago. Por ejemplo, si las cuotas a pagar son mensuales, la tasa anual de interés debemos dividirla por 12. El número de períodos es total; es decir, si el préstamo lo pedimos a 10 años, el número de períodos será 120 (10*12) si la cuota es mensual. El resultado de Excel será negativo si introducimos el valor del capital en positivo. Por tanto, si deseamos que la cuota a pagar devuelta por Excel sea positiva introduciremos el valor del capital en negativo. La fórmula genérica sería:

=PAGO(Tasa de interés por período; Número total de períodos; Capital)

Si pedimos 10.000.000 de pesetas al 6% de interés anual y lo vamos a devolver en 10 años la cuota mensual a pagar será:

=PAGO(6%/12;12*10;-10000000)

Si escribimos la fórmula con el asistente, deberíamos escribir los datos reflejados en la Figura 3.6:

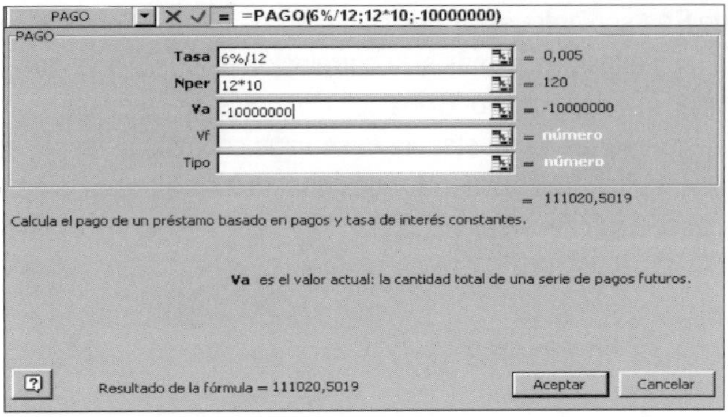

Figura 3.6: Ejemplo del uso de la función PAGO.

3.4.4. Funciones de manejo de fecha y hora

Lo primero que debemos tener en cuenta, a la hora de trabajar con fechas, es que, internamente, Excel trata las fechas como datos numéricos a los que da el formato adecuado para representen un día, un mes y un año. De hecho, si escribimos una fecha en una celda y borramos el formato, obtendremos un valor que indica el número de días transcurridos entre el 1 de Enero de 1900 y el día que se estaba representado. La fecha más alta que puede representar Excel es el 31 de Diciembre de 9999, día que se corresponde con el valor 2.958.465.

Para que Excel reconozca un dato como una fecha podemos escribirlo con diversos formatos, algunos ejemplos serían: 12/4/97, 12-abr-97, 12-abr. En el caso de no introducir el año, se considera el actual del sistema.

Si trabajamos con horas, debemos tener en cuenta que internamente también se tratan como números, pero en este caso, se toma sólo la parte decimal de los números. Las horas se introducen separando por dos puntos la hora de los minutos y de los segundos, es decir, con el formato hh:mm:ss.

Dos funciones que pueden resultar muy útiles en el manejo de fechas son la función HOY y la función AHORA. Ninguna de ellas necesita que le aportemos ningún argumento y devuelven la fecha del sistema y la fecha y la hora del sistema, respectivamente.

Otras tres funciones que pueden resultar útiles cuando trabajamos con fechas son las funciones DIA, MES y AÑO. Todas ellas necesitan que les indiquemos como argumento una fecha (o número de serie), y devolverán el valor del día, mes, o año de la fecha utilizada. Debemos tener en cuenta que la función AÑO devuelve un número de 4 cifras. Así, si en la celda A1 escribimos la fecha 19-9-00, y utilizamos estas fórmulas con dicha celda obtendremos los siguientes resultados:

=DIA(A1) $\rightarrow$ 19
=MES(A1) $\rightarrow$ 9
=AÑO(A1) $\rightarrow$ 2000

Del mismo modo podemos utilizar las funciones HORA, MINUTO y SEGUNDO para extraer parte de una hora, pero indicando en el argumento una expresión de tiempo:

=HORA ("14:25:32") $\rightarrow$ 14
=MINUTO ("14:25:32") $\rightarrow$ 25
=SEGUNDO ("14:25:32") $\rightarrow$ 32,0

Es posible restar dos fechas siempre que el resultado sea positivo, de modo que la operación nos devuelva el número de días transcurridos entre las dos fechas. Existen también varias funciones que nos ayudan a calcular los días transcurridos entre dos fechas. La función DIAS360 requiere como argumentos dos fechas y devuelve el número de días transcurridos entre ellas, suponiendo que los meses siempre tienen 30 días. Pero si queremos precisar un poco más el cálculo de los días transcurridos entre dos fechas, de modo que sólo se tengan en cuenta los días laborables, entonces debemos utilizar la función DIAS.LAB. Esta función no está disponible en una instalación estándar de Excel, y si necesitamos incluirla debemos abrir el menú **Herramientas — Complementos** y activar la casilla de verificación de la opción **Herramientas para el análisis**.

La sintaxis de esta función es: DIAS.LAB (fecha_inicial; fecha_final; festivos). Los dos primeros argumentos son las dos fechas entre las que queremos saber el tiempo transcurrido, y el argumento festivos será un rango de celdas en las que debemos incluir las fechas que han sido fiesta y que no se deben incluir en la cuenta de días. En el resultado final tampoco se incluyen los sábados y domingos. Otra función relacionada con esta última es la función DIA.LAB, que tiene la siguiente sintaxis: DIA.LAB(fecha_inicial; días_lab; festivos), de modo que nos devolverá la siguiente fecha laborable, una vez transcurrido el número de días indicado, a partir de la fecha inicial. Al igual que en la función DIAS.LAB podemos indicar un rango de celdas que contengan las fechas que se corresponden con días festivos.

3.4.5. Funciones lógicas

Este reducido grupo de funciones van a aportar a Excel gran potencia a la hora de crear hojas de cálculo, de manera que vamos a poder incluir fórmulas que mostrarán distintos resultados en función de los valores insertados en las otras celdas de la hoja.

Comenzaremos por la más importante de todas, la función SI, la cual tiene tres argumentos (prueba_lógica; valor_si_verdadero; valor_si_falso) y que nos permite visualizar un resultado en la celda si se cumple la condición de la prueba lógica, y otro resultado diferente si esta condición no se cumple.

Primero establecemos la condición cuyo cumplimiento queremos comprobar. En el segundo argumento establecemos el valor que debe devolver cuando la condición sea cierta, y en el tercero el que debe devolver si es falsa.

Los operadores de comparación que podemos utilizar para establecer una condición son:

>	Mayor
<	Menor
>=	Mayor o igual
<=	Menor o igual
=	Igual
<>	Distinto

Por ejemplo, si en la celda A8 se encuentra el total de una compra y deseamos calcular el 5% de descuento cuando la cantidad sea superior a 10.000, escribimos la función SI con los siguientes argumentos:

=SI(A8>10000;A8*5%;)

La condición es A8>10000 y lo que deseamos hacer es multiplicar A8 por el 5%, si es verdadera. En este caso, después del segundo (;) no escribimos nada porque no deseamos obtener valor si la condición fuese falsa.

Si no rellenamos alguno de los dos últimos argumentos de la función SI, la celda mostrará los valores VERDADERO o FALSO dependiendo del valor de la condición. Si no queremos que esto ocurra, podemos escribir "" ó 0 para evitar la aparición de las palabras VERDADERO y FALSO en la celda.

Para escribir las condiciones o pruebas lógicas podemos ayudarnos de otras funciones lógicas como la función NO, la cual necesita como argumento una prueba lógica y devuelve el valor lógico contrario al que devolvería dicha prueba lógica que se ha indicado como argumento. Así, si escribiésemos la fórmula =NO(5>7) el resultado sería VERDADERO, ya que 5>7 es FALSO y, con la función NO, le estamos dando la vuelta.

Si se trata de unir varias condiciones en una misma prueba lógica, tendremos que ayudarnos de las funciones Y y O. Ambas funciones necesitan como argumento varias condiciones y devolverán un valor VERDADERO o FALSO en función de si se cumplen o no dichas condiciones. En el caso de la función Y, sólo devolverá VERDADERO cuando todas las condiciones que tiene como argumentos sean ciertas. En el momento en el que alguna de ellas no se cumpla, devolverá el valor FALSO. Por su parte, la función O devolverá el valor VERDADERO si alguna de las condiciones que tiene como argumentos se cumple, y sólo devolverá el valor FALSO en el caso de que todas ellas sean falsas. El comportamiento de estas últimas funciones se puede resumir en lo que se llama una tabla de verdad (ver Tabla 3.1).

Supongamos que A, B y C son pruebas lógicas, cuyos valores sólo pueden ser VERDADERO o FALSO.

A	B	C	NO(A)	Y(A;B;C)	O(A;B;C)
Verdadero	Verdadero	Verdadero	Falso	Verdadero	Verdadero
Verdadero	Verdadero	Falso	Falso	Falso	Verdadero
Verdadero	Falso	Verdadero	Falso	Falso	Verdadero
Verdadero	Falso	Falso	Falso	Falso	Verdadero
Falso	Verdadero	Verdadero	Verdadero	Falso	Verdadero
Falso	Verdadero	Falso	Verdadero	Falso	Verdadero
Falso	Falso	Verdadero	Verdadero	Falso	Verdadero
Falso	Falso	Falso	Verdadero	Falso	Falso

Tabla 3.1: Tabla de verdad.

3.5. FUNCIONES ANIDADAS

Anidar funciones consiste en utilizar una función como argumento de otra función. La función que se incluye como argumento de la principal debe devolver un valor cuyo tipo coincida con el tipo esperado por el argumento en el que la escribimos.

Es posible que los usuarios de anteriores versiones de Excel echen en falta los botones de **Pegar función** junto a los cuadros destinados a la recogida de argumentos, que permitían incluir otras funciones como argumentos de la función principal. A partir de la versión de Excel 97 estos botones no están disponibles en el asistente para funciones, pero sigue siendo posible anidar funciones.

Los pasos a seguir para insertar una función como argumento de otra utilizando el asistente son muy sencillos.

En primer lugar, hay que activar el cuadro de diálogo que solicita los argumentos de la función principal. A continuación debemos colocar el cursor en el argumento que debe ser otra función, momento este en el que, a la izquierda de la barra de fórmulas, aparece la lista desplegable que contiene las últimas funciones utilizadas y una opción para acceder a la lista completa de funciones. En este paso debemos seleccionar la función que debe hacer el papel de argumento. Volvemos así a estar en el cuadro de diálogo que solicita los argumentos de la nueva función seleccionada, que se rellenan de forma adecuada. En caso de que también alguno de los elementos de esta función fuese otra función, deberíamos volver a repetir los mismos pasos. Si necesitamos volver a ver los argumentos de cualquiera de las funciones utilizadas, éstos nos serán mostrados al hacer clic en la barra de fórmulas sobre el nombre de función cuyos argumentos queremos activar.

Veamos un ejemplo en el que utilizamos una función como argumento de otra. Supongamos que necesitamos calcular el promedio de varios números con decimales, y queremos que el resultado sea un número entero.

Si los números se encuentran en el rango de celdas A1:C15, para calcular el promedio de dichos números deberíamos utilizar la fórmula =PROMEDIO(A1:C15). Sin embargo, el número obtenido tendría decimales, por lo que debemos redondearlo. Para ello vamos a utilizar la función REDONDEAR, ya que de este modo tendremos en cuenta el valor de la parte decimal. Podríamos hacer este cálculo en otra celda, pero si anidamos funciones, podremos realizarlo en una sola celda, de manera que la fórmula final debería ser: =REDONDEAR (PROMEDIO(A1:C15);0).

Esta misma fórmula, vista desde el asistente para fórmulas, quedaría como la Figura 3.7.

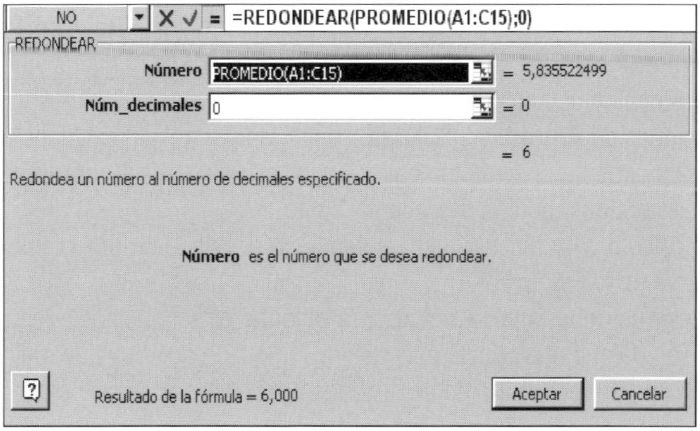

Figura 3.7: Uso de funciones anidadas.

3.6. UN EJEMPLO PRÁCTICO DE FUNCIONES

Una vez que hemos aprendido a anidar funciones, y a utilizar un buen número de ellas, vamos a aplicar dichos conocimientos en un ejemplo práctico en el que llevaremos el control de pedidos de una serie de productos de un almacén.

Crearemos una hoja de cálculo en la que tendremos 4 secciones diferenciadas. En primer lugar tenemos la sección de **Control de pedidos**. Cada vez que sea necesario hacer un pedido de algún producto, anotaremos en esta sección la fecha en la que se realiza el pedido y la fecha en la que el proveedor nos servirá dicha petición. La columna **Recibido** puede contener una x que pondremos y quitaremos de forma manual y que indica si el pedido ha sido recibido o no. Cuando realizamos un nuevo pedido debemos quitar la x para indicar que el pedido aún no ha sido servido, y en el momento en el que nos lo entreguen debemos poner la x. La columna **Reclamar** debe contener una fórmula que nos indique la necesidad de reclamar un pedido cuando haya pasado la fecha de entrega y el pedido esté sin recibir.

En la sección **Almacén** llevaremos el control de las unidades de productos de las que disponemos. La **Cantidad** la obtenemos de restar los acumulados de **Entradas** y **Salidas** de las otras dos secciones. Otro dato interesante de esta sección es el **Stock Mínimo**. Éste será un valor constante con el que indicaremos la cantidad mínima que debe existir en nuestro almacén de cada producto. En la columna **Producto en mínimos**, debemos incluir una fórmula que muestre una marca en caso de que la cantidad de producto esté por debajo del *stock* mínimo en cada producto. En la columna **Realizar Pedido**, aparecerá la orden **Pedir** siempre que nuestro producto quede bajo mínimos y no exista ningún pedido en curso de ese producto.

En las secciones de **Entradas** y **Salidas**, se van anotando las cantidades recibidas o vendidas respectivamente en cada trimestre. En las columnas de **Acumulado** se calcula la cantidad total vendida o pedida de cada producto.

La hoja de cálculo para realizar este seguimiento podría tener una distribución como la que se observa en la Figura 3.8.

Las fórmulas que deberíamos escribir para obtener las respuestas adecuadas en las celdas que avisan de que el producto está bajo mínimos, de que hay que realizar un pedido y de si tenemos que reclamar o no se obtienen basándose en las siguientes consideraciones.

Realizar Reclamación: Será necesario reclamar los pedidos cuando se den las siguientes condiciones. En primer lugar, debemos haber realizado un pedido, además debe haberse pasado la fecha de entrega sin que haya sido entregado. Sabremos que hay un pedido en curso cuando en las celdas en las que se anota la fecha del pedido hayamos escrito una fórmula, es decir si en la celda B4 hay algún valor. Para saber que se ha pasado el tiempo de recepción previsto, tendremos que comprobar si la fecha de recepción es posterior a la fecha actual del sistema, lo que se comprueba comparando si el valor de la fecha de la celda C4 es menor que el de la fecha que devuelve la función HOY(). Un pedido no se habrá recibido si no hemos escrito una x en la columna de Recibido, es decir, si en la celda D4 hay algo distinto de x. Estas tres condiciones deben cumplirse a la vez para que sea necesario reclamar un pedido, por lo tanto, tendremos que unirlas con la función Y. Teniendo todo esto en cuenta la fórmula a escribir en la celda E4 sería:

=SI(Y(B4<>""; HOY()>C4;D4<>"x");"Reclamar";"No")

Producto Bajo Mínimos: Deberá aparecer la marca de producto bajo mínimos cuando en la celda que contiene la cantidad de cada producto tengamos un valor inferior al de la celda de **Stock Mínimo**. Así, la fórmula de la celda F14 debería ser la siguiente:

=SI(B14<E14;">>>";"")

1	Control de Pedidos					
2						
3	Referencia	Último Pedido	Recepeción Prevista	Recibido	Realizar Reclamación	
4	RF97/50	22/03/00	23/03/00		Reclamar	
5	RF97/51				No	
6	RF97/52	21/03/00	23/03/00	x	No	
7	RF97/53				No	
8	RF97/54				No	
9	RF97/55				No	
10						

11	Almacén						
12							
13	Referencia	Cantidad	Precio Unitario	Precio Total	Stock Mínimo	Producto en Mínimos	Realizar Pedido
14	RF97/50	8	100	800	10	>>>	
15	RF97/51	10	75	750	10		
16	RF97/52	6	120	720	5		
17	RF97/53	14	230	3.220	5		
18	RF97/54	7	80	560	20	>>>	Pedir
19	RF97/55	21	750	15.750	15		
20	**Total**	**66**		**21.800**			
21							

22	Entradas						
23							
24		Stock Ini	TRI-1	TRI-2	TRI-3	TRI-4	Acumulado
25	RF97/50	4	3	6	2		15
26	RF97/51	5	4	6			15
27	RF97/52	6	3	5			14
28	RF97/53	3	6	8			17
29	RF97/54	2	8	7			17
30	RF97/55	20	2	0			22
31							

32	Salidas						
33							
34			TRI-1	TRI-2	TRI-3	TRI-4	Acumulado
35	RF97/50		1	4	2		7
36	RF97/51		2	3			5
37	RF97/52		3	5			8
38	RF97/53		1	2			3
39	RF97/54		6	4			10
40	RF97/55		0	1			1

Figura 3.8: Distribución de la hoja de cálculo para el control de almacén.

Realizar Pedido: Esta columna nos debe indicar que hay que realizar un pedido si se da una de las siguientes condiciones. En primer lugar, si a pesar de haber realizado un pedido y haberlo recibido, aún seguimos bajo mínimos. Por otro lado, si estamos bajo mínimos pero nunca se ha realizado un pedido, también debemos indicar que hay que realizar un pedido. Debemos tener en cuenta que en cuanto anotemos los datos de un nuevo pedido, esta marca debe desaparecer, sin embargo, la de producto bajo mínimos no. La marca de producto bajo mínimos desaparecerá en el momento en que se reciba un pedido y se anote la cantidad recibida en el apartado entradas. Teniendo todo esto en cuenta, la fórmula que deberíamos escribir en la celda G14 sería:

=SI(O(Y(F14=">>>";D4="x");Y(F14=">>>";B4=""));"Pedir";"")

Existe otra posible forma de escribir esta fórmula:

=SI(Y(F14=">>>";O(D4="x";B4=""));"Pedir";"")

Por último, hay que indicar que no debemos olvidar anotar el número de productos vendidos en la sección de **Salidas**, ni los que llegan en cada pedido en la sección **Entradas**, para que la hoja se comporte del modo esperado.

CAPÍTULO 4

CREACIÓN DE GRÁFICOS

4.1. INTRODUCCIÓN

La afirmación "una imagen vale más que mil palabras" adquiere mucho más sentido cuando lo que tratamos de explicar o describir son datos numéricos. Vamos a dedicar este capítulo a estudiar cómo se pueden representar nuestros datos a través de un gráfico. Los gráficos nos van a ayudar a mostrar los datos numéricos de una forma visual, con lo que es posible conseguir una idea general de la evolución o distribución de los datos que representa de manera inmediata.

4.2. ASISTENTE PARA CREACIÓN DE GRÁFICOS

De igual modo que con las funciones, Excel nos proporciona un **Asistente para gráficos** que, en cuatro sencillos pasos, nos permite crear gráficos a partir de datos numéricos.

Para activar dicho asistente podemos utilizar diferentes opciones. Las más habituales son el menú **Insertar — Gráfico**, o el botón **Asistente para gráficos** que se encuentra en la barra de herramientas estándar. Es recomendable seleccionar previamente el rango de celdas que queremos representar en el gráfico, pues de este modo podremos ver una muestra de su aspecto antes de finalizar el proceso.

Veamos los pasos que debemos seguir para crear un gráfico sencillo en el que representaremos los datos de la Figura 4.1:

	A	B	C
1	**Período**	**Ingresos**	**Gastos**
2	Enero	15.264,00 €	11.200,00 €
3	Febrero	16.971,00 €	10.900,00 €
4	Marzo	18.642,00 €	11.050,00 €
5	Abril	16.547,00 €	10.975,00 €
6	Mayo	17.691,00 €	11.150,00 €
7	Junio	19.520,00 €	11.230,00 €
8	Julio	16.258,00 €	10.925,00 €
9	Agosto	14.200,00 €	11.000,00 €
10	Septiembre	18.365,00 €	11.250,00 €
11	Octubre	17.654,00 €	10.900,00 €
12	Noviembre	16.456,00 €	10.950,00 €
13	Diciembre	14.875,00 €	11.300,00 €

Figura 4.1: Datos origen del gráfico.

Una vez que hemos seleccionado el rango que contiene los datos que vamos a mostrar en nuestro gráfico, debemos activar el **Asistente para gráficos**, con lo que veremos el cuadro de diálogo del primer paso del asistente (ver Figura 4.2) en el que podremos indicar el tipo de gráfico que queremos crear.

Figura 4.2: Asistente para gráficos. Paso 1.

En la izquierda de este cuadro de diálogo disponemos de una lista con los tipos de gráficos principales que podemos crear. Una vez que seleccionamos un tipo de gráfico, podemos elegir el subtipo que nos parezca más adecuado en la galería de la derecha. Bajo esta galería de subtipos, encontraremos una descripción del elemento seleccionado que nos ayudará a comprender el modo en el que van a quedar representados nuestros datos.

A la hora de seleccionar el tipo de gráfico, debemos tener en cuenta que algunos de ellos necesitan que los datos que queremos representar tengan una distribución concreta en la hoja de cálculo. Por ejemplo, los **gráficos circulares** sólo pueden representar información sobre una serie de datos, **los gráficos XY (Dispersión)** necesitan dos series de datos con el mismo número de valores cada una, etc.

Además, si antes de iniciar el asistente hemos seleccionado el rango de datos que queremos mostrar en el gráfico, tenemos la posibilidad de ver una muestra de su aspecto final pulsando el botón **Presionar para ver muestra**.

En nuestro caso vamos a seleccionar la opción por defecto, esto es, un gráfico de columnas agrupadas y de dos dimensiones. Así, una vez que hemos seleccionado el tipo de gráfico más adecuado a nuestras necesidades, podemos pulsar el botón **Siguiente** para llegar al segundo paso del asistente (ver Figura 4.3).

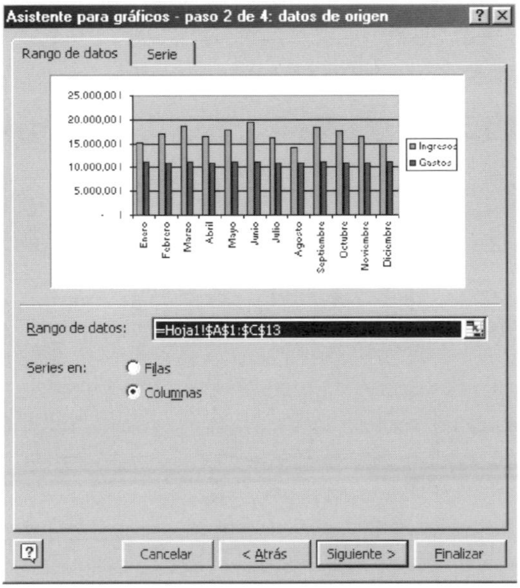

Figura 4.3: Asistente para gráficos. Paso 2.

En este segundo paso debemos indicar el rango de celdas que contienen los datos a representar. En caso de haberlos seleccionado al principio, esto no es necesario y podremos ver en el apartado **Rango de datos** la referencia a las celdas cuyos valores deben aparecer en el gráfico. Si no hubiésemos seleccionado este rango, o si necesitamos modificarlo, podemos cambiarlo en este momento seleccionando de nuevo el rango de datos en la hoja de cálculo.

La muestra de la parte superior del cuadro de diálogo indica la apariencia que tendría nuestro gráfico si pulsásemos el botón **Finalizar** y no modificásemos nada más en los siguientes pasos del asistente.

El apartado **Series en** nos permite indicar si los datos a representar que conforman cada serie están en las filas o en las columnas del rango seleccionado. De este modo, si en nuestro ejemplo queremos que los nombres de los meses estén en el eje horizontal (X), debemos indicar que las series están en columnas. Así tendremos dos series (tantas como columnas con datos) que se visualizarán en el gráfico con colores distintos para cada columna, y se levantarán tantas barras como elementos existan en dichas columnas.

En la ficha **Serie** de este cuadro de diálogo (ver Figura 4.4), se pueden indicar de forma independiente cada una de las series que se deben representar en el gráfico.

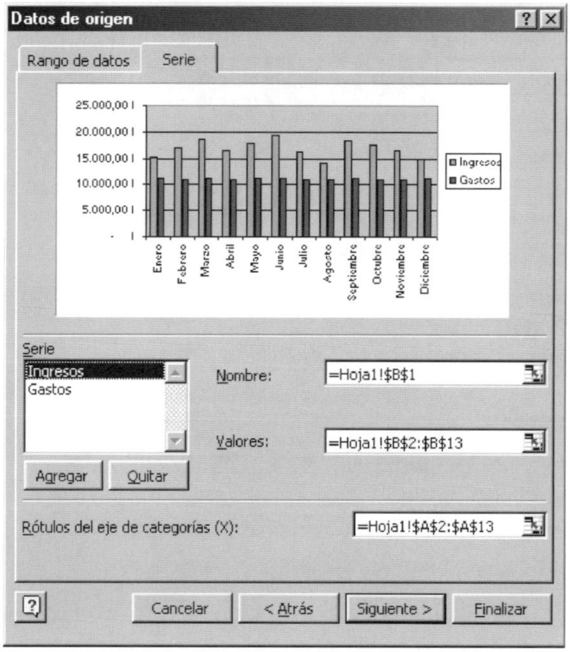

Figura 4.4: Asistente para gráficos. Paso 2. Serie.

Para incluir nuevas series hay que pulsar el botón **Agregar**, lo que añade una nueva serie a la lista ya existente en nuestro gráfico, con el nombre "Serie" seguido de un número de orden. Seleccionando la nueva serie, debemos indicar la celda que contiene el texto que dará nombre a la serie, en el apartado **Nombre**, y también las celdas que contienen los datos en el apartado **Valores**.

En el apartado **Rótulos del eje de categorías (X)** debemos indicar el rango de celdas que contienen los nombres de las categorías. Estos rótulos son comunes a todas las series y es suficiente con seleccionarlos una sola vez.

Si queremos eliminar alguna de las series existentes, debemos seleccionarla y pulsar el botón **Quitar**.

En nuestro ejemplo, debemos asegurarnos de que el rango de datos seleccionado es el A1:C13 de la Hoja 1 y pulsar el botón **Siguiente** para llegar al tercer paso del asistente, en el cual podemos observar 6 fichas de opciones en las que es posible configurar gran parte de las características generales de un gráfico. Si probamos a modificar las distintas cajas de texto o a activar y desactivar las distintas casillas de opciones de todas las fichas de este cuadro de diálogo, veremos el resultado de dichas acciones en la muestra de la derecha.

Ficha Títulos

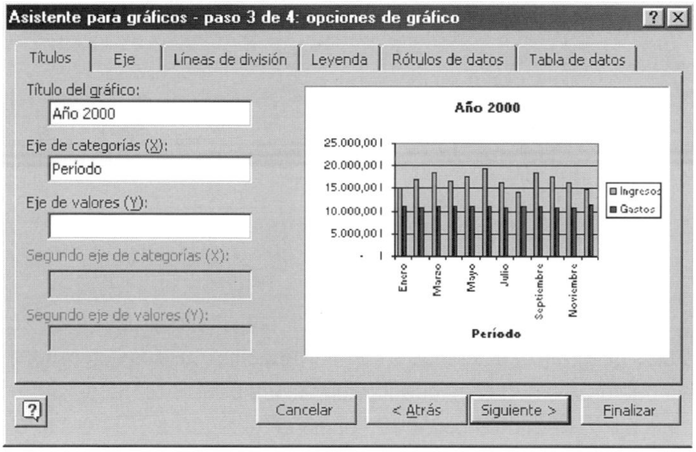

Figura 4.5: Asistente para gráficos. Paso 3. Ficha Títulos.

En esta ficha (ver Figura 4.5) podemos indicar aquellos títulos para los ejes o el gráfico que resulten oportunos para clarificar los datos que estamos representando. En función del número de ejes que tenga el tipo de gráfico que hayamos seleccionado, estarán disponibles distintos apartados en los que incluir títulos.

Ficha Eje

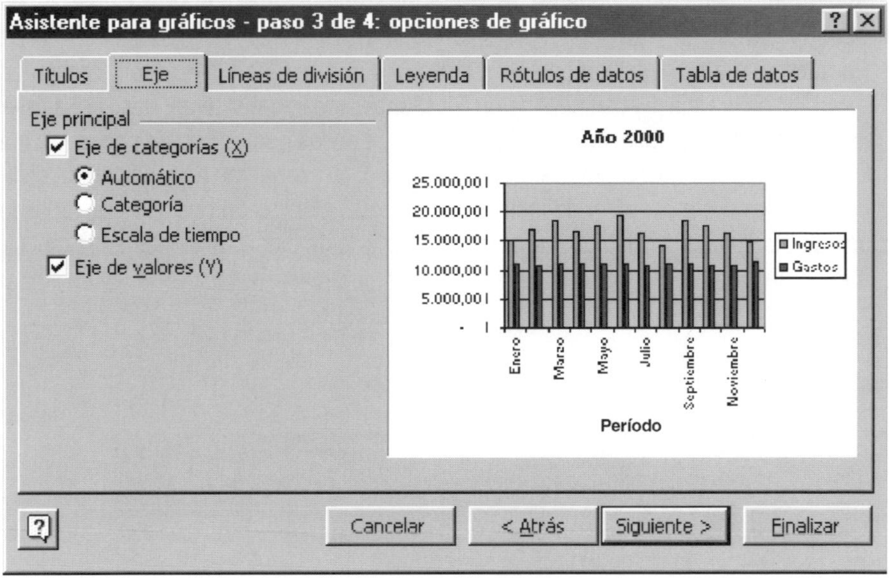

Figura 4.6: Asistente para gráficos. Paso 3. Ficha Eje.

En esta ficha (ver Figura 4.6) podremos indicar si queremos que aparezcan o no los rótulos de los ejes del gráfico, activando o desactivando las casillas correspondientes. Los rótulos son las palabras o números que identifican los puntos representados tanto en el eje X como en el eje Y. Podemos configurar el eje de categorías (X) para que se rellenen los rótulos con el nombre de cada categoría, con una escala de tiempo o de forma automática. Esta última opción permite que sea el propio Excel el que decida cuál de los dos rótulos es el más adecuado en función de los datos seleccionados para crear el gráfico.

Ficha Líneas de división

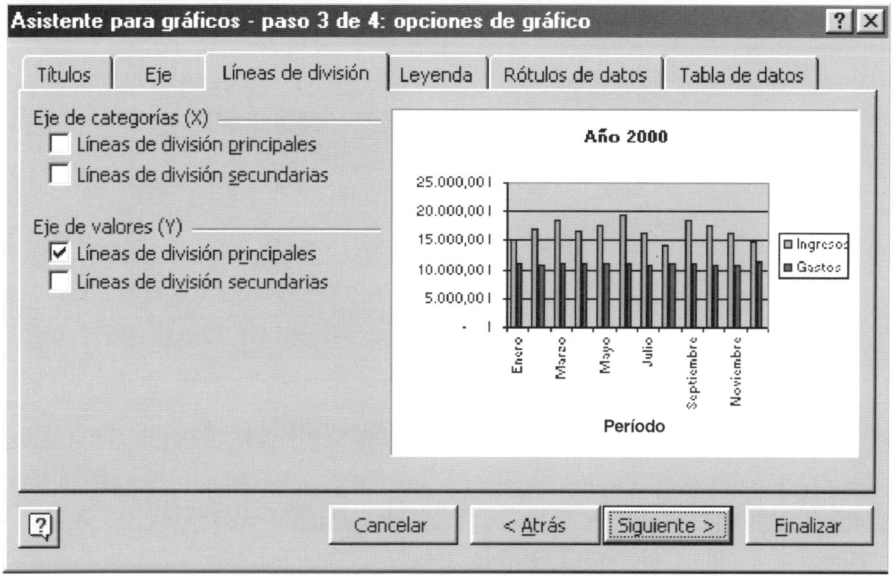

Figura 4.7: Asistente para gráficos. Paso 3. Ficha Líneas de división.

Esta ficha (ver Figura 4.7) se utiliza para marcar aquellas líneas de división que queremos que aparezcan en el gráfico, ya sean horizontales o verticales. Las líneas de división principales son las que acompañan a los rótulos de categorías o de valores, y las secundarias son las líneas que se pueden dibujar en el espacio existente entre las principales. La función de estas líneas será la de permitir que podamos determinar los valores que alcanzan los datos representados en el gráfico con la mayor exactitud posible. No obstante, debemos tener en cuenta que la inclusión de un excesivo número de líneas de división puede dificultar la visión del gráfico e impedir que los datos se distingan de una forma clara.

Ficha Leyenda

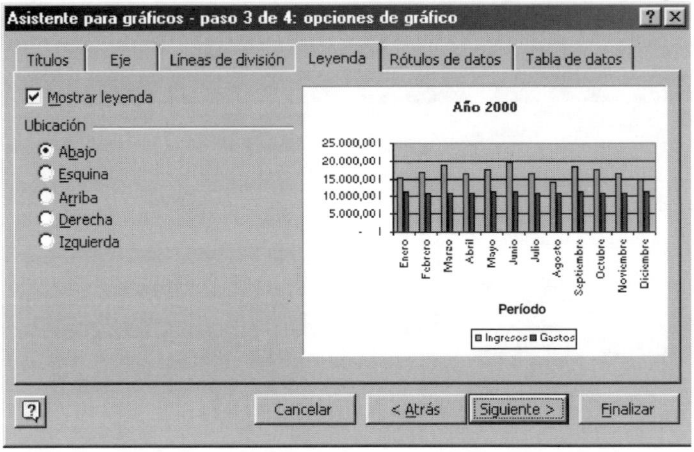

Figura 4.8: Asistente para gráficos. Paso 3. Ficha Leyenda.

Esta ficha (ver Figura 4.8) nos ayuda a configurar la situación en que queremos que aparezca la leyenda del gráfico. También es posible evitar que aparezca dicha leyenda si desactivamos la opción **Mostrar Leyenda**.

Ficha Rótulos de datos

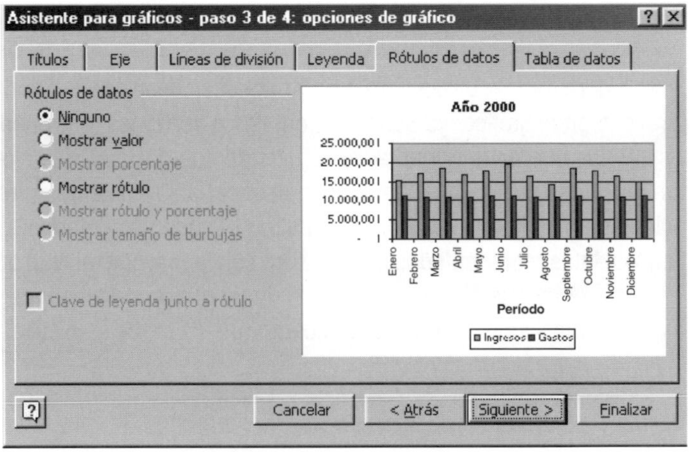

Figura 4.9: Asistente para gráficos. Paso 3. Ficha Rótulos de datos.

Esta ficha (ver Figura 4.9) permite rotular cada dato que se está representando con su valor exacto, o el nombre de la categoria que representa. En otros tipos de gráficos, como por ejemplo en los gráficos circulares, podemos indicar el porcentaje que representa cada sector con respecto al total de los datos. Puesto que no todos los tipos de gráficos pueden llevar los mismos tipos de rótulos, las opciones de este cuadro de diálogo aparecerán activadas o desactivadas en función del tipo de gráfico que hayamos seleccionado. La casilla de verificación **Clave de leyenda junto a rótulo** permite mostrar al lado de cada rótulo un pequeño cuadro del color asignado a cada serie.

Si nos decidimos a incluir rótulos en nuestros gráficos debemos poner especial atención al espacio que pueden ocupar, pues podría ocurrir que al ser demasiado grandes dificulten la visibilidad del gráfico.

Ficha Tabla de datos

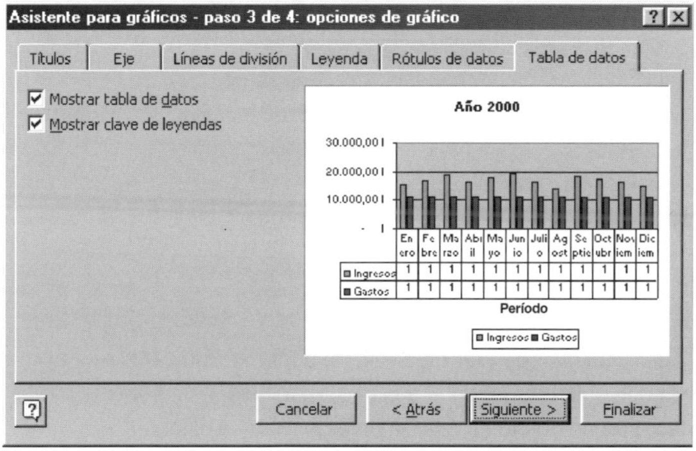

Figura 4.10: Asistente para gráficos. Paso 3. Ficha Tabla de datos.

Esta última ficha (ver Figura 4.10) permite acompañar el gráfico con una tabla que refleje los datos numéricos concretos a partir de cuales se ha confeccionado dicho gráfico. Es posible hacer que estas cantidades numéricas aparezcan o no, activando o desactivando la casilla de verificación **Mostrar tabla de datos**. Si se activa la casilla **Mostrar clave de leyendas**, se está indicando que se muestre un pequeño cuadro con el color de cada serie junto al nombre de la serie.

Cuando se incluye la tabla de datos en un gráfico, debemos tener la precaución de comprobar que el espacio destinado al gráfico no es demasiado pequeño, pues la inclusión de la tabla de datos provoca que el gráfico se comprima.

En el gráfico de nuestro ejemplo configuraremos las fichas anteriores para que aparezca como título del gráfico "Año 2000", y que en el eje de categorías (X) aparezca la palabra "Período". Mostraremos los dos ejes, y dejaremos marcadas únicamente las líneas de división horizontales principales. En cuanto a la leyenda, la dejaremos visible en la parte inferior del gráfico. No pondremos ningún rótulo de datos ni mostraremos la tabla de datos.

Al terminar de configurar las opciones del gráfico, ya podemos pulsar el botón **Siguiente** para llegar al último paso del asistente.

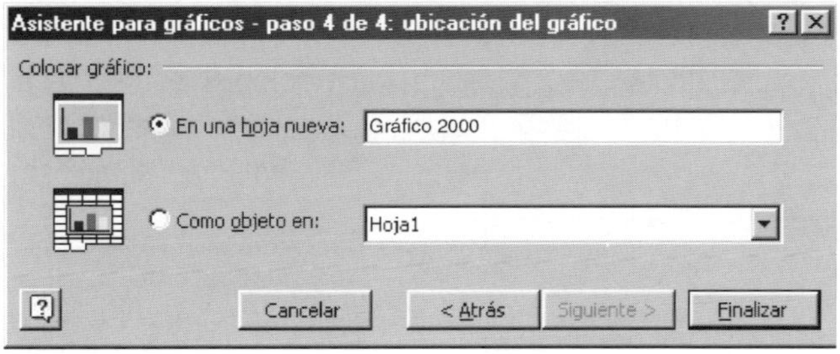

Figura 4.11: Asistente para gráficos. Paso 4.

En este cuadro de diálogo (ver Figura 4.11) debemos indicar si el gráfico se colocará en una nueva hoja, ocupando todo el espacio disponible, o si, por el contrario, queremos que se inserte como un objeto en alguna hoja de las ya existentes.

Para comenzar a crear gráficos, puede ser buena idea colocarlos en hojas nuevas, pues disponemos de más espacio para trabajar con ellos y resulta más sencillo modificar su diseño.

Colocaremos nuestro gráfico en una nueva hoja con el nombre "Gráfico 2000", y pulsaremos el botón **Finalizar**. El gráfico resultante debería ser lo más parecido al que se observa en la Figura 4.12. Éste es un gráfico muy sencillo, pero en el último apartado de este capítulo se verá como crear algunos gráficos un poco más elaborados.

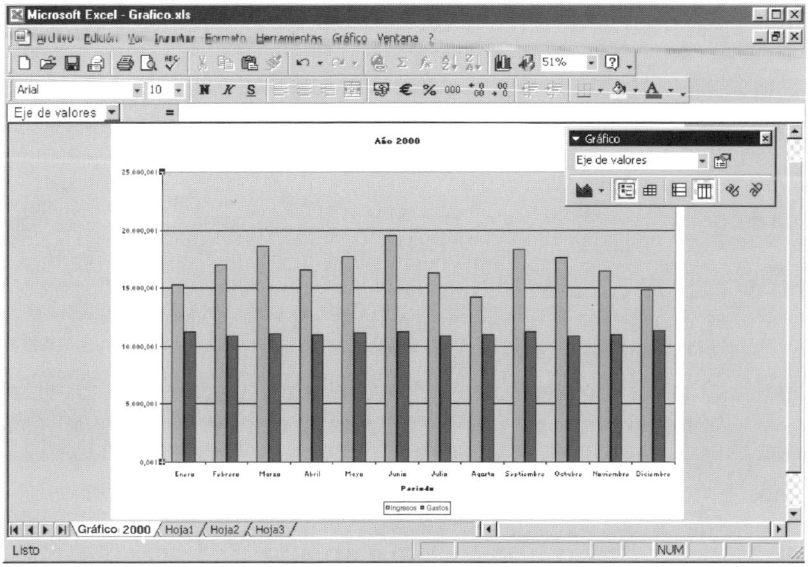

Figura 4.12: Ejemplo de gráfico.

4.3. MODIFICACIÓN DE GRÁFICOS

Durante la creación de un gráfico utilizando el asistente, podemos configurar una serie de características generales que también podremos modificar más adelante, utilizando para ello el menú **Gráfico**. Además de volver sobre los pasos del asistente, también es posible modificar los distintos elementos del gráfico consiguiendo así que el gráfico resultante se ajuste en lo posible a nuestras necesidades.

4.3.1. Elementos que constituyen un gráfico

Los elementos que componen cada gráfico dependerán del tipo elegido, del número de series que lo constituyen, de si están en tres dimensiones o no, etc.

Cuando dejamos el puntero del ratón sobre el gráfico, durante unos segundos, podemos ver que aparece una etiqueta que nos indica cómo se llama el elemento al que apunta. También podemos ver la lista de elementos existentes en la ventana desplegable de la barra de herramientas **Gráfico**.

Los elementos más habituales que conforman un gráfico se enumeran a continuación. Para identificarlos mejor se recomienda ir seleccionando el elemento que se menciona en la ventana desplegable de la barra de **Gráficos**. De este modo quedará seleccionado dicho elemento en el gráfico mediante un marco o por pequeños cuadros negros, dependiendo del tipo de elemento que seleccionemos.

Área del gráfico: Se refiere a toda la zona que ocupa el objeto gráfico en la hoja. Comprende todos sus elementos: los títulos, la leyenda, las series etc.

Área de trazado: Es la zona rectangular en la que se dibuja el gráfico propiamente dicho, es decir, la zona ocupada por las barras, líneas, puntos o sectores que conforman el gráfico.

Ejes: Existirán dos o tres ejes, dependiendo de si se trata de un gráfico de dos o tres dimensiones o de si tenemos series de datos en dos ejes de valores distintos (principal y secundario).

Planos: En los gráficos 3D, es posible configurar el aspecto de los planos laterales y del plano inferior de forma independiente.

Líneas de división: Son las líneas que nos guían para poder determinar el valor aproximado de cada dato. Éstas sólo aparecen si se han activado en las opciones del gráfico. Es posible tener líneas de división principales y secundarias para cada eje que tenga el gráfico.

Títulos: Tendremos tantos títulos como hayamos indicado en las opciones del gráfico. Estos títulos pueden ser cada uno de los que pongamos a cada eje, o el genérico para todo el gráfico.

Series: Existirá una serie por cada fila o columna de datos que se esté representando. Podremos seleccionar todos los datos de la serie si hacemos clic sobre cualquiera de sus puntos, o seleccionar un solo elemento de dicha serie si una vez seleccionada y pasados unos segundos, volvemos a hacer clic sobre el elemento deseado.

Leyenda: Es un cuadro que contiene la correspondencia entre los nombres de las series y los colores que se utilizan para representarlas en el gráfico.

Esquinas: Sólo están disponibles en los gráficos 3D. Permiten modificar su perspectiva, su inclinación, y girarlos para cambiar el punto de vista del gráfico.

4.3.2. Formato de los elementos de un gráfico

Hasta ahora hemos aprendido a crear un gráfico con el **Asistente para gráficos**, y a distinguir los distintos elementos que lo constituyen. Sin embargo, una vez que el gráfico ya se ha creado, podemos modificar todos sus elementos, y añadir otros elementos nuevos.

Para ayudarnos en esta tarea, Excel pone a nuestra disposición el menú **Gráfico** y la barra de herramientas de **Gráficos**.

El menú **Gráfico** sólo estará disponible si tenemos seleccionado un objeto gráfico de la hoja, y aparece en el mismo lugar que el menú **Datos**. Sus opciones son las que se pueden ver en la Figura 4.13:

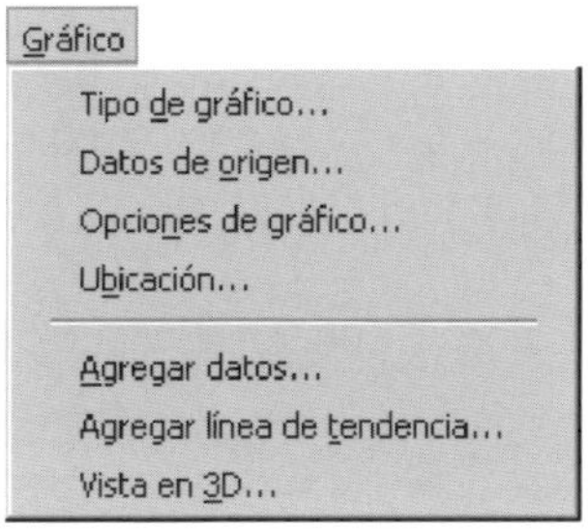

Figura 4.13: El menú Gráfico.

Las cuatro primeras de estas opciones —**Tipo de gráfico**, **Datos de origen**, **Opciones de gráfico** y **Ubicación**— se corresponden con los cuatro pasos del asistente. Pulsando sobre cualquiera de estas cuatro opciones, podemos rectificar cualquier configuración que hayamos aplicado al gráfico durante la ejecución del asistente, con la que no hayamos quedado plenamente satisfechos.

La opción **Agregar datos** muestra un cuadro de diálogo (ver Figura 4.14) que nos permite seleccionar un nuevo rango de celdas para poder representar sus datos en el gráfico junto a los ya existentes. Resulta conveniente que este rango tenga la misma forma y distribución que los rangos que contienen las series ya incluidas en el gráfico, para evitar problemas de representación del mismo.

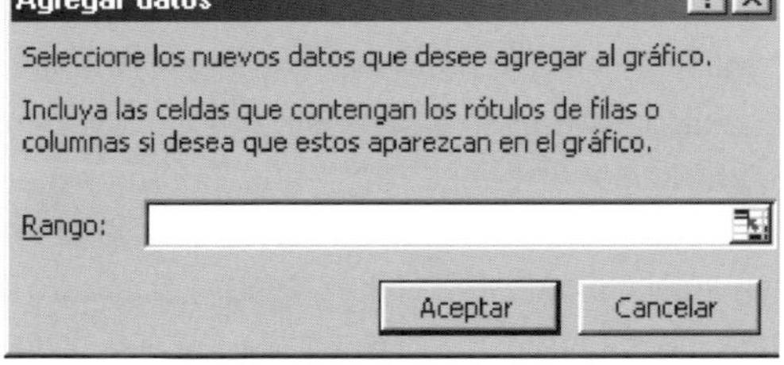

Figura 4.14: Agregar datos.

En nuestro ejemplo, podríamos añadir una nueva columna de datos en la que hubiésemos calculado los beneficios obtenidos durante cada mes, restando los gastos de los ingresos. Esta nueva columna ocuparía el rango D1:D13, y ese sería el rango que deberíamos añadir. De todos modos, siempre se puede volver a la opción **Gráfico — Datos de origen**, y seleccionar de nuevo el rango de datos que queremos representar en el gráfico.

La opción **Agregar línea de tendencia** sólo está disponible en los gráficos planos, y nos va a servir para poder ajustar los puntos que se representan en el gráfico a una línea que puede seguir varios modelos matemáticos. Elegiremos aquel que permita el mejor ajuste de la línea en función de la naturaleza de los datos que se representan.

Otra de sus funciones consiste en pronosticar valores futuros y anteriores a los que se están mostrando en el gráfico.

Cuando se selecciona esta opción se pueden configurar dos fichas: **Tipo** y **Opciones**.

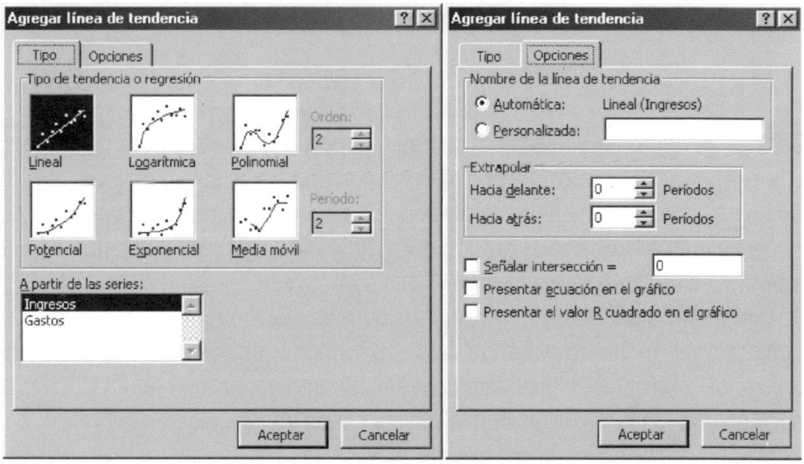

Figura 4.15: Líneas de tendencia.

En la ficha **Tipo** (ver Figura 4.15) podemos seleccionar el tipo de línea que queremos utilizar. Puesto que dicha línea intentará pasar por el mayor número de puntos posibles, podemos decidir entre usar una línea recta, una logarítmica, un polinomio del grado indicado, una potencial, o una exponencial, en función de la distribución de los puntos de la serie que se haya seleccionado en la lista inferior del cuadro de diálogo.

En la ficha **Opciones** (ver Figura 4.15), una vez que hemos indicado el tipo de línea que se debe mostrar, podemos dar un nombre personalizado a dicha línea o utilizar el nombre automático que propone Excel. Este cuadro de diálogo también nos permite predecir los valores futuros o anteriores de la serie que se está tratando, rellenando adecuadamente la sección **Extrapolar**. Por último disponemos de tres casillas de verificación cuya función es:

Señalar intersección: Permite indicar el punto en el que la línea de tendencia se cruza con el eje Y.

Presentar ecuación en el gráfico: Si activamos esta opción obtendremos en el gráfico la ecuación de la línea de tendencia que se dibuja.

Presentar el valor R cuadrado en el gráfico: Cuando se activa esta casilla aparece el valor de R^2. Esta medida nos da una idea de la relación que puede existir entre las dos variables representadas en el gráfico. La utilización de esta medida tendrá mayor sentido en las líneas de tendencia que se tracen sobre gráficos XY (Dispersión), ya que este tipo de gráfico dibuja un punto por cada par de valores que se indican en las dos listas de datos a partir de las que se dibuja. R^2 se corresponde con el valor del coeficiente de correlación de Pearson utilizado en cálculos estadísticos. Si su valor es cercano a 0 indica que existe poca relación entre las dos variables representadas, y si su valor es cercano a 1 indica que ambas variables están relacionadas entre sí. Este R^2 es el cuadrado del valor que devuelve la función PEARSON.

La opción **Vista en 3D** sólo estará disponible cuando trabajemos con gráficos en tres dimensiones. Al activar esta opción nos encontramos con el cuadro de diálogo de la Figura 4.16:

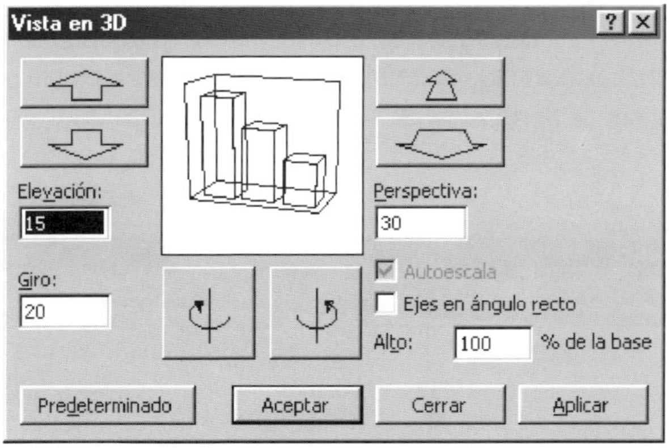

Figura 4.16: Vista en 3D.

En este cuadro de diálogo podemos configurar el modo de ver los gráficos 3D en distintos aspectos:

Elevación: Permite indicar la altura a la que se encuentra el gráfico desde el punto de vista del observador. Este valor varía entre —90 grados, que indica que los vemos desde la parte inferior del gráfico y 90 grados, que indica que los vemos desde la parte superior del gráfico.

Giro: Permite rotar el gráfico sobre un eje vertical. El giro puede variar entre los 0 y los 360 grados.

Perspectiva: Permite indicar un valor entre 0 y 100 para dar sensación de menor o mayor profundidad al gráfico.

Autoescala: Si se activa esta opción, Excel dará el tamaño al gráfico para que sus proporciones sean asignadas de forma automática. Si no activamos esta opción, podemos elegir el porcentaje de la base que se utilizará para levantar el gráfico en la casilla **Alto**.

Ejes en ángulo recto: Si se activa esta opción se anula la posibilidad de modificar la perspectiva del gráfico y se ven sus dos ejes principales perpendiculares.

Predeterminado: Este botón vuelve a establecer todos los valores del cuadro de diálogo a su estado predeterminado.

Aplicar: Este botón permite observar la vista preliminar del gráfico con la configuración actual, pero dándonos la posibilidad de cancelar y mantener el gráfico con la configuración que tenía antes de realizar los cambios.

La barra de herramientas **Gráfico** se hace visible cuando activamos un gráfico y nos permite configurar algunas de sus características. En caso de que no sea visible incluso cuando tengamos seleccionado un gráfico, podemos hacerla visible pulsando sobre el menú **Ver — Barras de herramientas — Gráfico**.

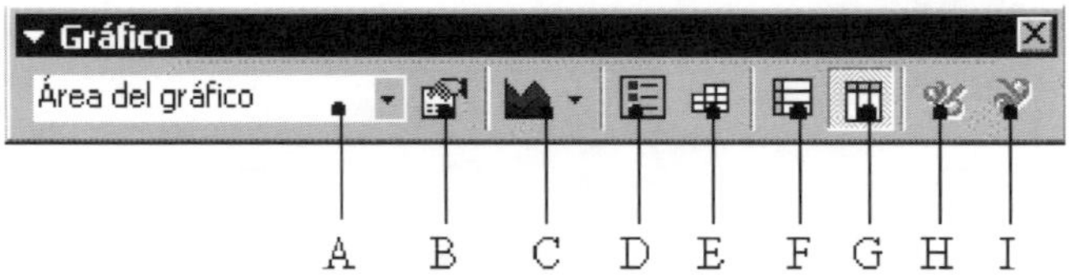

Figura 4.17: Barra de herramientas Gráfico.

La descripción de las funciones de los botones de esta barra de herramientas (ver Figura 4.17) es la siguiente:

A. **Objetos del gráfico**: Permite seleccionar el objeto del gráfico que queremos modificar. La lista varia según el tipo de gráfico que hayamos seleccionado.

B. **Formato**: Permite abrir el cuadro de diálogo de configuración del objeto seleccionado en el desplegable A.

C. **Tipo de gráfico**: Permite cambiar el tipo de la serie que esté seleccionada. Si no hay ninguna serie seleccionada, cambia de tipo todas las series incluidas en el gráfico.

D. **Leyenda**: Oculta o muestra la leyenda del gráfico .

E. **Tabla de datos**: Oculta o muestra la tabla de datos del gráfico.

F. **Por filas**: Indica que las series de datos del gráfico se encuentran en las filas del rango seleccionado como **Datos de origen**.

G. **Por columnas**: Indica que las series de datos del gráfico se encuentran en las columnas del rango seleccionado como **Datos de origen**.

H e I. **Ángulo**: Permiten configurar el ángulo del texto que pueda existir en el objeto seleccionado en el desplegable A.

Para poder modificar los elementos del gráfico debemos ir seleccionando cada elemento del gráfico al que sea necesario dar formato y pulsando sobre el botón de **Formato** (B). Esto muestra un cuadro de diálogo que tendrá distintas fichas para configurar distintos aspectos del elemento seleccionado. Cada elemento tendrá sus propias fichas de configuración, aunque algunos de ellos comparten algunas de estas fichas. A continuación veremos aquellas fichas de configuración que son comunes a la mayoría de los elementos del gráfico, y más adelante estudiaremos los distintos objetos, destacando las propiedades particulares de cada uno de ellos.

Ficha Tramas

Todos los objetos que tienen líneas o zonas interiores a las que podamos dar color de relleno y de bordes, tienen esta ficha (ver Figura 4.18) en su cuadro de diálogo de formato.

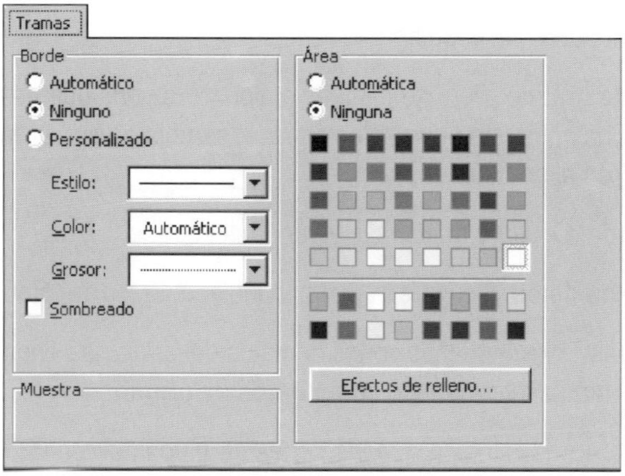

Figura 4.18: Ficha Tramas.

La ficha está dividida en dos zonas. En la zona de **Borde** podemos indicar el aspecto de las líneas que queremos que tenga el objeto seleccionado.

Automático: El borde tendrá la apariencia predeterminada según el tipo de gráfico que hemos seleccionado.

Ninguno: Permite eliminar las líneas del objeto seleccionado.

Personalizado: Ofrece la posibilidad de configurar las características de **Estilo**, **Color** y **Grosor** de la línea.

Estilo: Ofrece una galería de estilos de líneas en la que se puede indicar si será continua, discontinua, etc.

Color: Permite seleccionar el color de la línea.

Grosor: Permite seleccionar el ancho de la línea.

Sombreado: Permite añadir sombra al contorno del objeto seleccionado

Esquinas redondeadas: Permite que las esquinas no acaben en ángulo recto, sino que las suaviza para que sean redondas.

Estas dos últimas opciones sólo están disponibles en el **Área del gráfico**.

En la parte derecha de esta ficha podemos configurar el color del área del objeto seleccionado. Pulsando el botón **Efectos de relleno** accedemos a un cuadro de diálogo en el que es posible colorear las zonas interiores de los objetos con colores degradados, texturas, tramas, e incluso imágenes.

Si activamos esta ficha cuando el objeto seleccionado es un eje, esta parte derecha tiene distintas opciones que estudiaremos en el apartado dedicado a los ejes. Si el objeto seleccionado son las líneas de división, sólo estará disponible la parte del borde en esta ficha.

Ficha Fuente

Esta ficha (ver Figura 4.19) permite configurar el aspecto de las partes con texto o números del objeto que se ha seleccionado, como pueden ser los títulos, o los rótulos de datos y valores.

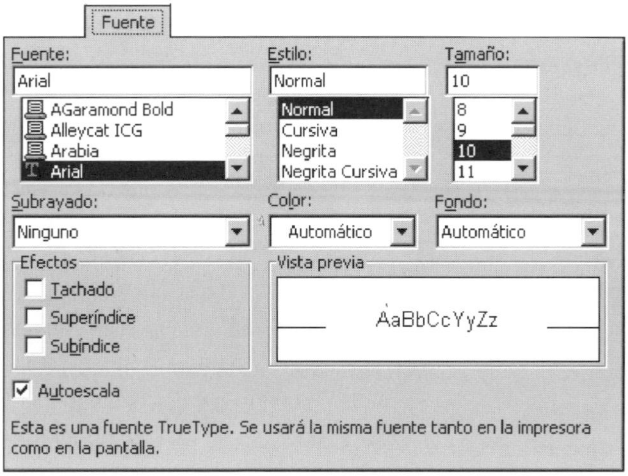

Figura 4.19: Ficha Fuente.

Las distintas opciones que se pueden configurar en esta ficha son:

Fuente: Muestra una lista con todas las fuentes instaladas en el ordenador y permite seleccionar una de ellas. La fuente determina el aspecto del texto en lo que a su grafía se refiere.

Estilo: Permite indicar si la letra estará en negrita, en cursiva o ambas.

Tamaño: Permite seleccionar el tamaño de la letra.

Subrayado: Permite subrayar las palabras e indicar el tipo de subrayado que se utilizará.

Color: Permite seleccionar el color de las letras.

Fondo: Permite indicar si el fondo de los títulos o rótulos serán de color opaco o transparente.

Efectos: Ofrece la posibilidad de mostrar los rótulos con una línea sobre el texto (**Tachado**), o que se eleve o descienda sobre la línea de apoyo del texto para que se vea como un **superíndice** o un **subíndice**.

Autoescala: Si marcamos esta casilla, la parte de texto del objeto seleccionado cambiará automáticamente de tamaño cuando lo haga el objeto que lo contiene.

Ficha Alineación

La ficha alineación (ver Figura 4.20) nos permite modificar la situación de los textos respecto al marco que los contiene.

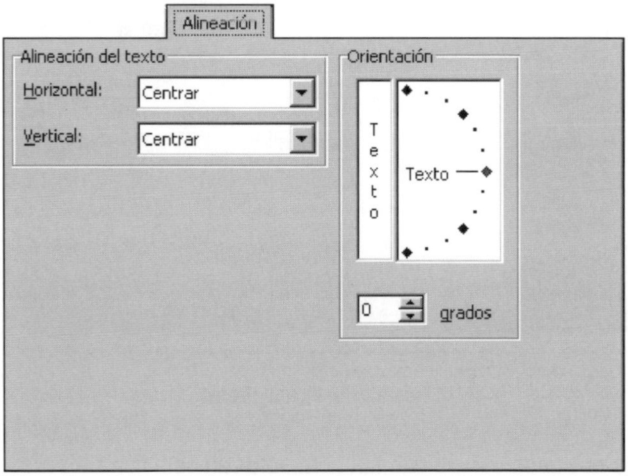

Figura 4.20: Ficha Alineación.

Esta ficha está disponible en los objetos de título y en los ejes. Tiene dos secciones que permiten configurar varias opciones:

Alineación del texto: Indica la posición tanto vertical como horizontal con respecto a los bordes del marco en el que está escrito, de modo que podemos centrar el texto, o dejarlo junto a los bordes de dicho marco. En el caso de que el objeto seleccionado sea un eje, este apartado no está disponible.

Orientación: Indica la inclinación que debe tener el texto con respecto a la horizontal. Esta inclinación se expresa en grados.

Una vez que hemos estudiado las fichas de configuración comunes a la mayoría de los objetos del gráfico, vamos a centrarnos en ver las características particulares de los elementos de los gráficos.

Formato de los ejes

Los gráficos van a tener distintos tipos de eje dependiendo de si está en dos o tres dimensiones. Los gráficos de dos dimensiones cuentan con un eje de categorías, que normalmente es el horizontal (X) y un eje de valores, que suele ser el vertical (Y). Los gráficos 3D cuentan además, con un eje para las series (Z).

Ficha Tramas

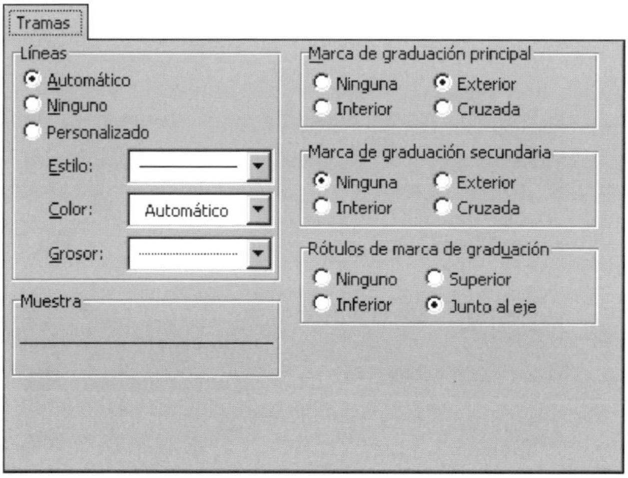

Figura 4.21: Ficha Tramas.

La primera característica que difiere en el formato de los ejes son las tramas. En esta ficha (ver Figura 4.21) se puede configurar el aspecto de la línea del eje, de igual modo que en cualquier otro objeto, pero además dispone de la posibilidad de especificar el formato de las marcas de graduación. Estas marcas son los pequeños segmentos que cruzan la línea del eje para indicar la posición de los elementos o números que se representan en el gráfico.

Marca de graduación principal: Permite seleccionar la posición de las marcas que determinan los valores principales de la escala.
Marca de graduación secundaria: Permite seleccionar la posición de las marcas que se incluyen entre los valores principales.
Rótulos de marca de graduación: Configura la posición en la que se colocará el texto que indica el valor, o la categoría que se representa en cada eje.

Ficha Escala

Es posible ajustar la escala de cada eje de forma independiente, por lo que podemos encontrarnos ante tres posibles cuadros de diálogo. Ajustando las escalas de forma adecuada podemos conseguir que el gráfico tenga la apariencia de que sus valores son mayores o menores, según nos convenga en cada ocasión. Veamos qué posibilidades tenemos para modificar dicha escala.

Si se ha seleccionado el eje de valores veremos el cuadro de diálogo de la Figura 4.22:

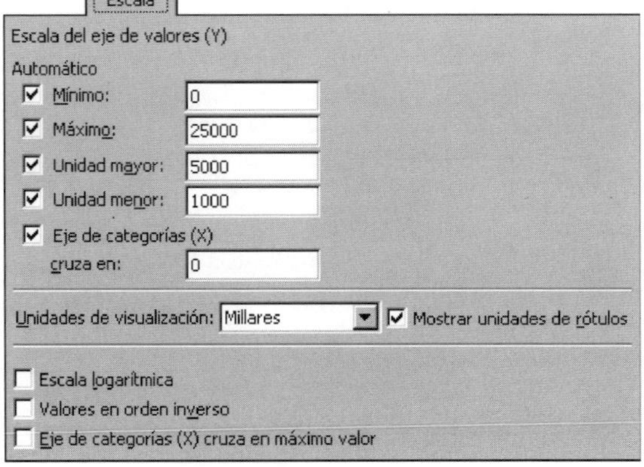

Figura 4.22: Ficha Escala.

Mínimo: Indica el valor más bajo que se debe representar en la escala del gráfico.
Máximo: Indica el valor más alto que se debe representar en la escala del gráfico.

Modificando el máximo y el mínimo del eje de valores, podemos conseguir acortar o alargar las barras del gráfico. Así, si nos interesa que los datos que representamos en nuestro gráfico aparenten ser más elevados, pondremos como máximo el valor del dato más alto que se esté representado. Si por el contrario, nos interesa que los datos representados aparenten ser muy bajos, pondremos como máximo un valor mucho más alto que el dato más elevado que estemos representando, de modo que siempre quedará sobre él un espacio que no será ocupado por ningún trazo del gráfico.

Unidad mayor: Indica cada cuantas unidades queremos que aparezcan las líneas de división principales.
Unidad menor: Indica cada cuantas unidades queremos que aparezcan las líneas de división secundarias.
Eje de categorías cruza en: Indica sobre qué valor del eje de valores queremos que se trace el eje de categorías.

Las anteriores opciones pueden modificarse manualmente, o dejar activada la casilla de verificación bajo la palabra **Automático** para que sea Excel el que determine de forma automática cuáles deben ser dichos valores.

Unidades de visualización: Permite que se visualicen las unidades de un modo más reducido, de modo que en lugar de ver cifras como 100.000, si indicamos como unidades los millares veríamos sólo el 100.
Mostrar unidades en rótulos: Esta casilla de verificación permite visualizar o no los rótulos que indica en qué unidades de visualización estamos indicando la escala del gráfico.
Escala logarítmica: Al activar esta casilla de verificación se modifican los intervalos en los que aparecen las marcas de graduación del eje de valores, de manera que utilizando el mismo espacio, los valores crecen rápidamente en la parte más baja, y se estabilizan en la más alta. De esta manera, se da mayor importancia a los valores más bajos, con lo que se suaviza el perfil del gráfico. Esto provoca que las posibles diferencias entre los valores de las series no destaquen en el gráfico, y aparezcan más igualados.
Valores en orden inverso: Cuando se activa esta casilla, Excel coloca el valor 0 de la escala del gráfico en la parte superior del mismo y el valor más alto en la parte inferior.

Eje de categorías cruza en máximo valor: Provoca que el eje de categorías se dibuje en el valor más alto del eje de valores. Aunque en principio puede parecer igual al punto anterior, la diferencia consiste en que en el anterior las barras o puntos se dibujan comenzando en la parte superior y alargándose hacia abajo de modo proporcional al valor que representan. Sin embargo, si marcamos esta casilla, las barras se dibujan hacia abajo para llegar al valor que representan con lo que miden exactamente la distancia que le falta al valor para llegar al máximo.

NOTA: *El cuadro de diálogo de la Figura 4.22 y el nombre de sus opciones puede variar en función del tipo de gráfico que estemos diseñando, pero básicamente la función de cada apartado es la misma en todos los gráficos.*

Formato de las series de datos

Excel ofrece la posibilidad de modificar cada serie de datos de nuestro gráfico de forma individual. Seleccionando una de las series del gráfico podemos modificar desde su color hasta el modo para representarla (Barras, líneas, sectores, etc.).

Examinaremos las distintas pantallas de configuración que podemos encontrar cuando damos formato a las series.

Ficha Eje

La ficha **Eje** (ver Figura 4.23) permite dibujar un gráfico con dos escalas de valores distintas. Esto sólo es posible en gráficos planos, sin embargo resulta útil cuando existen grandes diferencias en la magnitud de los valores de las series que se representan.

De este modo impedimos que si una de las series tiene valores muy bajos y la otra valores muy altos, la primera quede poco detallada y levante muy poco desde el eje X mientras que la otra se eleva muy por encima del eje X.

Utilizaremos la sección **Trazar serie en** para decidir con respecto a cuál de las dos escalas se dibujará la serie que está seleccionada.

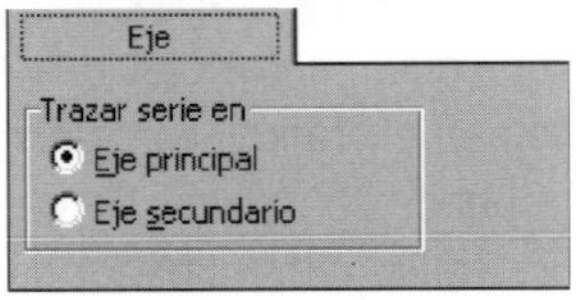

Figura 4.23: Ficha Eje.

Un ejemplo en el que se pueden utilizar dos ejes puede ser para representar la temperatura junto a la humedad relativa de una zona. Puesto que la humedad relativa se representa en tanto por ciento, su valor siempre oscilará entre el 1% y el 100%. Sin embargo el rango de las temperaturas suele oscilar entre —15 ó —20 grados hasta los 40 ó 50 grados según la zona en la que realicemos las medidas.

De hecho, si debemos representar una temperatura de 2 grados junto a una humedad relativa del 75%, y utilizamos la misma escala para los dos números, la altura del elemento que utilicemos para representar el 2 será inapreciable frente a la del 75. Pero si utilizamos una escala distinta para cada serie, podremos apreciar ambas cantidades mucho mejor.

Ficha Barras de error Y

Esta ficha (ver Figura 4.24) permite dibujar sobre los puntos o barras de un gráfico en dos dimensiones, unos pequeños segmentos que indiquen la posible cuantía del error que se puede cometer en la medición de cada valor.

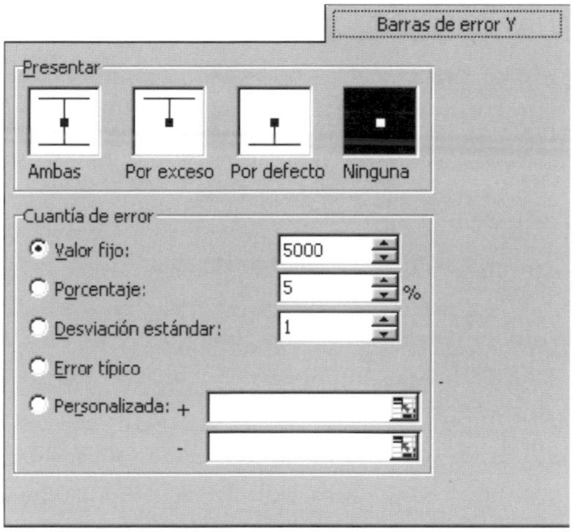

Figura 4.24: Ficha Barras de error Y.

En la sección superior de la ficha (**Presentar**), podemos indicar si se trazan los errores tanto por exceso como por defecto, sólo uno de ellos, o ninguno.

En el apartado **Cuantía del error** es posible indicar si dicho error siempre será un valor fijo, un porcentaje de la medida, la desviación estándar, el debido al error típico de la distribución, o indicar un valor para el exceso y otro para el defecto. Estos dos últimos valores se pueden escribir directamente en esta ficha, o se pueden indicar en celdas, escribiendo la referencia a dichas celdas.

Cuando añadimos barras de error a una o varias series, aparecen en la lista de elementos del gráfico. Seleccionándolas y accediendo a su pantalla de formato es posible configurar el aspecto con el que se van a presentar en el gráfico, operando sobre la ficha tramas.

Es posible configurar las barras de error de cada serie de forma independiente.

Ficha Orden de las series

Esta ficha (ver Figura 4.25) permite indicar la posición que va a ocupar cada serie dentro del gráfico. Se puede utilizar tanto en gráficos 2D como en gráficos 3D. Al modificar el orden de las series, no sólo modificamos el lugar que ocupan en el gráfico, sino que también queda modificado el orden con el que aparecen en la leyenda.

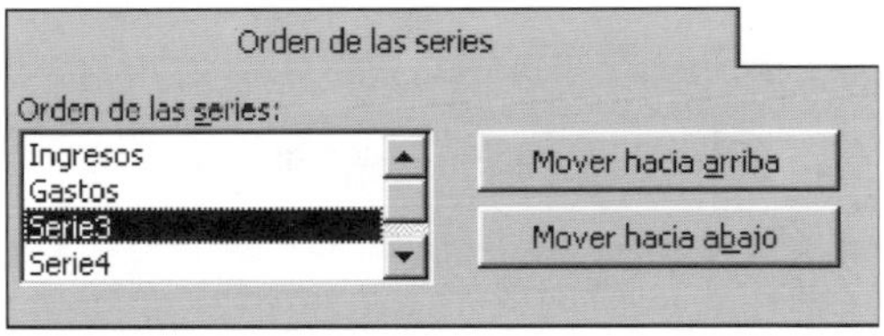

Figura 4.25: Ficha orden de las series.

Para mover las series, debemos seleccionar la serie que queremos ubicar en otra posición y pulsar sobre los botones **Mover hacia arriba** o **Mover hacia abajo** hasta que la serie ocupe el lugar que deseamos.

Podría resultar útil para evitar que una serie con valores muy altos oculte al resto de las series que estamos mostrando en un gráfico 3D. Si dicha serie se mueve de modo que ocupe el fondo del gráfico evitaremos que oculte al resto de series.

Ficha Opciones

Aunque esta ficha está disponible tanto en gráficos 2D como gráficos 3D, estudiaremos las opciones de los gráficos 3D puesto que esta ficha incluye las de la primera y añade una más.

Profundidad del rango: Indica el espacio hacia el fondo del gráfico que queremos que exista entre las columnas que se están mostrando. Cuanto más bajo es el número, menor es dicho espacio y mayor el ancho de las columnas. En los gráficos 2D se llama **Superposición** e indica la superficie de las barras que se mostrarán sobre las otras, para dar la sensación de que estuvieran unas detrás de otras.

Ancho del rango: Indica el espacio hacia los lados del gráfico que queremos que exista entre las columnas que se están mostrando, de manera que cuanto más bajo es el número, menor es el espacio entre columnas y mayor el ancho de las columnas.

Profundidad del gráfico: Especifica la longitud del tercer eje (el que va hacia el fondo) en los gráficos en tres dimensiones.

Ficha Formas

Esta ficha (ver Figura 4.26) aparecerá solamente en el caso de estar creando un gráfico 3D y nos permite cambiar el tipo de elemento que estamos utilizando para representar la serie seleccionada. Nos permite utilizar conos, pirámides, prismas o cilindros. Al seleccionar una forma de la galería, se aplicará a la serie que esté seleccionada.

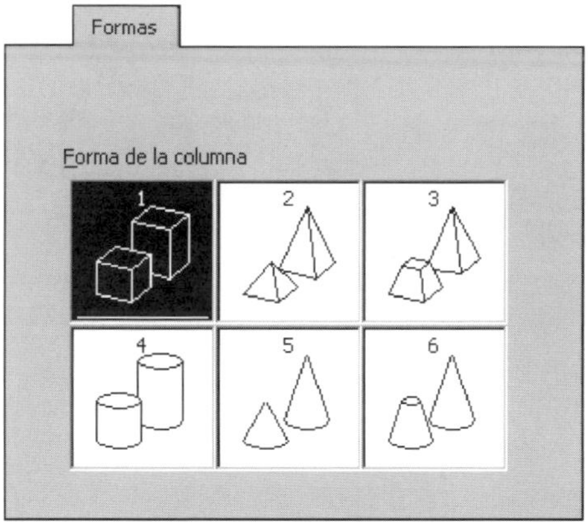

Figura 4.26: Ficha Formas.

En los gráficos 2D es posible combinar algunos tipos de gráfico para representar cada serie de una forma distinta. Seleccionando la serie que se quiere modificar y a continuación la opción **Tipo de gráfico** ya sea en el menú **Gráfico** o en la barra de herramientas de gráficos, podemos mostrar unas series con barras, otras con puntos o líneas, e incluso se pueden mezclar barras con sectores, áreas etc.

4.3.3. Creación de gráficos personalizados

Una vez que hemos dado formato a un gráfico, tenemos la posibilidad de guardar la configuración de dicho formato en un gráfico personalizado, que podamos aplicar más adelante a otros gráficos sin necesidad de volver a aplicar una y otra vez los mismos formatos. Para ello, debemos seleccionar el gráfico cuyo formato queremos almacenar como personalizado. A continuación se selecciona en el menú **Gráfico** la opción **Tipo de gráfico**. En el cuadro de diálogo que aparece (ver Figura 4.27) hay que seleccionar la ficha **Tipos personalizados** y activar la opción **Definido por el usuario**.

Figura 4.27: Tipos de gráficos personalizados.

En esta ficha se debe pulsar sobre el botón **Agregar**, con lo que aparece un cuadro de diálogo en el que nos solicitan el nombre del tipo del gráfico y su descripción.

En caso de querer que sea el tipo de gráfico que aparece por defecto, cuando no aplicamos ningún otro formato, debemos seleccionarlo en la lista y pulsar el botón **Establecer como predeterminado**.

Para quitar cualquier gráfico personalizado que hayamos agregado, se debe seleccionar de la lista y pulsar el botón **Eliminar**.

4.4. EJEMPLOS DE CREACIÓN DE GRÁFICOS

En este apartado veremos la creación de algunos gráficos más elaborados, pero sin indicar de forma explícita todo el proceso, sino que se explicarán los cambios menos evidentes que se deben realizar para conseguir que el gráfico tenga el aspecto deseado.

4.4.1. Gráficos de barras 3D

Supongamos que necesitamos crear un gráfico a partir de los datos de la Figura 4.28, de manera que tenga el aspecto del gráfico de la Figura 4.29.

	B	C	D	E	F	G	H
1							
2	**Inversión 1996-2000**						
3							
4		**1996**	**1997**	**1998**	**1999**	**2000**	**Total**
5	**I+D**	51.419,43 €	33.184,59 €	47.481,77 €	40.100,17 €	37.201,46 €	209.387,42 €
6	**Inmuebles**	131.300,00 €	167.400,00 €	126.200,00 €	160.400,00 €	128.100,00 €	713.400,00 €
7	**Marketing**	37.037,99 €	44.607,35 €	54.012,53 €	53.235,03 €	58.741,12 €	247.634,02 €
8	**Total**	221.753,42 €	247.188,95 €	229.692,30 €	255.734,20 €	226.042,58 €	1.180.411,44 €

Figura 4.28: Datos origen del gráfico.

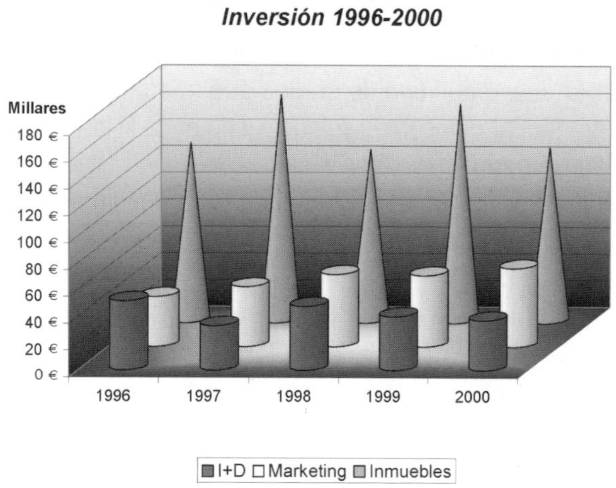

Figura 4.29: Resultado esperado del gráfico.

En el gráfico solamente se representan los datos de las celdas pertenecientes al rango B4:G7, por lo tanto estas son las celdas que deberíamos seleccionar antes de iniciar el asistente.

Una vez iniciado el asistente, debemos seleccionar el tipo de gráfico adecuado, esto es el **Cilíndrico, columna 3D con forma cilíndrica**. En el tercer paso del asistente, podemos indicar el título del gráfico, y la posición de la leyenda. Si nos fijamos bien, el eje de la tercera dimensión no tiene marcas ni rótulos. Para evitar que aparezcan, podemos desactivar el eje Y, también en el tercer paso de asistente.

Una vez finalizada la ejecución del asistente, aún debemos realizar algunos retoques a nuestro gráfico para que tenga el aspecto deseado. Comencemos por el color de las columnas. Debemos seleccionar cada serie y en el formato de tramas cambiar el color según indica la leyenda del gráfico de la Figura 4.29. También el cuadro de diálogo del formato de las series, podremos cambiar los cilindros con los que se representa la serie **Inmuebles** por conos, si actuamos sobre la ficha **Formas**. Para terminar de dar formato a las series debemos cambiar la ficha **Orden de las series** para que las columnas y la leyenda aparezcan en el orden indicado en el resultado. En los planos laterales y en el inferior se ha modificado el formato de las tramas utilizando **Degradado** de los **Efectos de relleno**. También se ha modificado la **Vista en 3D** del menú **Gráfico**, de modo que se ha activado la casilla de verificación **Ejes en ángulo recto**. En el eje de valores, se han modificado las **Unidades de visualización** para mostrar los datos como millares, es decir, dividiendo entre 1000. Por último señalar que al título del gráfico se la ha modificado el formato de fuente para que sea mayor que el resto de rótulos del gráfico.

4.4.2. Gráficos circulares

Supongamos en este caso que queremos representar las inversiones totales en cada año de los datos de la Figura 4.28, es decir, los datos de las celdas C4:G4 y C8:G8, para obtener un gráfico como el de la Figura 4.30.

En este caso se debe seleccionar el rango de datos indicado anteriormente (C4:G4 y C8:G8), utilizando la tecla [CTRL] para poder seleccionar rangos que no son contiguos. En el asistente se debe seleccionar el tipo de gráfico adecuado. Para poder separar el sector correspondiente al año 2000 se debe hacer clic sobre dicho sector dos veces. En la primera se seleccionan todos los sectores, si esperan unos segundos y se vuelve a hacer clic, entonces quedará seleccionado únicamente este sector. A partir de este momento, se puede modificar su color de relleno y si lo arrastramos se quedará separado del resto. Para poner los rótulos del año y de los porcentajes se debe utilizar la ficha **Rótulos de datos** de las **Opciones del gráfico**.

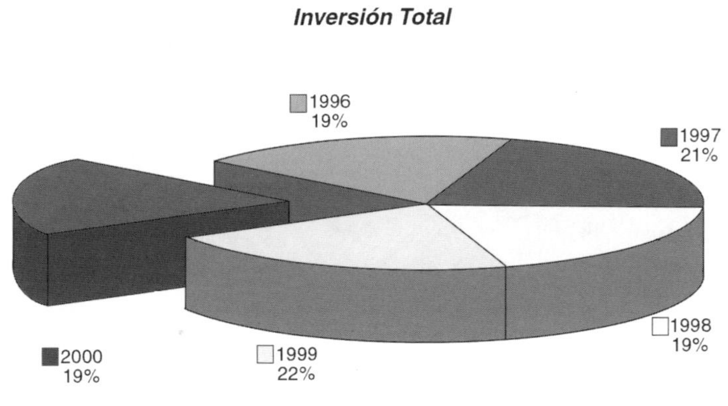

Figura 4.30: Gráfico de sectores.

4.4.3. Climograma

Veremos con este ejemplo, que se pueden combinar distintos tipos de gráfico para representar datos. Este es el caso de los climogramas, un tipo de gráfico en el que se representan las precipitaciones y las temperaturas de una determinada zona, utilizando barras para los datos de las precipitaciones y una línea para la temperaturas. En este caso, veremos que también es necesario utilizar dos ejes numéricos distintos para realizar el gráfico.

Supongamos que tenemos los datos de la Figura 4.31 y queremos obtener el gráfico de la Figura 4.32.

	A	B	C
1		Precipitaciones	Temperaturas
2	Enero	32	4,8
3	Febrero	38	6,3
4	Marzo	41	9,4
5	Abril	41	12,3
6	Mayo	43	15,6
7	Junio	32	20,1
8	Julio	10	23,7
9	Agosto	10	23,5
10	Septiembre	33	19,3
11	Octubre	49	13,8
12	Noviembre	54	6,5
13	Diciembre	45	5,4

Figura 4.31: Datos del climograma.

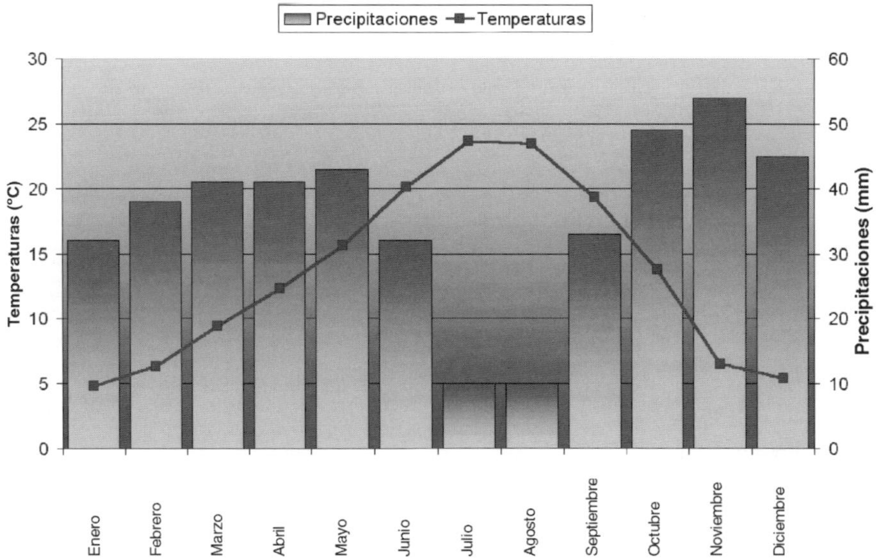

Figura 4.32: Clima interior.

Seleccionaremos el rango A1:C13 y activaremos el **Asistente para gráficos**. En principio, seleccionaremos un gráfico de columnas en dos dimensiones, y lo colocaremos en una nueva hoja.

Una vez que terminemos con el asistente, seleccionaremos la serie de **Temperaturas** y la aplicaremos otro tipo de gráfico, bien desde la barra de herramientas de gráficos o desde el menú **Gráfico — Tipo de gráfico**. Elegiremos el tipo de gráfico de **líneas**. A continuación vamos a crear un nuevo eje numérico para representar sobre él los datos de la serie de precipitaciones. Para ello debemos seleccionar la serie **Precipitaciones**, y activar la ficha **Eje** de su cuadro de diálogo de **Formato**. En ella indicaremos que esta serie debe trazarse sobre el eje secundario, lo que provoca que aparezca una nueva escala de valores a la derecha del gráfico. Para que las marcas de graduación de ambos ejes coincidan, vamos a modificar las escalas de ambos, de manera que el de la izquierda o principal tenga como máximo el valor 30 y el de la derecha o secundario tenga como máximo el valor 60. Si la primera y última columnas de nuestro gráfico apareciesen semiocultas por los extremos del gráfico, debemos entrar en el cuadro de diálogo de **Formato** del eje horizontal x y activar la casilla de verificación **Eje de valores (Y) cruza entre categorías** de la ficha **Escala**. Si durante la ejecución del asistente no se hizo, se debería cambiar la posición de la leyenda a la parte superior del gráfico. Para que las columnas sean más anchas, hay que seleccionar la serie **Precipitaciones** y modificar el **Formato** de la ficha **Opciones**, cambiando el valor del **Ancho del rango** de modo que tenga un valor de aproximadamente 20 unidades. Y para cambiar el color de relleno de las distintas zonas del gráfico hay que actuar sobre la ficha **Tramas** de la zona que se desea modificar, incluyendo la línea que representa las temperaturas. Por último, debemos activar la ficha **Títulos** de las opciones del gráfico para indicar adecuadamente los títulos de los ejes de valores principal y secundario.

4.4.4. Gráficos de dispersión

Veremos en este apartado cómo crear este tipo de gráficos y cómo utilizar la opción de líneas de tendencia. Debemos tener en cuenta, que en este tipo de gráficos necesitamos representar pares de números. En este caso, crearemos un gráfico a partir de los datos de la Figura 4.33, de modo que represente los datos que se observan en él y además, utilizando las líneas de tendencia, podamos predecir la altura de las personas de más edad. El resultado final debería ser lo más parecido posible al gráfico de la Figura 4.34.

	A	B	C
1	Edad	Altura	
2	2	82	
3	2	85	
4	3	97	
5	3	102	
6	3	95	
7	3	95	
8	4	100	
9	4	103	
10	5	101	
11	5	115	
12	5	108	
13	6	115	
14	6	115	
15	7	120	
16	7	121	
17	8	130	
18	8	127	

Figura 4.33: Datos de edades y alturas de niños de 2 a 8 años.

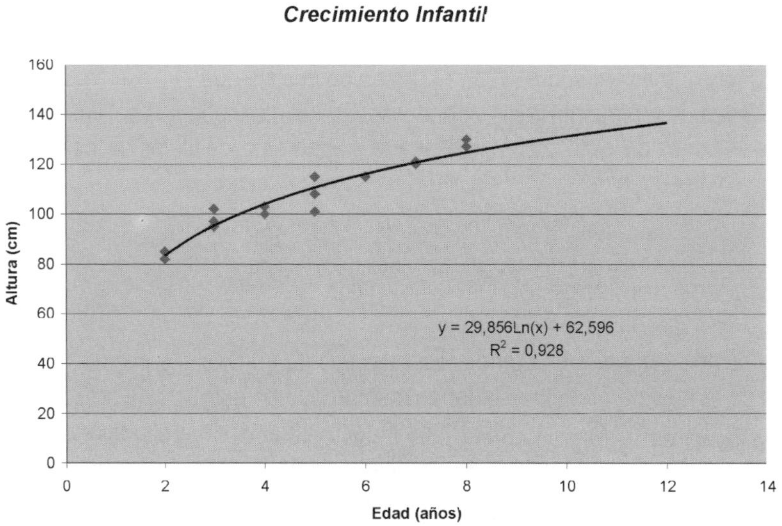

Figura 4.34: Gráfico con línea de tendencia.

La creación del gráfico resulta sencilla; debemos seleccionar los datos de origen, activar el asistente, seleccionar el tipo de gráfico **XY (Dispersión)** y escribir los títulos adecuados.

Para añadir la línea de tendencia utilizaremos el menú **Gráfico — Agregar línea de tendencia**, y seleccionaremos el tipo de línea **Logarítmica**, ya que el crecimiento de las personas sigue esta función; en edades tempranas se crece muy deprisa y conforme aumenta la edad, se deja de crecer y se estabiliza. Esta línea de tendencia o regresión intenta pasar lo más cerca posible de los puntos que están representados en el gráfico. Si lo que queremos es extrapolar los valores que tenemos con los que se pueden alcanzar en el futuro, o en este caso con edades mayores, debemos activar la ficha **Opciones** del cuadro de diálogo de **Formato** de la línea de tendencia e indicar el número de unidades hacia delante que queremos conocer. En nuestro ejemplo se han indicado 4. También se han mostrado en el gráfico la ecuación de esta línea y el valor de R^2. Es posible que si se indican otros valores para extrapolar los datos de este gráfico nos encontremos con resultados ilógicos. Esto puede ser debido a que los datos iniciales de muestra para realizar la extrapolación no sean adecuados, y no se puedan utilizar para realizar estimaciones.

CAPÍTULO 5

TRABAJO CON BASES DE DATOS

5.1. INTRODUCCIÓN

Entre las herramientas que nos van a resultar más útiles para analizar datos en Excel están las bases de datos o listas. Una base de datos en Excel será un rango de celdas en las que almacenaremos datos de una forma estructurada. Esta estructura consiste en organizar las filas y columnas de manera que en cada fila aparezcan los datos de un solo elemento, y en cada columna el mismo tipo de dato para cada elemento de la lista. Cuando se habla de bases de datos se suele denominar a cada fila con el nombre **registro** y a cada columna con el nombre **campo**.

5.2. CREACIÓN DE UNA BASE DE DATOS

Para crear una base de datos en Excel no hay que efectuar ninguna operación especial. Simplemente debemos rellenar las celdas de forma organizada. Es habitual que la primera de las filas sea un encabezado para cada columna, en la que indicamos el nombre del dato que se escribe en dicha columna. El resto de los datos de la lista se deben escribir en celdas contiguas, sin dejar ninguna fila o columna en blanco, ni siquiera entre la fila que contiene los encabezados de las columnas y los datos.

Antes de diseñar la base de datos, debemos analizar los datos que queremos incluir en ella, y el uso posterior que les vamos a dar. De esta manera podremos definir los campos de forma adecuada teniendo en cuenta que debemos dividir y estructurar la información con la que vamos a trabajar, incluyendo en cada lista sólo la información relacionada entre sí de forma lógica, pero sin dejar de incluir aquellos datos que sean necesarios. Esto quiere decir que si, por ejemplo, necesitamos almacenar los datos personales de nuestros clientes, debemos dividir la información de tal forma que nos permita realizar las acciones que necesitemos en un futuro. Supongamos que con la lista de clientes vamos a tener la necesidad de ordenar sus nombres alfabéticamente según los apellidos; para ello es imprescindible que ese dato (apellidos) se encuentre en un solo campo o columna. Si por el contrario, hubiésemos incluido el nombre y los apellidos en una sola columna, sería imposible ordenar por apellidos. Supongamos ahora que debemos estructurar la información referente a sus direcciones. Podríamos pensar que una buena solución sería crear un campo para cada elemento: Calle, Número, Planta, Letra, Ciudad, Provincia, etc. Sin embargo, si no necesitamos buscar, ni ordenar la lista de clientes por la letra del piso, ni por la planta o el número de la calle, esta división puede resultar demasiado exhaustiva. Así, en este supuesto, los campos Calle, Número, Planta y Letra, podrían estar incluidos en uno solo. En las bases de datos, también es habitual incluir un campo **clave** que identifica cada registro de forma unívoca, y que en Excel podremos utilizar para realizar búsquedas en la base de datos.

Una vez establecidos cuáles son los campos necesarios para nuestros propósitos, podremos comenzar a crear la base de datos. Para ello, debemos escribir en primer lugar los encabezados de cada columna, es decir, los nombres de campo. Habitualmente estos encabezados indican el nombre del dato que se debe escribir en cada columna. A continuación, y sin dejar ninguna fila en blanco, escribiremos en cada fila los datos indicados por el encabezado correspondientes a cada elemento o registro de la base de datos.

Para la inserción de datos en listas puede resultar interesante conocer una particularidad de las teclas <TAB> e <INTRO>. Si empezamos a escribir los datos de un registro al principio de la fila utilizando la tecla <TAB> para pasar a la siguiente columna, cuando lleguemos a la última columna, podremos volver a la primera columna de la siguiente fila disponible pulsando la tecla <INTRO>.

Por último, hay que indicar que cuando se va rellenando una lista directamente en las celdas de la hoja de cálculo, si escribimos el principio de una palabra que ya fue escrita con anterioridad en la misma columna, aparecerá dicha palabra completa. Si en esta situación nos cambiamos a otra celda, se quedará la palabra completa; si ignoramos la sugerencia y seguimos escribiendo, se mantendrá lo que escribamos. Esta característica es muy útil para ahorrar trabajo a la hora de introducir datos.

5.2.1. Utilización de formularios

Hemos visto que podemos rellenar la lista directamente sobre la hoja de cálculo escribiendo los datos en cada celda, fila por fila. Sin embargo, disponemos de una herramienta de entrada de datos llamada **Formulario** que consiste en ver en una ventana los datos referentes a un único registro. Activaremos este formulario desde el menú **Datos — Formulario**. Antes de solicitar dicha opción, debemos haber escrito al menos los encabezados de las columnas de datos, pues de lo contrario Excel mostrará un mensaje de error.

Si seleccionamos la opción **Formulario** cuando sólo hemos escrito el encabezado, debemos asegurarnos de que la celda activa pertenece a la fila del encabezado o al conjunto de celdas adyacentes al rango que contiene el encabezado. Si sólo hemos escrito el encabezado, aparecerá el mensaje de la Figura 5.1.

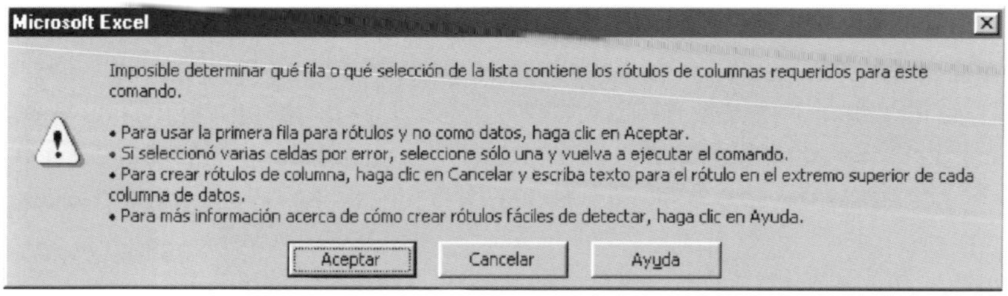

Figura 5.1: Mensaje de posible error al utilizar formularios.

Si hemos escrito la cabecera de forma adecuada debemos pulsar **Aceptar**, con lo que se nos mostrará una ficha de datos, con espacio para cada dato que hayamos incluido en la cabecera. Si nuestra cabecera tuviese los campos **Nombre, Apellidos, Dirección y Teléfono**, el formulario resultante sería el que se puede ver en la Figura 5.2.

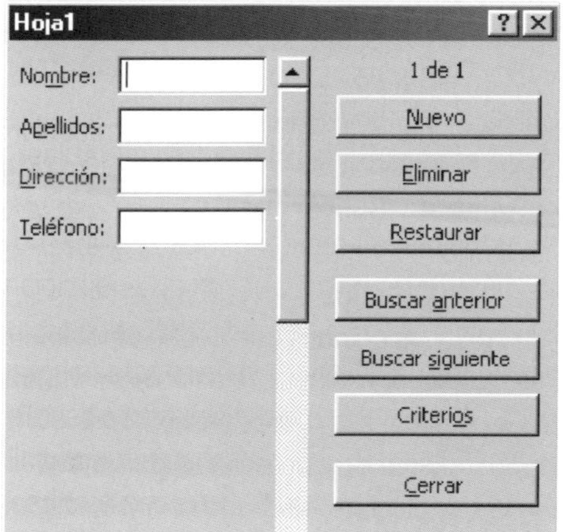

Figura 5.2: Formulario.

En el caso de que ya esté escrita una parte de la lista también podemos usar esta opción para continuar añadiendo datos. Sólo hay que tener el cuidado de seleccionar una celda perteneciente a la lista antes de activar el **Formulario**. En esta situación será posible ver los datos de todos los registros.

En el **Formulario** que nos ofrece Excel podremos insertar los datos referentes a todos los campos de cada registro, es decir, vemos una ficha que permite rellenar todas las celdas de una fila. El nombre de los campos aparece en la parte izquierda de la ventana y se corresponde con aquellos que hemos escrito en la fila de encabezados. En la parte derecha contamos con una serie de botones cuya función se detalla a continuación.

Nuevo: Actualiza los datos que se han escrito en los cuadros de texto de la izquierda a la siguiente fila correspondiente de la hoja de cálculo y muestra una ficha en blanco para añadir un nuevo registro.

Eliminar: Borra los datos referentes al registro que se está visualizando. Esta operación elimina físicamente la fila de la hoja de Excel que los contenía.

Restaurar: Se utiliza para deshacer los cambios que hayamos realizado en el registro que se está visualizando. Para que sea posible restaurar los datos no debemos cambiar de registro, pues al hacerlo se actualizan los datos de la hoja de cálculo y ya no es posible volver a los datos antiguos.

Buscar Anterior / Siguiente: Muestran los datos del registro anterior o posterior al que estamos visualizando.

Criterios: Permite establecer las condiciones para filtrar los registros de nuestra base de datos. En los formularios tenemos la posibilidad de que, al pulsar los botones **Buscar Anterior** y **Buscar Siguiente**, sólo se visualicen aquellos registros que cumplen ciertas condiciones. Para determinar estas condiciones debemos pulsar el botón **Criterios** y, en la ficha en blanco que aparece, indicar los valores de uno o varios campos que deben tener aquellos registros que queremos que se muestren. A la hora de establecer estos criterios, es posible utilizar caracteres comodín como el asterisco (*) o la interrogación (**?**). Al emplear un * estamos indicando que en su lugar puede ir cualquier cadena de caracteres y de cualquier longitud. El signo **?** sustituye a un solo carácter.
Para volver a ver todos los registros de la base de datos debemos volver a la ficha de **Criterios**, pulsar el botón **Borrar** y a continuación hacer clic sobre el botón **Formulario**, que aparece en el lugar donde estaba el botón **Criterios**.

Cerrar: Cierra el formulario y nos devuelve a la hoja de cálculo.

La barra de desplazamiento del centro del **Formulario** también permite avanzar y retroceder por la lista. Para que podamos conocer en todo momento en qué registro nos encontramos hay una etiqueta, en la parte superior izquierda, que indica el número de registro que estamos visualizando y el número total de registros de la lista.

5.2.2. Validación de los datos

Con lo que hemos aprendido hasta ahora sobre la creación de bases de datos, podríamos agregar datos de todo tipo en cualquiera de los campos. Sin embargo, en muchas situaciones resulta imprescindible obligar a que el dato que se introduce en alguna columna deba cumplir ciertas restricciones en cuanto a su tipo o a su valor. Excel pone a nuestra disposición un mecanismo de control que permite comprobar que los datos que escribimos en cada celda se ajustan a los valores que se pueden aceptar. Con la validación es posible indicar, para cada campo, el tipo de datos que puede contener (números, fechas, texto...), mostrar un mensaje de ayuda para introducir dicho dato y mostrar un mensaje de error cuando el dato no es válido. Es posible configurar cada celda de forma independiente o seleccionar varias celdas que deben validar sus datos del mismo modo.

Para activar la validación de datos en una o varias celdas, debemos seleccionar la celda o celdas que deben validarse y seleccionar la opción **Datos — Validación**. Es preferible que las celdas estén vacías antes de configurar la validación de los datos, pues si se realiza cuando ya se han escrito datos, éstos no se validarán, y por tanto podrían ser incorrectos.

Al activar la validación de datos nos encontramos con un cuadro de diálogo en el que se pueden configurar tres fichas.

Ficha Configuración

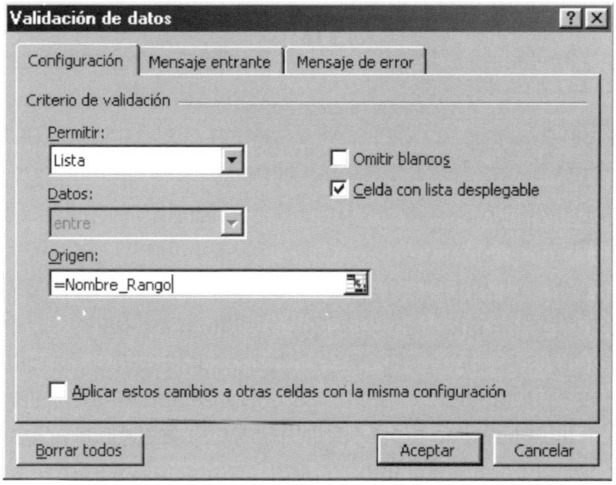

Figura 5.3: Configuración de la Validación de datos.

Esta ficha (ver Figura 5.3) es la que permite indicar el tipo de dato que se puede escribir en la celda y los límites que puede tener dicho dato.

Permitir: Contiene una lista con los distintos tipos de valores que pueden contener las celdas seleccionadas. Estos tipos pueden ser: **Números enteros**, **Números decimales**, **Fechas** y **Horas**. También es posible restringir la **Longitud del texto** que se escriba en la celda, ofrecer una **Lista** restringida de valores válidos, o una fórmula **Personalizada**, que deben cumplir los valores que se escriban.

Datos: Permite elegir el tipo de comparación que queremos realizar para establecer los límites de los valores permitidos. En las listas restringidas no está disponible.

Máximo: Permite establecer el límite superior del valor que puede contener la celda seleccionada. Es posible escribir el valor directamente, o la referencia a la celda que contiene dicho valor. Sólo aparece si en el cuadro **Datos** hemos seleccionado una opción que lo necesite.

Mínimo: Permite establecer el límite inferior del valor que puede contener la celda seleccionada. Es posible escribir el valor directamente o la referencia a la celda que contiene dicho valor. Sólo aparece si en el cuadro **Datos** hemos seleccionado una opción que lo necesite.

Cuando escribimos restricciones en las que los tipos de datos permitidos son números, fechas, horas o límites en la longitud del texto, estas condiciones seguirán un modelo en el que debemos indicar si dicho valor debe ser mayor, menor, distinto o igual que ciertos valores límites. Sin embargo, en el caso de usar una lista restringida de valores, tenemos dos posibilidades para determinar los valores permitidos. En primer lugar podemos escribir directamente los valores en el cuadro **Origen** separándolos mediante punto y coma (;), o podemos indicar un rango de celdas que contengan los valores permitidos. En este segundo caso nos encontramos con un pequeño inconveniente: si intentamos hacer referencia a celdas de una hoja distinta a la hoja en la que estamos configurando la validación de los datos, no podremos activarla. Tampoco es posible indicar la referencia a estas celdas escribiendo el nombre de la hoja seguido del rango de celdas en el que estamos interesados. Sin embargo, existe la posibilidad de especificar como valores correctos de la lista, datos que están en otra hoja. El procedimiento consiste en dar un nombre de rango a las celdas que deben aparecer en la lista, y después escribir dicho nombre en el cuadro **Origen** precedido del signo igual (=) (ver Figura 5.4). Al seleccionar la opción **Lista** para validar los datos, tenemos la posibilidad de hacer que estos datos aparezcan en un desplegable en las cedas de la hoja de calculo. Para ello debemos activar la casilla de verificación **Celda con lista desplegable**.

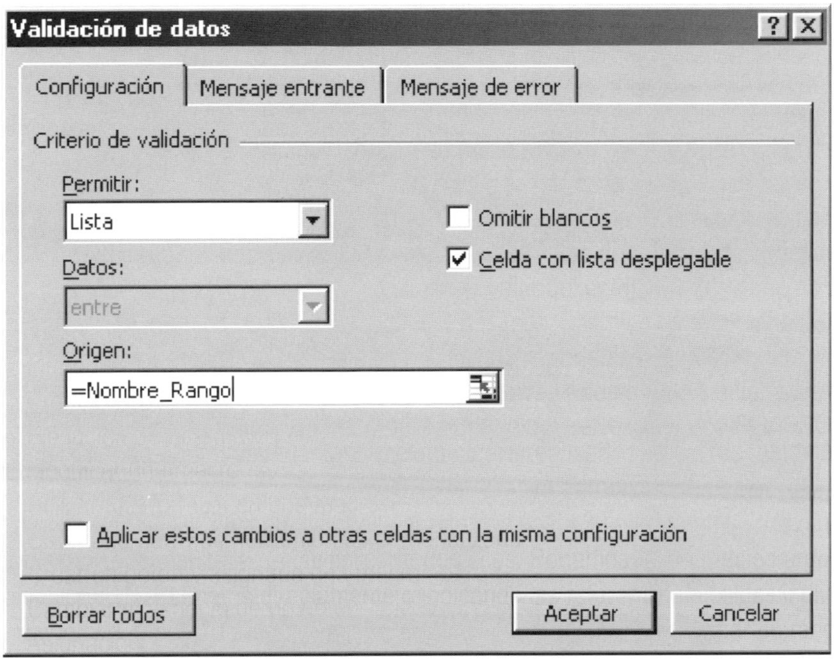

Figura 5.4: Configuración de Listas como Validación de datos.

Para establecer una condición **Personalizada** debemos escribir, en el cuadro **Fórmula**, aquella fórmula que deban cumplir los datos que se pueden introducir en la celda con validación. Una situación en la que podría ser necesaria la utilización de una fórmula sería, por ejemplo, cuando el valor de la celda deba ser mayor que los valores de otras dos. Supongamos que queremos aplicar un filtro de validación a la celda A1, de modo que su valor sea mayor que los datos escritos en las celdas B1 y C1. La fórmula que deberíamos escribir sería: =Y(A1>B1;A1>C1).

Si queremos modificar la configuración de validación de una celda, y que todas las que tenían la misma configuración cambien del mismo modo, debemos activar la casilla de verificación **Aplicar estos cambios a otras celdas con la misma configuración**. De este modo se seleccionarán todas las celdas que estén igualmente configuradas y quedarán igualmente modificadas.

Ficha Mensaje entrante

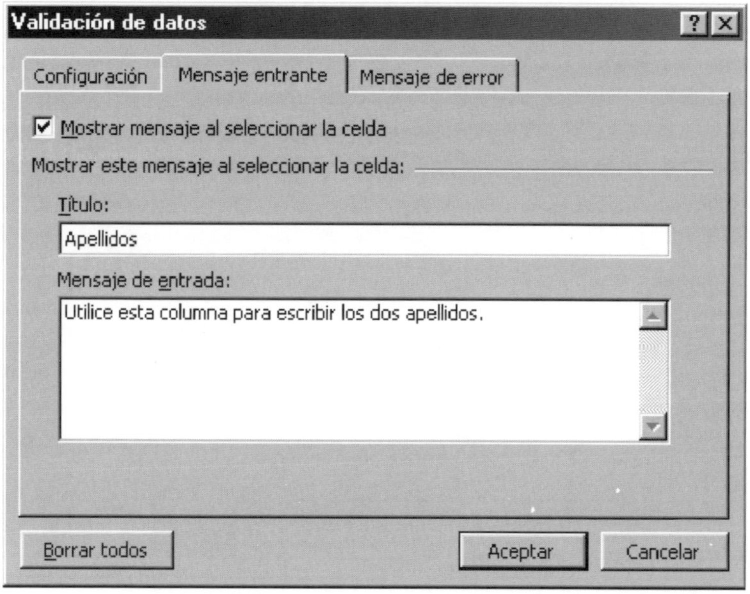

Figura 5.5: Mensaje entrante en Validación de datos.

Esta ficha (Figura 5.5) permite configurar las celdas seleccionadas para que muestren un mensaje flotante cuando se activan. Este mensaje debe indicar el propósito del dato que se debe escribir en dicha celda. El texto que escribimos en el apartado de **Título** aparecerá al principio del mensaje y en negrita, y lo que se escribe en el apartado **Mensaje de entrada** aparece bajo el título, en un estilo de fuente normal.

Si queremos evitar que se muestre este mensaje, se desactiva la casilla de verificación **Mostrar mensaje al seleccionar la celda**.

Ficha Mensaje de error

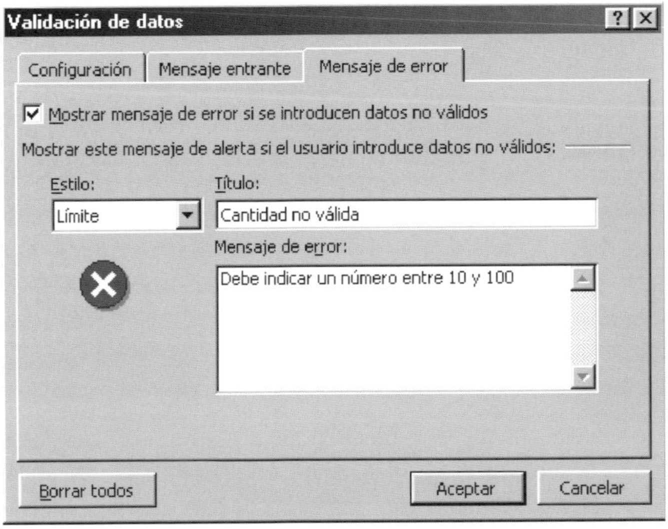

Figura 5.6: Mensaje de error en Validación de datos.

Esta ficha (ver Figura 5.6) permite configurar el mensaje de error que mostrará Excel si se introduce en la celda un valor que no cumpla las condiciones indicadas. El mensaje aparece en un cuadro de diálogo que contiene un texto explicativo del error cometido, junto a una serie de botones como **Cancelar**, **Reintentar**, etc. que ofrecen varias opciones al usuario.

Estilo: Indica la gravedad del mensaje de error. Si se elige **Límite** estamos indicando que sólo se pueden incluir valores que estén dentro de los límites establecidos. Si se elige **Advertencia**, el mensaje advierte de que se han superado los límites, pero ofrece la posibilidad de mantener el dato escrito. Por último, si se selecciona **Información**, el mensaje advierte del error pero permite proseguir con el valor escrito. El icono que acompaña al mensaje y la lista de botones que aparecen bajo el mensaje, serán distintos en función del estilo seleccionado, de modo que se adecuen a las acciones susceptibles de ser realizadas en cada caso.

Título: En este apartado se escribe el texto que queramos que aparezca en la barra de título del cuadro de diálogo del mensaje de error.

Mensaje: En este apartado se escribe un texto que explique que se ha producido un error y que, preferiblemente, indique las posibles causas de dicho error, para que el usuario sepa exactamente los motivos por los cuales el valor introducido no es válido.

Si queremos configurar una celda para que sólo admita valores entre 10 y 100 deberíamos disponer la ficha **Configuración** de modo que las casillas tuvieran los siguientes valores:

Permitir: número entero
Datos: entre
Mínimo: 10
Máximo: 100

Para que nos aparezca un mensaje de error que nos advierta de que los valores válidos para la celda se encuentran entre 10 y 100 deberíamos indicarlo así en la ficha **Mensaje de error**. El aspecto que tendrán estos mensajes de error será similar al que se puede observar en la Figura 5.7:

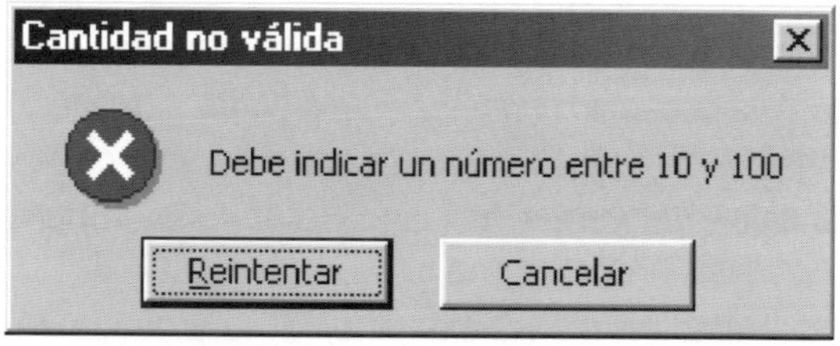

Figura 5.7: Ejemplo de error de validación.

5.3. ANÁLISIS DE LOS DATOS

Una vez que hemos creado la base de datos, Excel pone a nuestra disposición una serie de herramientas que nos permiten analizar la información que hemos escrito. Es posible ver los datos ordenados por cualquier campo, filtrar los datos para ver sólo aquellos que nos resulten interesantes en cada momento, o agruparlos y realizar cálculos sobre esos grupos para obtener resúmenes o subtotales sobre la información contenida en la lista.

5.3.1. Ordenar los datos

Tenemos dos posibilidades para ordenar los datos de una lista.

La primera consiste en colocar el cursor sobre una celda que pertenezca a la columna por la que queremos ver los datos ordenados y pulsar cualquiera de los dos botones de ordenación: 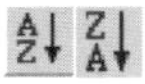 .

 : Ordena la lista de menor a mayor.

 : Ordena la lista de mayor a menor.

Antes de pulsar cualquiera de estos dos botones, debemos asegurarnos de que sólo tenemos seleccionada una única celda, pues en el caso de tener seleccionado un rango de celdas se ordenarán los datos dentro de dicho rango, lo que, en una base de datos, mezclaría la información, ya que no estaríamos ordenando los registros completos.

La otra posibilidad es utilizar la opción del menú **Datos — Ordenar**, con lo que se abre el cuadro de diálogo de la Figura 5.8.

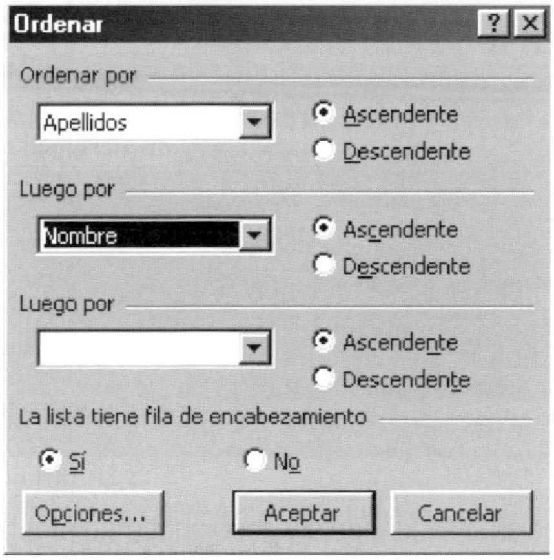

Figura 5.8: Ordenar.

Antes de seleccionar dicha opción hay que asegurarse de que la celda activa pertenece a la base de datos, para que Excel identifique claramente cuáles son los nombres de los campos de la base de datos y los muestre en los cuadros desplegables. Si a pesar de tener seleccionada una celda de la base de datos, no aparecen dichos nombres en las listas desplegables, debemos indicar que la lista **Sí** tiene fila de encabezamiento, en la parte inferior del cuadro de diálogo. De este modo, podremos seleccionar el nombre de la columna usando los encabezados que hemos escrito nosotros mismos, en lugar de utilizar el nombre de las columnas. Además, si no indicamos que la lista tiene encabezados, éstos también serán colocados alfabéticamente entre los registros.

En el cuadro de diálogo **Ordenar** (Figura 5.8), podemos indicar a Excel que ordene por un campo, pero que, si se da el caso de que ese campo sea igual en varios registros, entonces utilice otro campo para decidir el orden. En el caso de ordenar una lista de personas según el apellido, si ambos apellidos coinciden es habitual decidir quién va primero en función del nombre. Para que Excel realice la ordenación de este modo, hay que ir rellenando, en orden adecuado, los cuadros desplegables **Ordenar por** y **Luego por**. Para cada desplegable contamos con la posibilidad de indicar si para ese campo concreto se debe ordenar de modo ascendente o descendente.

El botón **Opciones** nos permite indicar si el orden será el normal (alfabético), o si por el contrario utilizará una de las listas personalizadas de Excel. Este cuadro de diálogo (ver Figura 5.9) permite hacer distinción entre mayúsculas y minúsculas de modo que se supongan diferentes palabras aquellas escritas con mayúsculas y aquellas escritas con minúsculas. También podremos indicar que la estructura de la tabla está organizada al contrario de lo habitual, de tal modo que las columnas contienen registros y las filas contienen los campos, si seleccionamos la opción **Ordenar de izquierda a derecha** de la sección **Orientación**.

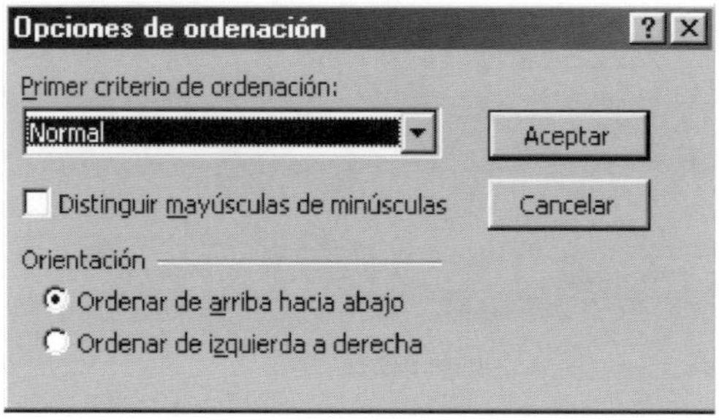

Figura 5.9: Opciones de ordenación.

5.3.2. Filtros

Los filtros de Excel van a permitir poder visualizar sólo una parte de la lista de datos. Los registros que se podrán ver serán aquellos que cumplan las condiciones que hayamos indicado. Cuando los datos están filtrados, las filas que contienen datos que no se mostrarán quedan ocultas en la hoja de cálculo. Para que seamos conscientes de que los datos están filtrados, los números de las filas que pertenecen a la base de datos aparecen en color azul, independientemente del método que hayamos usado para filtrar los datos. En Excel disponemos de dos formas de configurar los filtros:

Autofiltro

Si activamos la opción del menú **Datos — Filtro — Autofiltro**, aparecerá junto a la cabecera de cada columna un icono que indica que contiene una lista desplegable, tal y como se aprecia en la Figura 5.10.

	A	B	C	D
1	Nombre	Apellidos	Dirección	Teléfono

Figura 5.10: Autofiltros con lista desplegable.

Cuando pulsamos sobre el icono desplegable, se abre una lista en la que aparece una sola vez cada ocurrencia de los distintos elementos que se han escrito en cada columna de datos, junto a una serie de opciones para realizar la selección. Si elegimos uno de estos elementos que enumeran los distintos valores de las celdas que aparecen en la parte inferior de la lista, sólo podremos ver aquellas filas o registros que tengan el mismo valor que hemos seleccionado en esa columna. Es posible poner varias condiciones seleccionando a continuación un valor de otra de las columnas.

Además de los valores existentes en la columna podemos seleccionar otras opciones cuya función es:

Todas: Desactiva el filtro de esa columna y vuelve a mostrar todos los datos que cumplen con las posibles condiciones que puedan existir en otras columnas.

Los diez más Esta opción (ver Figura 5.11) permite indicar el número de elementos que se quieren visualizar. Es posible decidir si serán los más altos o los más bajos, seleccionando la opción adecuada en el primer cuadro. En el segundo podremos indicar el número o porcentaje que queremos visualizar. Por último, en el tercero decidiremos si el número indica la cantidad de elementos concretos o si se refiere a un porcentaje de los elementos de la lista.

Figura 5.11: Autofiltro de diez mejores.

Personalizar: Esta opción (ver Figura 5.12) nos permite indicar dos condiciones que deben cumplir los registros en esa columna para que se visualicen.

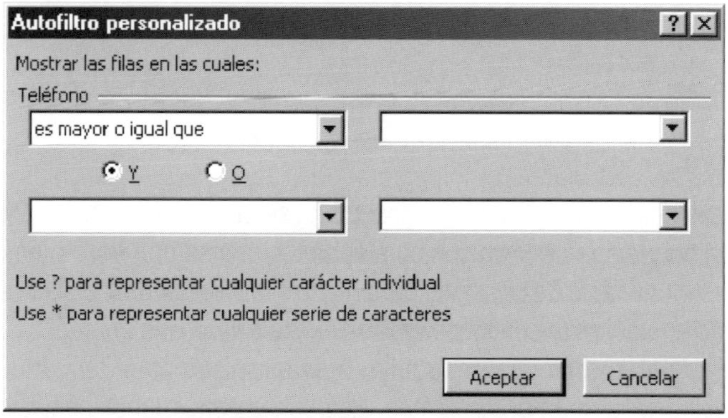

Figura 5.12: Autofiltro personalizado.

Estas dos condiciones se pueden unir con el operador lógico **Y** (si queremos que se visualicen los registros que cumplen ambas condiciones) o con el operador lógico **O** (si es suficiente con que se cumpla una de las dos condiciones). En el primer cuadro de cada condición, debemos seleccionar el operador que queremos utilizar y, en el segundo, el valor del elemento con el que se compara. Podemos seleccionar un valor de los que ya existen en la base de datos o poner aquel que nos interese.

Para desactivar todos los autofiltros a la vez, hay que volver a seleccionar la opción del menú **Datos — Filtro — Autofiltro**, o bien la opción **Datos — Filtro — Mostrar todos**.

Filtros avanzados

Los filtros avanzados van a permitir realizar prácticamente cualquier consulta sobre la lista. Para aplicar este tipo de filtros hay que preparar una consulta en una zona de la hoja de datos, muy parecida a las consultas en Access. El proceso es el siguiente:

1. Copiar el encabezado de la lista a otra zona de la hoja que esté separada de la lista, es decir, dejando alguna fila o columna en blanco entre la lista y la copia del encabezado. Si no vamos a necesitar todos los nombres de los campos, sería suficiente con copiar sólo aquellos que intervienen en las condiciones del filtro.
2. Bajo la copia del encabezado utilizaremos cada celda para poner una condición, de modo que escribiremos el operador de comparación (**<>**, **>**, **<**, **>=**, **<=**) y el valor con el que se debe comparar el campo bajo el que lo escribimos. Para aquellas ocasiones en las que el valor de la celda deba ser igual al que escribimos no es necesario introducir el signo **=**.

Debemos tener en cuenta que las condiciones que están dentro de la misma fila deben cumplirse todas a la vez para que se visualice un registro. Se podría decir que están unidas con el operador lógico **Y**. Las condiciones que hay en distintas filas estarían, en cambio, unidas con el operador lógico **O**, por lo que es suficiente con se cumpla alguna de ellas para que se visualice el registro.

Nombre	Apellidos	Dirección	Sueldo
= Lucía	<> Gómez		
			>3.500.000

Tabla 5.1: Rango de criterios.

Por ejemplo, un rango de criterios como el de la Tabla 5.1 equivale a indicar que queremos que se visualicen aquellos registros cuyo nombre sea igual a "Lucía" pero no tengan como apellido "Gómez", junto a todos los registros cuyo sueldo sea superior a 3.500.000 pesetas independientemente del nombre o apellidos que tengan.

3. Una vez escritos los criterios que se usarán para filtrar los datos, ya podemos activar la opción **Datos — Filtro — Filtro avanzado**, con lo que aparecerá el cuadro de diálogo de la Figura 5.13.

Figura 5.13: Filtro avanzado.

En este cuadro de diálogo, lo primero que podemos indicar es si queremos mover los datos filtrados a otro lugar de la misma hoja, o dejar que filtre la tabla en las mismas filas donde está escrita.

4. A continuación debemos indicar el rango en el que se encuentra la lista de datos. Si tenemos la precaución de poner el cursor sobre una celda que pertenezca a la lista, antes de abrir este cuadro de diálogo, este apartado ya aparecerá relleno. Sólo deberíamos asegurarnos de que el rango es correcto.
5. En el cuadro **Rango de criterios**, debemos indicar el rango en el que hemos copiado el encabezado de la lista y hemos escrito las condiciones que deben cumplir los registros que queremos visualizar.
6. Por último, si hemos indicado que la lista se copie a otro lugar, debemos indicar la primera celda del rango que queremos que ocupen los datos filtrados. Esta celda debe pertenecer a la misma hoja que contiene la lista, ya que no es posible trasladarla a una hoja distinta. Si activamos la opción **Sólo registros únicos**, sólo se visualizarán una sola vez los registros que pudieran estar repetidos.

Para volver a ver todos los registros, se selecciona la opción del menú **Datos — Filtro — Mostrar todo**.

5.3.3. Subtotales

Cuando tenemos largas listas de datos, casi siempre resulta imprescindible resumir esos datos o realizar ciertos cálculos sobre distintas agrupaciones de los datos. Con la herramienta de subtotales vamos a poder realizar una serie de cálculos sobre grupos de datos de la propia lista. Para aplicar subtotales, debemos trabajar sobre una lista en la que los datos puedan estar agrupados, es decir, que en una misma columna existan valores repetidos en distintos registros.

Supongamos que tenemos una base de datos en la que anotamos información referente a los portes que realizan nuestros camiones, con los siguientes campos: "Código", "Fecha", "Conductor", "Origen", "Destino", "Kilometraje", "Mercancía", "Bultos" y "Precio". Si necesitamos conocer cuánto hemos ingresado por los portes realizados por cada conductor, tendríamos que agrupar los viajes realizados por cada uno y sumar el importe de cada grupo de forma independiente. Realizar este trabajo de forma manual, sobre todo si el número de conductores distintos es elevado, podría ser muy tedioso, sin embargo, con los subtotales resulta una tarea muy sencilla. Éstos son los pasos a seguir:

1. En primer lugar es imprescindible, y posiblemente lo más importante de todo, ordenar la lista de forma adecuada; es decir, por aquel campo con el cual queremos hacer los grupos, ya que la forma de trabajar de Excel consiste en ir agregando datos al subtotal hasta que se produce un cambio en el valor de la columna que le indiquemos.
2. Activar la opción del menú **Datos — Subtotales**, con lo que veremos el cuadro de diálogo de la Figura 5.14.

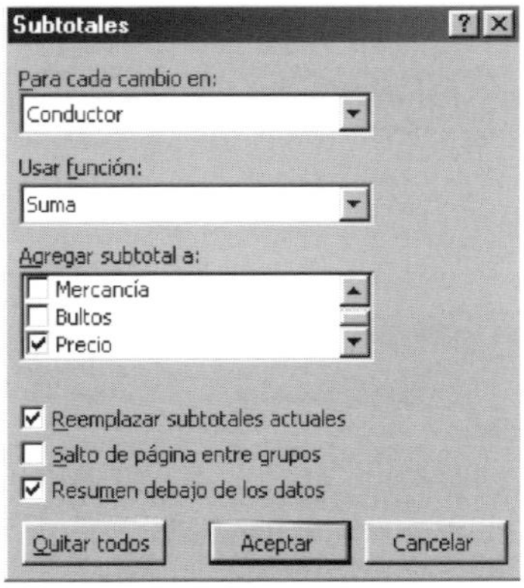

Figura 5.14: Subtotales.

3. En él debemos indicar, en el apartado **Para cada cambio en**, el campo por el que queremos agrupar, que debe coincidir con el campo por el que está ordenada la lista.
4. La **función** que debemos seleccionar tiene que ser el cálculo que queremos que se realice en cada subtotal. Disponemos de varias funciones estadísticas como son: SUMA, CONTAR, PROMEDIO, MAX, MIN, PRODUCTO, CONTAR_NÚMEROS, DESVEST, DESVESTP, VAR Y VARP.
5. En el apartado **Agregar subtotal a**, debemos seleccionar el campo o campos con los que queremos que opere la función que hemos seleccionado en el apartado anterior. Lógicamente, este campo deberá ser numérico, salvo en el caso de que la función que estemos aplicando sea CONTAR o CONTAR NÚMEROS.
6. Por último, podemos decidir si este nuevo subtotal sustituye o no a los que puedan existir ya en la lista, si queremos que se produzca un salto de página entre cada grupo distinto y si queremos que el resumen aparezca debajo de los datos o encima de los mismos, actuando sobre las casillas de verificación correspondientes.

El resultado de los subtotales del ejemplo en el que queríamos obtener los ingresos totales por cada conductor sería similar al de la Figura 5.15.

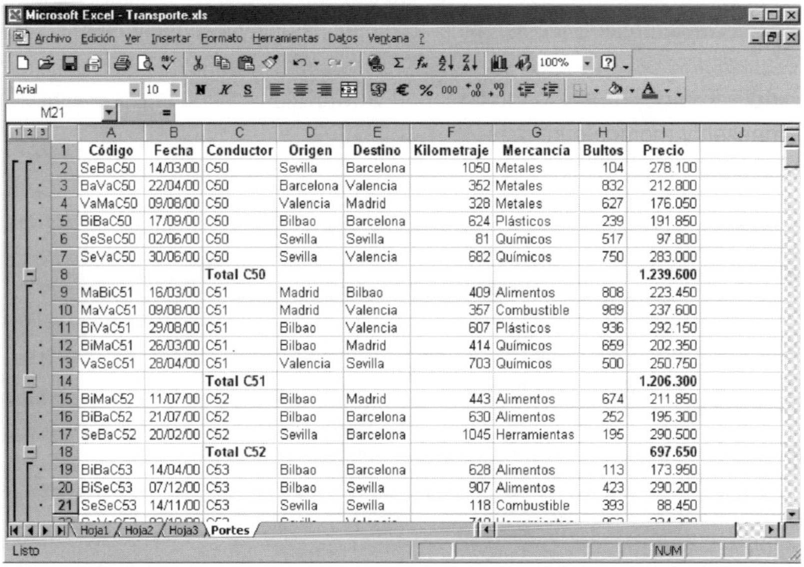

	A	B	C	D	E	F	G	H	I
1	Código	Fecha	Conductor	Origen	Destino	Kilometraje	Mercancía	Bultos	Precio
2	SeBaC50	14/03/00	C50	Sevilla	Barcelona	1050	Metales	104	278.100
3	BaVaC50	22/04/00	C50	Barcelona	Valencia	352	Metales	832	212.800
4	VaMaC50	09/08/00	C50	Valencia	Madrid	328	Metales	627	176.050
5	BiBaC50	17/09/00	C50	Bilbao	Barcelona	624	Plásticos	239	191.850
6	SeSeC50	02/06/00	C50	Sevilla	Sevilla	81	Químicos	517	97.800
7	SeVaC50	30/06/00	C50	Sevilla	Valencia	682	Químicos	750	283.000
8			**Total C50**						**1.239.600**
9	MaBiC51	16/03/00	C51	Madrid	Bilbao	409	Alimentos	808	223.450
10	MaVaC51	09/08/00	C51	Madrid	Valencia	357	Combustible	989	237.600
11	BiVaC51	29/08/00	C51	Bilbao	Valencia	607	Plásticos	936	292.150
12	BiMaC51	26/03/00	C51	Bilbao	Madrid	414	Químicos	659	202.350
13	VaSeC51	28/04/00	C51	Valencia	Sevilla	703	Químicos	500	250.750
14			**Total C51**						**1.206.300**
15	BiMaC52	11/07/00	C52	Bilbao	Madrid	443	Alimentos	674	211.850
16	BiBaC52	21/07/00	C52	Bilbao	Barcelona	630	Alimentos	252	195.300
17	SeBaC52	20/02/00	C52	Sevilla	Barcelona	1045	Herramientas	195	290.500
18			**Total C52**						**697.650**
19	BiBaC53	14/04/00	C53	Bilbao	Barcelona	628	Alimentos	113	173.950
20	BiSeC53	07/12/00	C53	Bilbao	Sevilla	907	Alimentos	423	290.200
21	SeSeC53	14/11/00	C53	Sevilla	Sevilla	118	Combustible	393	88.450

Figura 5.15: Ejemplo de resultado de subtotales.

Cuando tenemos subtotales activos, en la pantalla de Excel aparece un panel en la parte izquierda, encabezado por varios botones con números del **1** al **3** como mínimo. Su propósito es el de permitir que podamos seleccionar el nivel de detalle con el que se verán los datos del resumen. Cuantos más subtotales se añadan, sin eliminar los anteriores, mayor número de niveles encontraremos. Bajo estos botones encontraremos las ramas que unen cada nivel, indicadas con botones **+** y **-**, que nos permiten expandirlas y contraerlas de forma independiente, de modo que podamos ocultar o mostrar las filas que permiten detallar el contenido de los registros que provocan dichos subtotales.

Cuando nuestros datos están resumidos con subtotales, es posible añadir nuevos subtotales que vuelvan a resumir los datos que ya tenemos. Para ello se sigue el mismo proceso, cuidando de haber ordenado la lista previamente por los campos por los que se quiere agrupar y desactivando la casilla **Reemplazar subtotales actuales** en el cuadro de diálogo **Subtotales**.

Supongamos que en nuestra base de datos de transportes necesitamos conocer los kilómetros totales recorridos por cada conductor desde cada origen diferente, de manera que sepamos para cada conductor cuál es la suma de los kilómetros recorridos desde cada ciudad. En primer lugar, habría que ordenar la lista por conductores y, cuando coincida el mismo conductor, por origen. Para hacer esta ordenación podemos ir al menú **Datos — Ordenar** e indicar que primero se ordene por "Conductor" y luego por "Origen". Sin utilizar los menús, podemos conseguir el mismo orden si ordenamos la lista con la celda activa en la columna de origen y, a continuación, ordenamos la columna de conductores. Éste sería el único procedimiento para ordenar la lista por más de tres campos, que es el número máximo de campos que podemos indicar desde el menú **Ordenar**.

Una vez ordenada la lista de modo adecuado, crearíamos los primeros subtotales. En este caso, debemos calcular la suma del "Kilometraje" para cada cambio en "Conductor". El siguiente paso es calcular la misma suma del "Kilometraje", pero en esta ocasión debemos hacerlo para cada cambio de "Origen". Además es imprescindible desactivar la casilla de verificación **Reemplazar subtotales actuales** para evitar que se eliminen los que ya existen por cada conductor. Como hemos anidado dos subtotales, podemos obtener 4 niveles de detalle en los datos. Si elegimos el nivel de detalle **3** (en la parte superior del panel izquierdo), el resumen realizado tendría un aspecto similar al de la Figura 5.16.

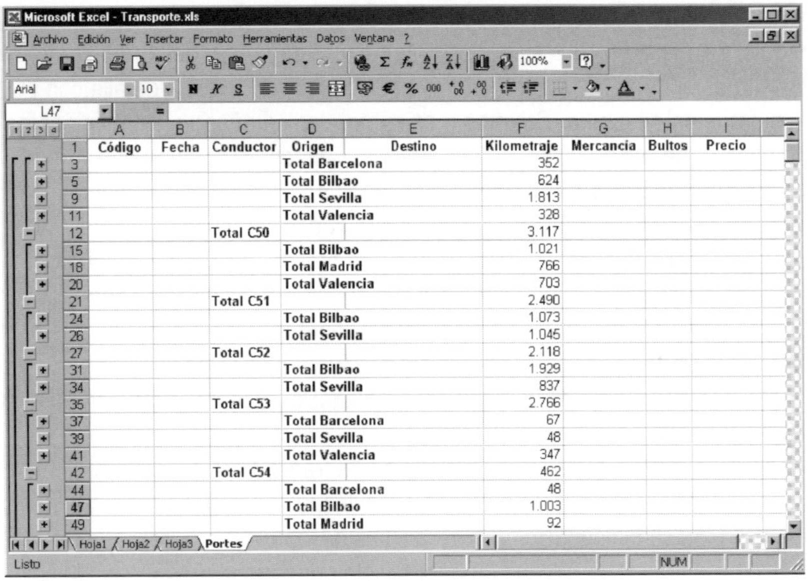

	A	B	C	D	E	F	G	H	I
1	Código	Fecha	Conductor	Origen	Destino	Kilometraje	Mercancía	Bultos	Precio
3				Total Barcelona		352			
5				Total Bilbao		624			
9				Total Sevilla		1.813			
11				Total Valencia		328			
12			Total C50			3.117			
15				Total Bilbao		1.021			
18				Total Madrid		766			
20				Total Valencia		703			
21			Total C51			2.490			
24				Total Bilbao		1.073			
26				Total Sevilla		1.045			
27			Total C52			2.118			
31				Total Bilbao		1.929			
34				Total Sevilla		837			
35			Total C53			2.766			
37				Total Barcelona		67			
39				Total Sevilla		48			
41				Total Valencia		347			
42			Total C54			462			
44				Total Barcelona		48			
47				Total Bilbao		1.003			
49				Total Madrid		92			

Figura 5.16: Ejemplo de subtotales con filas ocultas.

Es posible que, si hemos seleccionado un nivel de detalle en el que no se ven todos los registros de la lista, queramos copiar este resumen a otra hoja del libro. Es habitual encontrarnos entonces con un problema: seleccionamos las filas que se ven en la pantalla y cuando las pegamos en otra hoja aparecen también los datos a partir de los cuales hemos obtenido los subtotales. Esto ocurre así porque las filas que están ocultas en la pantalla también quedan seleccionadas, pero podemos indicar a Excel que sólo seleccione las celdas que son visibles. Para ello marcaremos el rango que contiene tanto celdas visibles como no visibles. A continuación debemos seleccionar el menú **Edición — Ir a — Especial** y, en el cuadro de diálogo que nos aparece, elegir la opción **Sólo celdas visibles**. De este modo, ya están seleccionadas únicamente aquellas celdas que vemos en pantalla y es ahora cuando podemos usar los comandos **Copiar** y **Pegar** para trasladar el contenido de dichas celdas a cualquier otra hoja.

Por último, si queremos volver a ver toda la lista sin los subtotales, se debe pulsar el botón **Quitar todos** en el cuadro de diálogo **Subtotales**. No obstante, no es imprescindible llevar esto a cabo, puesto que al ordenar de nuevo una lista en la que ya hay subtotales, aparece un aviso que indica que al ordenar quitaremos los subtotales.

5.4. FUNCIONES ÚTILES EN EL TRABAJO CON BASES DE DATOS

Cuando tenemos una lista con datos en una hoja de cálculo, podemos utilizar una serie de funciones, pertenecientes a distintas categorías, que pueden ayudarnos a crear hojas de cálculo en donde podremos introducir los datos de forma casi automática. También nos servirán para obtener nuevos datos a partir de los que ya tenemos en la tabla. Sin embargo, el hecho de que estas funciones se incluyan en este capítulo, no significa que no puedan ser utilizadas en celdas independientes que no pertenezcan a bases de datos para realizar cualquier cálculo.

5.4.1. Funciones de búsqueda

Existen tres funciones de búsqueda que nos van a permitir extraer datos de una lista o tabla de datos: BUSCARV, BUSCARH y BUSCAR.

Las funciones BUSCARV y BUSCARH necesitan los mismos argumentos y se comportan de una forma muy similar. Los datos que debemos aportar a estas funciones son: el valor que buscamos, la matriz donde deben buscarlo y un indicador de filas o columnas que señale la columna de la matriz desde la que nos debe devolver el dato. La forma de trabajo de la función BUSCARV consiste en buscar el valor requerido en la primera columna de la matriz que se pasa como argumento. Una vez que encuentra ese valor, nos devuelve el dato que hay en esa misma fila, pero en una celda que se encuentra tantas columnas a la derecha como señala el argumento indicador de columnas. En el caso de BUSCARH, en lugar de buscar en la primera columna de la matriz, lo hace en la primera fila y devuelve el dato que se encuentra en la misma columna que el valor buscado pero tantas filas hacia abajo como marque el indicador de fila. Los indicadores de filas y columnas deben ser números positivos y menores que el número de filas o columnas que tenga el rango seleccionado como matriz de búsqueda. También parece lógico indicar un número mayor que 1 en este argumento, pues en caso de indicar 1 estaríamos obteniendo el mismo valor que buscamos.

Ambas funciones tienen un cuarto argumento opcional, **Ordenado**, cuyos valores posibles son VERDADERO o FALSO. En caso de indicar FALSO, las funciones sólo encontrarán el valor buscado si existen coincidencias exactas del mismo. Si por el contrario indicamos que la lista está ordenada, las funciones BUSCARV y BUSCARH devolverán el valor del dato que más se parezca al que estamos buscando, es decir, al que esté ocupando la posición alfabética anterior a la que ocuparía el dato que estamos buscando. Si no encuentra el valor que buscamos, la función devuelve el error #N/A (valor no disponible).

Supongamos que tenemos la lista de datos de la pantalla de la Figura 5.17. Si queremos conocer la fecha en que se efectuó un porte a partir de un código escrito en la celda K1, debemos escribir la siguiente fórmula: =BUSCARV (K1;A:I;2;Falso). Esta fórmula busca el código escrito en K1 en la primera columna del rango seleccionado, y devuelve la fecha de dicho porte, pues hemos escrito 2 como indicador de columnas. Si quisiéramos obtener el precio del porte, la fórmula sería la misma, pero sustituyendo el 2 por un 9, ya que el precio se encuentra en la novena columna del rango en el que debemos buscar.

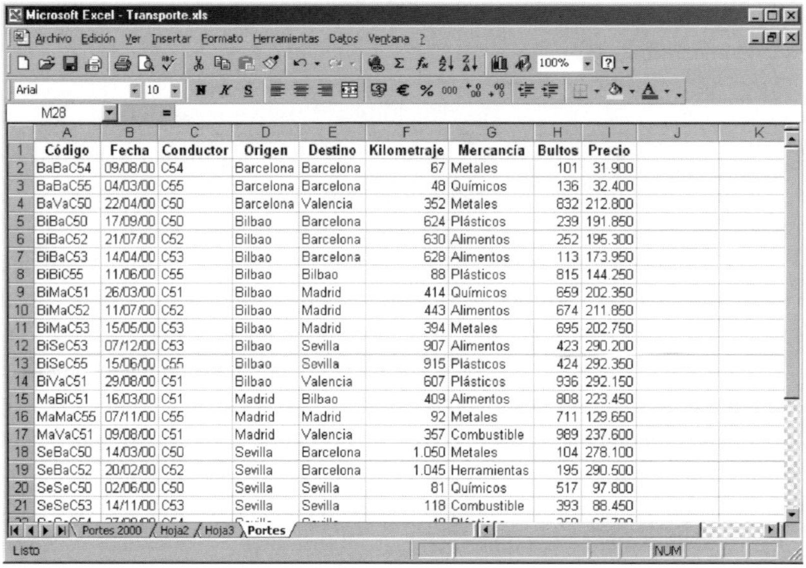

	A	B	C	D	E	F	G	H	I
1	Código	Fecha	Conductor	Origen	Destino	Kilometraje	Mercancía	Bultos	Precio
2	BaBaC54	09/08/00	C54	Barcelona	Barcelona	67	Metales	101	31.900
3	BaBaC55	04/03/00	C55	Barcelona	Barcelona	48	Químicos	136	32.400
4	BaVaC50	22/04/00	C50	Barcelona	Valencia	352	Metales	832	212.800
5	BiBaC50	17/09/00	C50	Bilbao	Barcelona	624	Plásticos	239	191.850
6	BiBaC52	21/07/00	C52	Bilbao	Barcelona	630	Alimentos	252	195.300
7	BiBaC53	14/04/00	C53	Bilbao	Barcelona	628	Alimentos	113	173.950
8	BiBiC55	11/06/00	C55	Bilbao	Bilbao	88	Plásticos	815	144.250
9	BiMaC51	26/03/00	C51	Bilbao	Madrid	414	Químicos	659	202.350
10	BiMaC52	11/07/00	C52	Bilbao	Madrid	443	Alimentos	674	211.850
11	BiMaC53	15/05/00	C53	Bilbao	Madrid	394	Metales	695	202.750
12	BiSeC53	07/12/00	C53	Bilbao	Sevilla	907	Alimentos	423	290.200
13	BiSeC55	15/06/00	C55	Bilbao	Sevilla	915	Plásticos	424	292.350
14	BiVaC51	29/08/00	C51	Bilbao	Valencia	607	Plásticos	936	292.150
15	MaBiC51	16/03/00	C51	Madrid	Bilbao	409	Alimentos	808	223.450
16	MaMaC55	07/11/00	C55	Madrid	Madrid	92	Metales	711	129.650
17	MaVaC51	09/08/00	C51	Madrid	Valencia	357	Combustible	989	237.600
18	SeBaC50	14/03/00	C50	Sevilla	Barcelona	1.050	Metales	104	278.100
19	SeBaC52	20/02/00	C52	Sevilla	Barcelona	1.045	Herramientas	195	290.500
20	SeSeC50	02/06/00	C50	Sevilla	Sevilla	81	Químicos	517	97.800
21	SeSeC53	14/11/00	C53	Sevilla	Sevilla	118	Combustible	393	88.450

Figura 5.17: Ejemplo de la base de datos de Transportes.

Sin embargo, las funciones BUSCARV y BUSCARH no resultan útiles si el valor requerido no se encuentra en la primera columna del rango en el que buscamos. Para estas situaciones, disponemos de la función BUSCAR, la cual tiene dos posibles formas de utilización dependiendo del número y tipo de argumentos que utilicemos: la vectorial y la matricial.

En el caso de utilizar la forma vectorial, la función BUSCAR tiene la siguiente sintaxis:

BUSCAR (Valor_buscado; Vector_de_comparación; Vector_resultado).

La forma de operar que tiene la función BUSCAR con estos argumentos consiste en buscar el valor en el vector de comparación y, una vez encontrado, devuelve el contenido de la celda que ocupe la misma posición en el vector resultado, por lo que es habitual que ambos vectores tengan el mismo número de elementos.

Si en la lista de portes quisiéramos encontrar el conductor que ha realizado un viaje en el que se han transportado 500 bultos, deberíamos escribir la siguiente fórmula: =BUSCAR(500;H1:H30;C1:C30). Para evitar errores debemos asegurarnos de que la columna H está ordenada de menor a mayor.

Debemos poner especial atención cuando utilicemos esta función, pues no dispone del argumento **Ordenado** y supone por defecto que la lista está ordenada, de modo que si no existe el valor que buscamos, sigue devolviendo el valor que se encuentre en la posición anterior a la que debería ocupar. Si el valor buscado es más bajo que cualquiera de los que existen en la tabla, devuelve el error #N/A y, si es mayor que todos los datos existentes, devuelve el valor que se corresponde con el mayor de todos.

Si utilizamos la forma matricial de la función BUSCAR, nos encontramos con esta otra sintaxis:

BUSCAR(Valor_buscado; Matriz).

En este caso, la función opera de modo que busca el valor en la primera fila o columna de la matriz en función del número de filas y columnas que tenga. Si hay más filas que columnas, recorrerá la primera columna y extraerá el valor de la última columna. Si hay más columnas que filas, buscará en la primera fila y devolverá el valor de la última fila. Si comparamos esta forma matricial de la función BUSCAR con las funciones BUSCARV y BUSCARH, vemos que resulta más interesante el uso de cualquiera de estas últimas, puesto que son dos herramientas más avanzadas y que nos ofrecen mayor control sobre el modo en que se realizan las búsquedas.

Supongamos ahora que necesitamos extraer un valor de una tabla, pero indicando el texto escrito tanto en el encabezado de las filas como en el de las columnas. Por ejemplo, en una tabla como la de la Figura 5.18, en la que tenemos los nombres de ciudades y la distancia entre ellas y queremos conocer la distancia entre dos de ellas, escribiendo la ciudad origen y la ciudad de destino.

	A	B	C	D	E	F	G
1							
2		**Albacete**	**Ciudad Real**	**Cuenca**	**Guadalajara**	**Toledo**	
3	**Albacete**	0	207	142	309	240	
4	**Ciudad Real**	207	0	244	248	119	
5	**Cuenca**	142	244	0	186	187	
6	**Guadalajara**	309	248	186	0	129	
7	**Toledo**	240	119	187	129	0	
8							
9	**Origen**	**Destino**	**Distancia**				
10	Cuenca	Ciudad Real	**244**				
11							

Figura 5.18: Distancias entre ciudades.

Con las funciones vistas hasta ahora no es posible, porque si utilizamos las funciones BUSCARV o BUSCARH, nos encontramos con que sólo podemos indicar como valor buscado el nombre de la ciudad origen o bien el de la ciudad de destino, pero no las dos, ya que el indicador de filas o columnas debe ser un valor numérico. En este caso necesitamos utilizar la función COINCIDIR, que servirá para buscar la posición que ocupa un valor dentro de un vector. Su sintaxis es la siguiente:

COINCIDIR(Valor_buscado; Matriz _ buscada; Tipo _ coincidencia).

Esta función buscará el valor requerido en la matriz indicada en el segundo argumento, y devolverá la posición que dicho elemento ocupa dentro de la matriz. Esta matriz debe estar formada por una sola fila o columna. El tipo de coincidencia se refiere a si debe encontrar el valor exacto o si puede ser un valor menor o mayor que el que buscamos. En la ayuda de Excel, encontramos la explicación para poder indicar este argumento.

Utilizando esta función podremos saber en qué fila o columna se encuentra el valor del otro elemento que estamos buscando, de modo que la fórmula que necesitamos escribir en la celda C10 es:

=BUSCARV(A10;A2:F7;COINCIDIR(B10;A2:F2;0)).

Lo que hace esta fórmula es buscar el valor de la ciudad origen que esté escrito en la celda A10 en el rango de celdas que ocupa la tabla (A2:F7). Cuando lo encuentra, se desplaza tantas columnas como indica la función COINCIDIR. Esta función devolverá un número que concuerda con la posición que la ciudad de destino (escrita en la celda B10) ocupa en el rango de celdas A2:F2. Esta forma de escribir la fórmula para obtener este dato es un ejemplo, pero también sería perfectamente válido haberla escrito con la función BUSCARH.

=BUSCARH(B10;A2:F7;COINCIDIR(A10;A2:A7;0))

5.4.2. Funciones de manejo de texto

Existe una gran variedad de funciones que nos permiten manipular el texto contenido en las celdas de nuestras hojas de calculo. Están incluidas en la categoría TEXTO y veremos cómo podemos utilizar un grupo de esta categoría.

Comenzaremos con tres funciones que van a permitir obtener partes de un texto contenido en una celda: IZQUIERDA, DERECHA y EXTRAE.

Las dos primeras tienen la misma sintaxis:

IZQUIERDA(Texto; Núm_de_caracteres)
DERECHA(Texto; Núm_de_caracteres)

Se utilizan para extraer de un texto tantos caracteres como indique el segundo argumento, empezando a tomarlos por la izquierda o por la derecha.

La sintaxis de la función EXTRAE es:

EXTRAE(Texto; Posición_inicial; Núm_de_catacteres)

Se utiliza para obtener de un texto tantos caracteres como se indiquen en el último argumento, empezando a tomar dichos caracteres a partir de la posición que se indica en el argumento Posición_inicial.

Del mismo modo que podemos extraer partes de un texto, podemos crear nuevos textos uniendo los de varias celdas. Para ello utilizaremos la función CONCATENAR, que va a necesitar que le pasemos como argumentos los textos que deseemos unir.

Un ejemplo del uso de estas funciones podría ser el de la creación del Código de los portes del ejemplo anterior. Si se analiza dicho Código, se observa que está formado por las dos primeras letras de las ciudades de "Origen" y "Destino" y por el código del "Conductor".

La función que crea este Código (para la primera fila) sería:

=CONCATENAR(IZQUIERDA(D2;2);IZQUIERDA(E2;2);C2)

Con la función IZQUIERDA(D2;2), obtenemos las 2 primeras letras del "Origen" (contenido en la celda D2); con IZQUIERDA(E2;2) obtenemos las dos primeras letras del "Destino"; y, por último, la función CONCATENAR une estas dos partes con el contenido de la celda C2.

Si necesitásemos crear otro código formado por las 2 últimas letras del código del "Conductor", la tercera letra de la ciudad de "Origen" y la primera letra de la "Mercancía" transportada, la fórmula que deberíamos utilizar sería:

=CONCATENAR(DERECHA(C2;2);EXTRAE(D2;3;1);IZQUIERDA(G2;1))

La función LARGO devuelve un número que indica el número de caracteres que componen el texto que se le pasa como argumento.

Supongamos que queremos obtener la letra que está en el centro de un texto y, en caso de que tenga un número de letras par, la primera de las dos centrales. Para ello, debemos usar la función EXTRAE de modo que indiquemos que queremos obtener un carácter empezando por la letra que esté colocada en el centro. Para saber cuál es la posición central de una palabra o texto, tenemos que conocer la longitud del texto y luego dividirlo entre 2, redondeando este resultado para que no tenga decimales.

Si el texto está escrito en la celda A1, para calcular la letra central tendremos que escribir la siguiente fórmula: =REDONDEAR(LARGO(A1)/2;0). Ahora sólo tenemos que incluir esta fórmula como argumento de la función EXTRAE, de modo que obtendríamos la siguiente fórmula:

=EXTRAE(L6;REDONDEAR(LARGO(L6)/2;0);1)

Veamos ahora una serie de funciones que sólo necesitan como argumento una cadena de texto y la devuelven modificada según la función de la que se trate.

LIMPIAR: Elimina del texto todos aquellos caracteres que no se imprimen, como saltos de línea, etc.

ESPACIOS: Elimina del texto todos los espacios sobrantes excepto aquellos que están entre palabras. Así, si escribimos la fórmula:
=ESPACIOS("   Un   Texto   ") obtendríamos el valor "Un Texto".

MAYUSC: Convierte el texto a mayúsculas. Así, la fórmula:
=MAYUSC("Un Texto") devolvería el valor "UN TEXTO".

MINUSC: Convierte el texto a minúsculas. Así, la fórmula:
=MAYUSC("Un Texto") devolvería el valor "un texto".

NOMPROPIO: Devuelve un texto en el que cada palabra comienza con una letra mayúscula y continúa en minúsculas. Si escribimos la fórmula:

=NOMPROPIO("OtRO TexTo") obtendríamos "Otro Texto"

Existen varias funciones que nos van a permitir comparar unas cadenas con otras y saber si unas cadenas están incluidas dentro de otras.

Para comparar dos cadenas utilizaremos la función IGUAL, que necesita que le indiquemos las dos cadenas a comparar y que devuelve el valor VERDADERO si son iguales y FALSO si no lo son. Hemos de tener en cuenta que las letras mayúsculas y minúsculas no son iguales a la hora de comparar cadenas de texto, así la fórmula:

=IGUAL("Hola";"hola") devolvería el valor FALSO.

Para saber si una cadena está incluida en otra, Excel pone a nuestra disposición las funciones HALLAR y ENCONTRAR. Ambas necesitan que indiquemos dos cadenas como argumentos, y devolverán un número que indica la posición a partir de la cual la primera cadena está incluida en la segunda. En caso de no existir, devuelven el error: #VALOR. La diferencia entre estas dos funciones consiste en que la función HALLAR no distingue entre mayúsculas y minúsculas, mientras que, por el contrario, la función ENCONTRAR sí. De este modo, si escribimos las siguientes fórmulas:

=HALLAR("la"; "PALABRA"), devolverá el valor 3, puesto que las letras "LA" están a partir de dicha posición.

=ENCONTRAR("la"; "PALABRA"), devolverá un error puesto que "la" no está escrito igual que "LA".

Por último, estudiaremos dos funciones relacionadas entre sí, CARACTER y CODIGO. Los caracteres en un ordenador son tratados internamente como si se tratara de números y se hace corresponder cada carácter con un código numérico. Alguno de estos sistemas de codificación son el código ASCII, el ANSI, etc. Si queremos conocer el código numérico que nuestro ordenador está asignando a una letra, podemos obtenerlo utilizando la función CODIGO, de modo que, si escribimos la fórmula =CODIGO("A"), obtendremos el número **65**, que es el número con el que se corresponde la A mayúscula. Si por el contrario queremos obtener la letra con la que está asociado un número, podemos utilizar la función CARACTER. Con la fórmula =CARACTER(97) obtendríamos la letra **a** minúscula.

5.4.3. Funciones de bases de datos

Las funciones para trabajar con bases de datos van a servirnos para hacer cálculos, generalmente estadísticos, sobre los registros de una base de datos que cumplan con ciertas condiciones que establezcamos en el campo criterios.

Las funciones de las que disponemos en esta categoría son las siguientes: BDCONTAR, BDCONTARA, BDDESVEST, BDDESVESTP, BDEXTRAER, BDMAX, BDMIN, BDPRODUCTO, BDPROMEDIO, BDSUMA, BDVAR, BDVARP. Exceptuando la función BDEXTRAER, todas ellas realizan el mismo cálculo que sus homónimas de otras categorías (en su mayoría estadísticas), por ejemplo, BDPROMEDIO calcula la media aritmética de todos los registros cuyos datos cumplan las condiciones establecidas en el rango de criterios. Todas ellas cuentan con los mismos argumentos, cuya función pasamos a detallar a continuación:

Base_de_datos: En este argumento debemos indicar cuál es el rango de celdas que contiene la base de datos.

Nombre_de_campo: Indica el campo sobre el que debe realizarse el cálculo indicado por el nombre de la función.

Criterios: Es un rango de celdas que contiene las condiciones que deben cumplir los campos que deseamos incluir en el cálculo. Su formato debe ser igual que el que se utiliza en los criterios de los filtros avanzados, esto es, debemos escribir en un rango de celdas separado de la base de datos las cabeceras de los campos o columnas sobre las que queremos poner condiciones y escribir bajo estas cabeceras las condiciones que debe cumplir cada una de ellas. Hay que recordar que lo que escribimos en la misma fila se interpreta como condiciones que deben cumplirse todas a la vez (unidas con el operador lógico **Y**). En cuanto a lo que escribimos en distintas filas, es suficiente con que al menos una de estas condiciones se cumpla (se unen con el operador lógico **O**).

Veamos un ejemplo en el que vamos a obtener el promedio de kilómetros realizados por el conductor C54.

Necesitamos utilizar la función BDPROMEDIO. El argumento base de datos será el rango de columnas en las que hemos escrito la lista de datos, que en nuestro ejemplo de los portes se corresponden con las columnas desde la A hasta la I. El nombre del campo será "Kilometraje", ya que ése es el campo sobre el que queremos aplicar la función BDPROMEDIO. El campo criterios debe ser un rango de celdas, en este caso L1:L2, cuya información debe ser la de la Figura 5.19:

L
Conductor
C54

Figura 5.19: Rango de criterios.

Así, la fórmula que debemos escribir en la celda donde queremos obtener el promedio es:

=BDPROMEDIO(A:I;"Kilometraje";L1:L2)

Las demás funciones de bases de datos se utilizan del mismo modo. La única diferencia entre ellas consiste en que cada una de ellas realiza un cálculo distinto sobre los registros. Sin embargo, la función BDEXTRAER es diferente puesto que no realiza ningún cálculo, sino que extrae el valor del campo indicado en el argumento nombre_de_campo, cuando sólo existe un único registro en la base de datos que cumple con las condiciones establecidas en el campo criterios. Si, por el contrario, existen varios registros que cumplen las condiciones de los criterios, devolverá el error #¡NUM!. Lo más habitual es utilizar esta función de manera que en el rango de criterios indiquemos un valor que sea clave para nuestra lista y no se repita, pues de lo contrario nunca vamos a obtener un resultado coherente.

5.5. CONSOLIDACIÓN DE DATOS

Utilizaremos la consolidación de datos cuando necesitemos resumir datos procedentes de varias hojas o libros en una sola. Una situación en la que podría resultar interesante la utilización de la consolidación de datos sería aquella en la que tengamos anotados en varios libros distintos los datos referentes a las partidas de gastos de varios departamentos de nuestra empresa durante un trimestre, de modo que en cada libro estén los gastos de cada departamento, con una distribución similar a la que refleja la Figura 5.20:

	A	B	C	D
1	Dpto. Ventas			
2		Enero	Febrero	Marzo
3	Nóminas	3.000.000	3.215.783	3.121.578
4	Materia Prima	2.500.000	2.139.745	2.315.478
5	Marketing	100.000	215.000	190.000
6	Teléfono	150.000	246.000	342.000
7	Electricidad	98.500	100.000	101.500
8	Alquiler	210.000	210.000	210.000
9	Transporte Mercancía	190.000	165.000	140.000
10	Medidas de seguridad	150.000	135.012	120.024
11				
12	Total	6.398.500	6.426.540	6.540.580
13				

Figura 5.20: Datos de gastos del Departamento de Ventas.

Cuando consolidemos datos, lo que vamos a hacer es aplicar una función resumen que calculará sumas, promedios, máximos, mínimos o, en definitiva, las funciones de resumen estadístico más comunes.

Existen varias posibilidades a la hora de consolidar datos. Una de ellas es consolidar los datos según la posición que ocupan en las diferentes hojas de cálculo de origen. La otra es utilizar los encabezados de fila o columna que tienen asociados los datos numéricos para resumir en la misma celda de destino aquellos valores que pertenecen a la misma categoría.

En el caso de la consolidación por posición, el proceso es equivalente a realizar cálculos con referencias a celdas en 3D y, en la consolidación por categorías, lo que vamos a obtener es que, si en las distintas hojas de datos que se utilizan como origen no hemos colocado los rótulos de estos conceptos en el mismo orden, se unificarán los datos de modo que la función resumen se aplique a aquellos que tengan el mismo rótulo, independientemente del lugar que ocupen.

El proceso de consolidación consiste en seleccionar la primera celda del rango que van a ocupar los datos consolidados. Este rango recibe el nombre de "rango de destino". A continuación, debemos activar el menú **Datos — Consolidar**, con lo que obtenemos el cuadro de diálogo **Consolidar** (ver Figura 5.21).

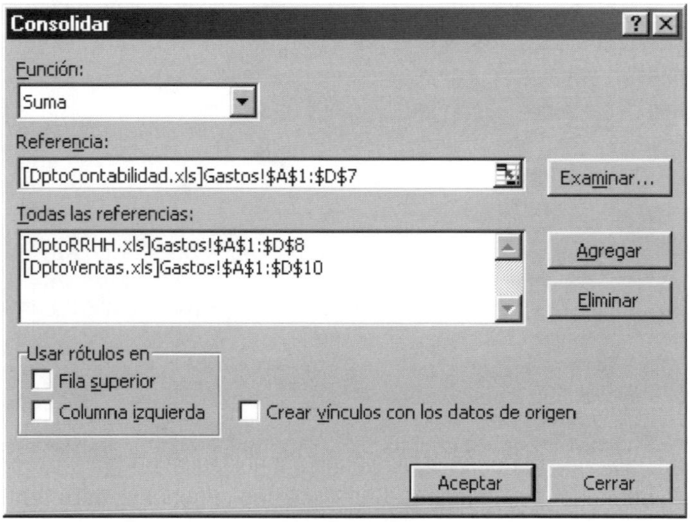

Figura 5.21: Consolidar.

En este cuadro de diálogo, debemos seleccionar la función que queremos aplicar a los datos numéricos de los rangos de datos origen y, a continuación, ir seleccionando las referencias a los rangos de datos que queremos consolidar. Así, habrá que elegir estos rangos en el cuadro **Referencia** y, una vez que el rango que necesitamos sea correcto, pulsar el botón **Agregar** para incluir dicha referencia en el cuadro **Todas las referencias**. Si alguna de estas referencias es errónea podemos eliminarla si la seleccionamos y pulsamos el botón **Eliminar**.

Si queremos realizar la consolidación de los datos por posición, en este punto deberíamos pulsar el botón **Aceptar**. Si, por el contrario, lo que necesitamos es realizar la consolidación por categorías, entonces debemos activar las casillas de verificación adecuadas del apartado **Usar rótulos en**. De este modo, en nuestro ejemplo, si queremos que sume los datos de cada partida de gastos con la que tiene el mismo nombre en los demás libros y con la del mismo mes, debemos activar las dos casillas de verificación (**Columna izquierda** y **Fila superior**).

Por último, en este cuadro de diálogo tenemos la posibilidad de marcar o no la casilla de verificación **Crear vínculos con los datos de origen**. Cuando no activamos esta casilla de verificación, Excel creará el resumen en la hoja de destino de modo que escribirá en las celdas los valores de los resúmenes realizados. Si, por el contrario, activamos esta celda, vamos a obtener en la hoja de destino un panel a la izquierda de la hoja, que nos va a permitir detallar el desglose de los valores y libros concretos de los que proceden los datos que han originado dicho resumen. Además, en este caso, si los datos de origen son modificados, este cambio también se verá reflejado en el rango de destino de la consolidación.

Veamos un ejemplo en el que vamos a sumar los datos de gastos en las distintas partidas del departamento de **Ventas** que hemos indicado anteriormente con los gastos en otros dos departamentos. Los datos serán los que se observan en la Figura 5.22 y en la Figura 5.23.

	A	B	C	D
1	Dpto. Contabilidad			
2		Enero	Febrero	Marzo
3	Nóminas	3.000.000	3.215.783	3.121.578
4	Teléfono	150.000	246.000	342.000
5	Electricidad	98.500	100.000	101.500
6	Alquiler	210.000	210.000	210.000
7				
8	Total	3.458.500	3.771.783	3.775.078

Figura 5.22: Datos de gastos del Departamento de Contabilidad.

	A	B	C	D
1	Dpto. RRHH			
2		Enero	Febrero	Marzo
3	Electricidad	88.000	100.000	101.500
4	Teléfono	150.000	246.000	342.000
5	Medidas de seguridad	150.000	135.012	120.024
6	Alquiler	210.000	210.000	210.000
7	Nóminas	3.000.000	3.215.783	3.121.578
8				
9	Total	8.510.000	3.906.795	3.895.102

Figura 5.23: Datos de gastos del Departamento de RRHH.

Cada rango de origen de los datos se encuentra en libros distintos cuyo nombre es el mismo que el del departamento. Para consolidar esta información deberíamos abrir un nuevo libro y activar el menú **Datos — Consolidar**.

Utilizaremos la función suma, pues queremos saber cuánto hemos gastado en total en cada concepto. Los rangos que debemos incluir en la consolidación provienen de distintos libros. Sus referencias serán:

[DptoVentas.xls]Gastos!$A$2:$D$12
[DptoContabilidad.xls]Gastos!$A$2:$D$8
[DptoRRHH.xls]Gastos!$A$2:$D$9

Puesto que hay rótulos tanto en la fila superior como en la columna izquierda, marcaremos ambas casillas de verificación y, para que nuestros datos permanezcan actualizados, vincularemos el resumen con los datos de origen.

Al pulsar el botón **Aceptar**, debemos obtener una hoja de cálculo en la que aparezcan los datos ya sumados y con un panel que nos permita conocer el nombre del libro del que provienen los totales que se muestran. En la Figura 5.24, podemos ver el aspecto que tendría nuestra hoja después de operar sobre algunas de las ramas del panel de detalle.

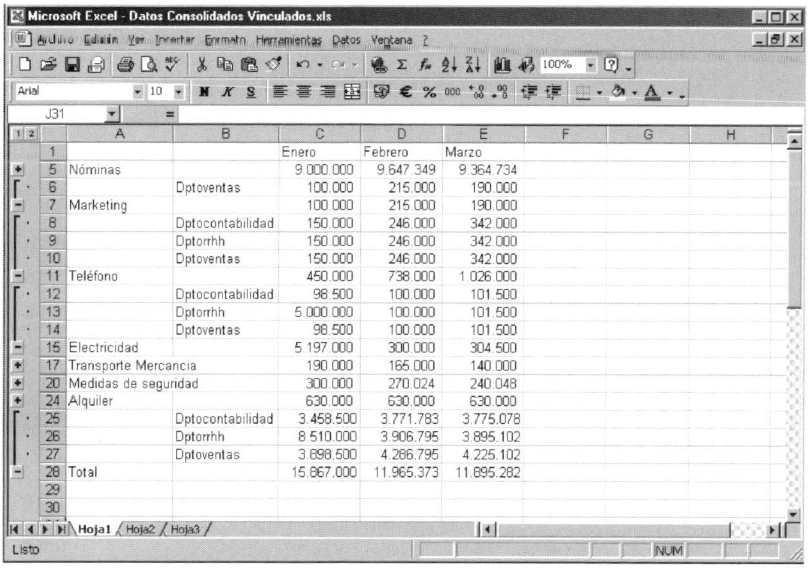

Figura 5.24: Resultado de la consolidación de datos.

Como se puede observar, aunque no teníamos los conceptos ordenados de igual forma en todos los libros, se han sumado adecuadamente. La única precaución que debemos tener para realizar estos resúmenes, consiste en escribir exactamente igual los distintos conceptos, pues si en un departamento hubiésemos identificado los gastos en Marketing como Publicidad, aparecerían ambas partidas de gastos en la hoja consolidada.

CAPÍTULO 6

INFORMES DE TABLAS DINÁMICAS

6.1. INTRODUCCIÓN

Los informes de tablas dinámicas de Excel nos van a permitir resumir los datos de nuestras listas en forma de tabla de referencias cruzadas o de gráficos.

Supongamos que, en la base de datos de los portes que utilizamos en el capítulo anterior, necesitamos saber el número de bultos totales que ha transportado cada conductor por cada tipo de mercancía. Esta información sería muy cómoda de consultar si se encontrase en una tabla similar a la Tabla 6.1:

Suma de Bultos	**Conductor**						
Mercancía	C50	C51	C52	C53	C54	C55	Total general
Alimentos		808	926	536			2.270
Combustible		989		393			1.382
Herramientas			195	963		828	1.986
Metales	1.563			695	101	1.232	3.591
Plásticos	239	936			358	1.239	2.772
Químicos	1.267	1159			224	805	3.455
Total general	3.069	3.892	1.121	2.587	683	4.104	15.456

Tabla 6.1. Resumen en forma de tabla dinámica.

En ella podemos buscar el lugar en el que se cruzan la mercancía deseada y el conductor buscado, de modo que podemos saber cuántos bultos de dicha mercancía ha transportado.

6.2. ASISTENTE PARA TABLAS DINÁMICAS

Para poder crear este tipo de tablas, Excel incluye un asistente que nos guía en el proceso. Antes de activar el asistente, es recomendable que el cursor se encuentre sobre una celda que pertenezca a la base de datos, pues así Excel determinará de forma automática cuáles son las celdas que pertenecen a la base de datos. El modo de activar dicho asistente es seleccionando el menú **Datos — Informe de tablas y gráficos dinámicos**.

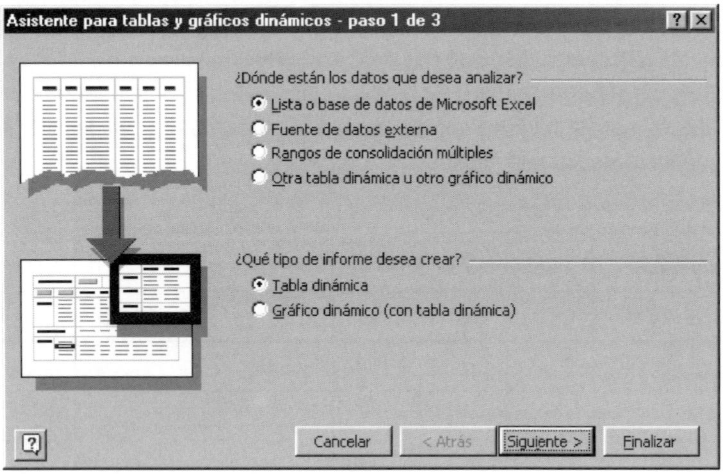

Figura 6.1. Asistente para tablas dinámicas. Paso 1.

En este primer paso del asistente (ver Figura 6.1), debemos indicar el tipo de fuente de datos a partir de la cual queremos realizar el informe y también el tipo que tendrá dicho informe (tabla o gráfico).

Lo más habitual es seleccionar como origen de datos una lista que hayamos escrito en una hoja de cálculo de Excel. Sin embargo, también podríamos inclinarnos por una **Fuente de datos externa**, con lo que tendríamos que seleccionar el archivo de base de datos que contiene la información que vamos a utilizar como origen de la tabla. Si elegimos la opción **Rangos de consolidación múltiples**, tendríamos que seleccionar los rangos de origen de una consolidación de datos de forma similar a la que se realiza al consolidar datos sobre una hoja de cálculo. Por último, también podríamos basar nuestro informe en alguna tabla dinámica ya existente si seleccionamos la opción **Otra tabla dinámica u otro gráfico dinámico**.

En la parte inferior de este cuadro de diálogo (ver Figura 6.1), también debemos indicar si el informe que obtendremos será una tabla sobre la hoja de cálculo o un gráfico que represente los datos que aparecerían en dicha tabla.

Una vez que hemos seleccionado las opciones adecuadas, pulsaremos el botón **Siguiente** para llegar al segundo paso del asistente.

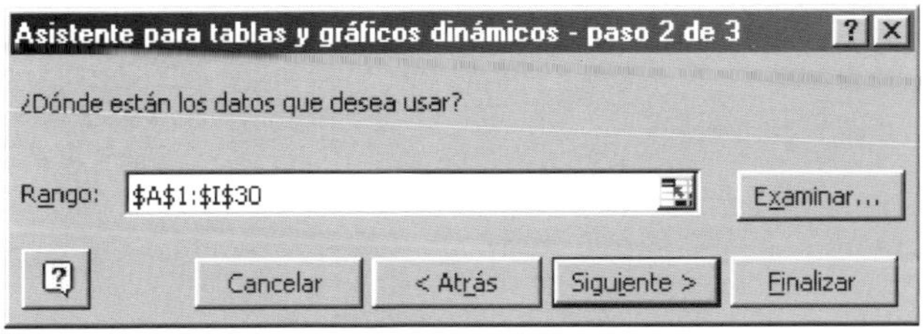

Figura 6.2: Asistente para tablas dinámicas. Paso 2.

Esta segunda pantalla (ver Figura 6.2) nos permite seleccionar los datos concretos en función del tipo de fuente de datos que hayamos indicado en la fase anterior. En nuestro caso, hemos seleccionado una lista de Excel, por lo que debemos indicar el rango de celdas en el que se encuentra la base de datos. Excel sugiere un rango que va desde las celdas contiguas a la que estaba activa al iniciar el asistente hasta la primera fila o columna completa sin rellenar. Si el rango sugerido no es el adecuado, podemos modificarlo seleccionando las celdas que conforman la base de datos o escribiendo directamente el nombre de dicho rango. Cuando obtenemos el rango adecuado, debemos pulsar el botón **Siguiente** para pasar al tercer y último paso del asistente.

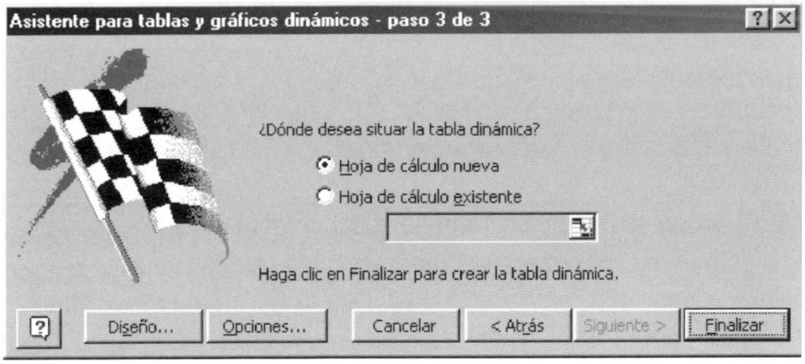

Figura 6.3: Asistente para tablas dinámicas. Paso 3.

En este último paso del asistente (ver Figura 6.3), debemos indicar la ubicación de la nueva tabla. Excel nos ofrece dos opciones: colocarla en una nueva hoja de cálculo o en una que ya exista, a partir de la celda indicada en la caja que aparece en el centro del cuadro de diálogo.

Desde este cuadro de diálogo, podemos llegar a dos pantallas de configuración del informe como son **Diseño** y **Opciones**. Si pulsamos el botón **Diseño**, llegaremos al cuadro de diálogo de la Figura 6.4.

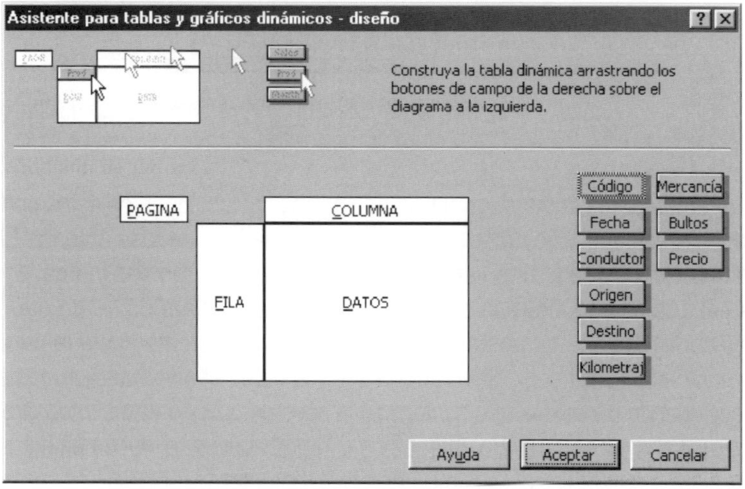

Figura 6.4: Diseño de una tabla dinámica.

Con este cuadro de diálogo podremos configurar la tabla resumen. Para ello, debemos arrastrar los nombres de los campos de la lista, que están en la parte derecha, sobre la sección de la tabla que queremos que ocupen. El objetivo de cada sección es el siguiente:

PAGINA: Si ponemos un campo sobre la sección PAGINA, tendremos una tabla distinta para cada valor diferente del campo seleccionado.

COLUMNA: Si colocamos un campo en esta sección, veremos en la parte superior de las columnas los distintos valores que contiene dicho campo en la lista.

FILA: Si colocamos un campo en esta sección, veremos en la parte izquierda de las filas los distintos valores que contenga dicho campo en la lista.

DATOS: El campo que coloquemos en esta sección conviene que sea numérico, pues con él se realizará el cálculo que seleccionemos, agrupando previamente por los encabezados de fila y columna que hayamos colocado. Es imprescindible rellenar esta sección pues, de lo contrario, no podremos obtener ningún resumen de datos.

En todas estas secciones, tenemos la posibilidad de incluir más de un campo, de modo que, si se añaden dos, primero veremos los elementos del que se incluyo al principio y, dentro de cada uno de éstos, veremos agrupados los que contiene el campo que se ha colocado en la siguiente posición.

Para decidir el cálculo que se realiza con el campo seleccionado en la sección **Datos**, debemos hacer doble clic sobre el botón que hemos colocado en dicha sección. Esto permite indicar el nombre que aparecerá en la esquina superior izquierda de la tabla dinámica y la función que se debe aplicar a los datos del campo ubicado en la sección **Datos**, además de dar formato a los números que se mostrarán en la tabla.

Cuando pulsemos el botón **Aceptar**, volveremos al cuadro de diálogo del último paso del asistente. En él podríamos modificar las opciones de la tabla dinámica, pero, como a este cuadro de opciones también es posible llegar desde el menú de tablas dinámicas, será entonces cuando detallemos el propósito de sus casillas de verificación.

Si hemos configurado el diseño del informe pulsando el botón **Diseño**, cuando pulsemos el botón **Finalizar**, veremos la tabla dinámica con datos en su interior. De lo contrario, aparecerá la estructura de una tabla dinámica y tendremos que arrastrar los campos que queremos que aparezcan en sus distintas secciones desde la barra de herramientas de **Tabla dinámica**.

6.3. LA BARRA DE HERRAMIENTAS DE TABLA DINÁMICA

Hemos visto cómo utilizar el asistente para crear una tabla dinámica básica. Sin embargo, una vez terminada, es posible que necesite algunos retoques. Para poder modificar su aspecto, Excel pone a nuestra disposición una barra de herramientas (ver Figura 6.5) para manejar tablas dinámicas cuyos iconos llevan a cabo las siguiente tareas:

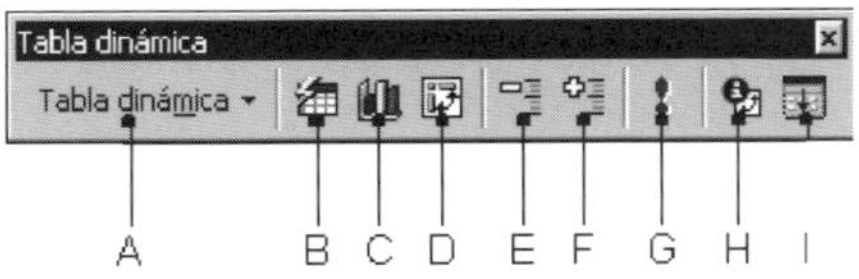

Figura 6.5: Barra de herramientas Tabla dinámica.

Si la barra de herramientas no estuviera visible cuando hemos creado un informe dinámico, debemos activarla desde el menú **Ver — Barras de herramientas — Tabla dinámica**.

A. **Tabla dinámica**: Es un menú que contiene varias opciones que nos van a permitir configurar distintos aspectos de las tablas dinámicas.

B. **Formato del informe**: Muestra una galería con distintos formatos de líneas, bordes y sombreados que podemos aplicar a la tabla.

C. **Asistente para gráfico**: Crea un gráfico en una nueva hoja que representa los datos de la tabla dinámica. Si volvemos a pulsar sobre él, una vez que estamos en dicho gráfico, activa el asistente para gráficos y nos permite modificar su aspecto.

D. **Asistente para tablas dinámicas**: Activa de nuevo el asistente para tablas dinámicas.

E. **Ocultar detalle**: Permite ocultar las filas o columnas que componen un grupo, de modo que sólo se visualice la fila o columna resumen.

F. **Mostrar detalle**: Este botón realiza distintas acciones dependiendo de la celda que esté seleccionada. Si la celda es el encabezado de un grupo, permite volver a mostrar todas las filas o columnas que componen dicho grupo. Cuando no hemos creado grupos y la celda activa es una de las que pertenecen a los encabezados de fila o columna, permite agregar un nuevo campo por el que agrupar los datos de la tabla, del mismo modo que si arrastrásemos un campo al encabezado correspondiente en el diseño de las tablas dinámicas. Por último, si la celda activa pertenece a la zona de datos, se crea una nueva hoja de cálculo en la que se detallan los registros a partir de los cuales se ha obtenido el valor mostrado por la celda.

G. **Actualizar datos**: Vuelve a leer los datos de origen de la tabla para refrescar los valores. Una vez diseñadas, las tablas dinámicas no cambian sus datos de forma automática al modificarse los de las celdas de origen, salvo en el caso de que pulsemos este botón o activemos la opción de actualizar automáticamente.

H. **Campo de tabla dinámica**: Muestra un cuadro de diálogo (ver Figura 6.6) que permite configurar los distintos campos que se utilizan en la tabla. Si seleccionamos el campo que aparece en la zona de datos, podremos indicar el nombre del campo y la función que debe aplicar a los valores de dicho campo.

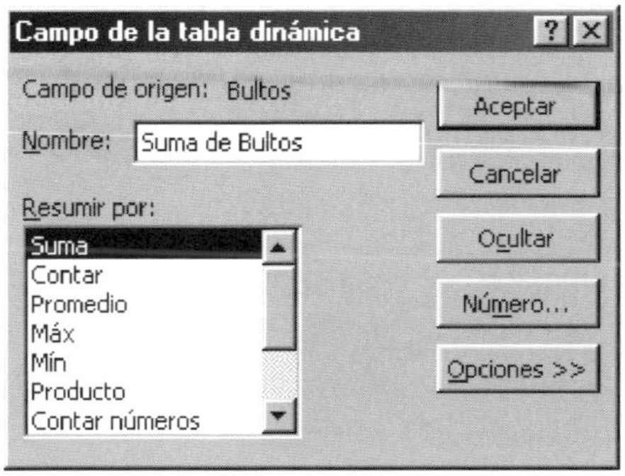

Figura 6.6: Campo Datos de una tabla dinámica.

Pulsando sobre el botón **Número**, podremos configurar el formato de los valores numéricos que aparecen en esta sección del informe.

Si pulsamos sobre este botón de **Campo de tabla dinámica** cuando tenemos seleccionado un campo de los que aparecen en los encabezados de fila o columna, veremos un cuadro de diálogo como el de la Figura 6.7 que permite configurar los campos de los encabezados.

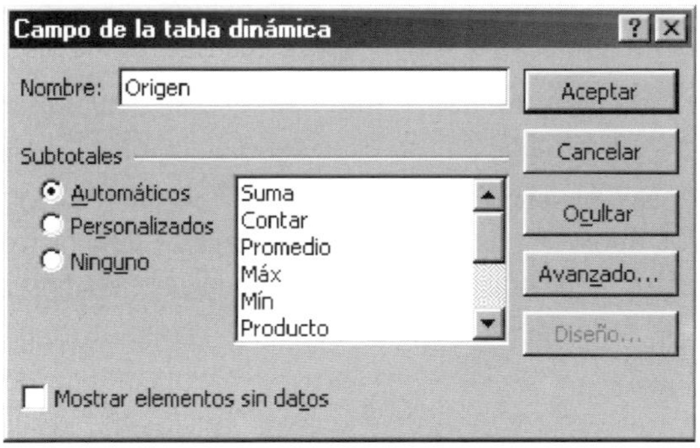

Figura 6.7: Campo Fila / Columna de una tabla dinámica.

Podremos poner un nombre distinto al campo y decidir si aparecen o no subtotales para elemento del campo. Estos subtotales son un resumen de los elementos de dicho campo utilizando la función que se seleccione en la lista central del cuadro de diálogo. Sin embargo, sólo tienen sentido cuando en la zona de encabezado en la que se encuentra este campo existen otros. De lo contrario, los cambios aquí realizados no tienen efectos visibles en la tabla dinámica.

l. **Mostrar / Ocultar campos**: Bajo los botones de la barra de herramientas de Tabla dinámica, aparece un botón por cada campo existente en la fuente de datos que origina el informe. Este botón nos permite mostrar y ocultar este grupo de botones. Con estos botones podemos modificar el diseño del informe directamente sobre la hoja de cálculo, sin necesidad de volver al asistente. Tan solo debemos arrastrar los campos a las zonas indicadas de la hoja de cálculo, lo que equivale a actuar sobre el cuadro de diálogo **Diseño** de la tabla dinámica.

6.4. EL MENÚ TABLA DINÁMICA

Además de los cambios que podemos realizar en una tabla dinámica a través de la barra de herramientas, podemos configurar una serie de opciones para modificar el diseño de dicha tabla utilizando el menú **Tabla dinámica** que existe en dicha barra. Algunas de las opciones de este menú se encuentran en los botones de la barra, como el autoformato, el asistente, o las opciones de campo. Sin embargo, existen otras opciones cuya funcionalidad pasamos a detallar a continuación.

Comenzaremos por la opción **Mostrar páginas**, que sólo estará disponible si hemos incluido algún campo en la zona de página del diseño de la tabla. Si pulsamos sobre esta opción, Excel creará una hoja distinta para cada elemento existente en el campo que seleccionemos de entre los que se han colocado en la zona de página. Estas nuevas hojas tendrán los nombres que se indiquen para los elementos y contendrán una tabla dinámica idéntica a la primera en la que sólo se muestran los datos referentes a dicho elemento.

6.4.1. Opciones de tabla dinámica

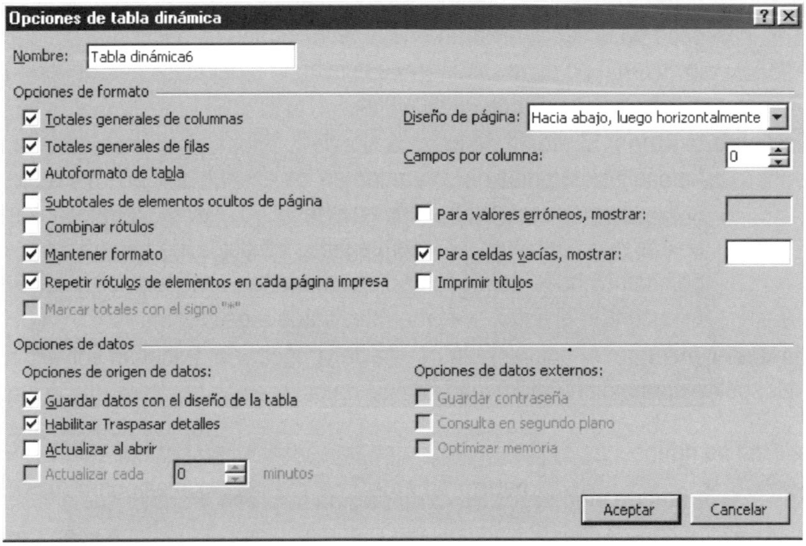

Figura 6.8: Opciones de tabla dinámica.

Este cuadro de diálogo (ver Figura 6.8) se activa cuando pulsamos la opción **Tabla Dinámica — Opciones de tabla**. En él podemos activar y desactivar gran cantidad de casillas de verificación cuya funcionalidad es la siguiente:

Nombre: Permite indicar un nombre personalizado para la tabla, que nos sirva para posteriores referencias a ella, como cuando creamos un nuevo informe basándonos en otro ya existente.

Totales generales de columnas: Cuando está activado, permite que se vea la última fila de los informes en la que se suman los datos correspondientes a cada columna.

Totales generales de filas: Cuando está activado, permite que se vea la última columna de los informes en la que se suman los datos correspondientes a cada fila.

Autoformato de tabla: Aplica el formato predeterminado de líneas, bordes y sombreados a la tabla.

Subtotales de elementos ocultos de página: Veremos más adelante que existe la posibilidad de ocultar alguno de los elementos que se muestran en cada campo. Cuando ocultamos estos elementos en los campos que se han colocado en la sección **Página** de la tabla, podemos hacer que sus valores se incluyan o no en los resultados activando o desactivando de forma conveniente esta casilla de verificación.

Combinar rótulos: El efecto de esta casilla de verificación sólo se aprecia cuando hemos incluido más de un campo en los encabezados de fila o columna, o si existen grupos de elementos en la tabla. Al activarla, provocamos que las celdas que contienen los encabezados de estos elementos o grupos queden combinadas de modo que se comporten como una sola celda y podamos centrar el texto en el área destinada a ese rótulo.

Mantener formato: Al activar esta casilla de verificación, Excel no volverá a aplicar el formato predeterminado de los datos y celdas cada vez que actualicemos la tabla, con lo que permanecerá aquel que hayamos elegido para las celdas.

Repetir rótulos de elementos en cada página impresa: Permite que aparezcan los encabezados de fila y columna en todas las páginas que sean necesarias para imprimir el informe.

Diseño de página: Especifica el orden en el que se van a ir colocando en la parte superior del informe aquellos campos que se han incluido en la sección **Página** del diseño de la tabla dinámica.

Campos por fila / columna: Indica cuántos campos se colocarán en cada fila o columna en la sección **Página** del informe.

Para valores erróneos mostrar: Indica el texto que debe mostrar el informe en caso de que exista algún valor erróneo en el resumen.

Para celdas vacías mostrar: Indica el texto que debe mostrar el informe en caso de que exista alguna celda que no deba mostrar ningún valor en el resumen.

Imprimir títulos: Cuando activamos esta casilla de verificación, se utilizan los elementos de campo que se visualizan en las cabeceras de fila y columna como los títulos que se repiten en todas las páginas a la hora de imprimir.

Guardar datos con el diseño de la tabla: Si activamos esta opción, Excel almacenará una copia de los datos a partir de los que se ha creado la tabla, de modo que no sea necesario actualizar los datos cada vez que se abre el archivo.

Habilitar traspasar detalles: Cuando esta opción esté activada, será posible detallar en una hoja nueva aquellos registros a partir de los cuales se obtienen los valores de las celdas de la zona de datos el informe. Podemos conseguir este detalle con la opción **Mostrar detalle** o haciendo doble clic sobre la celda a detallar.

Actualizar al abrir: Al activar esta casilla de verificación, provocamos que Excel actualice los datos de la tabla cada vez que se abre el libro que la contiene.

Actualizar cada: Está disponible cuando los datos de origen de la tabla son externos al archivo que la contiene. Permite actualizarlos de forma automática cada cierto tiempo.

Guardar contraseña: Sólo está disponible si el origen de los datos es externo al libro en el que se encuentra la tabla dinámica y además se necesita una contraseña para acceder a ellos. Al activarla, se almacenará la contraseña en el archivo y no será necesario indicarla cada vez que se actualicen los datos.

Consulta en segundo plano: Al activar esta casilla, Excel recupera los datos externos sin detener su actividad; si la desactivamos, quedará interrumpido hasta que se hayan recuperado por completo los datos externos.

Optimizar memoria: Al activar esta opción, Excel ahorra memoria al actualizar los datos que provienen de una fuente de datos externa.

6.4.2. Seleccionar zonas de un informe dinámico

Para poder seleccionar zonas de la tabla de forma automática, disponemos de varias opciones dentro del menú **Tabla dinámica — Seleccionar**:

Habilitar selección: Cuando esta opción esté activada, será posible utilizar las otras opciones de selección. En caso de estar desactivada, las celdas de la tabla se podrán seleccionar del modo convencional.

Toda la tabla: Selecciona todas las celdas que pertenecen a la tabla.

Rótulo: Selecciona sólo la parte de encabezado sobre el que se haga clic.

Datos: Selecciona sólo la parte de la zona de datos del encabezado sobre el que se haga clic.

Datos y Rótulo: Selecciona tanto la zona de datos como la de rótulo de aquel en el que se haga clic.

6.5. MANEJO AVANZADO DE TABLAS DINÁMICAS

Veremos en este apartado cómo se pueden modificar los elementos de los campos que se usan en las tablas dinámicas y los propios campos. Igualmente, trataremos cómo realizar algunas tareas que en versiones anteriores de Excel estaban directamente incluidas en los cuadros de diálogo de las opciones de campo o en la barra de herramientas de Tabla dinámica.

6.5.1. Ocultar y mostrar elementos de un campo de tabla dinámica

Si queremos ocultar alguno de los elementos que aparecen en los encabezados de filas o columnas, debemos abrir el cuadro desplegable que aparece a la derecha del nombre del campo que contiene dicho elemento y desactivar su casilla de verificación (ver Figura 6.9).

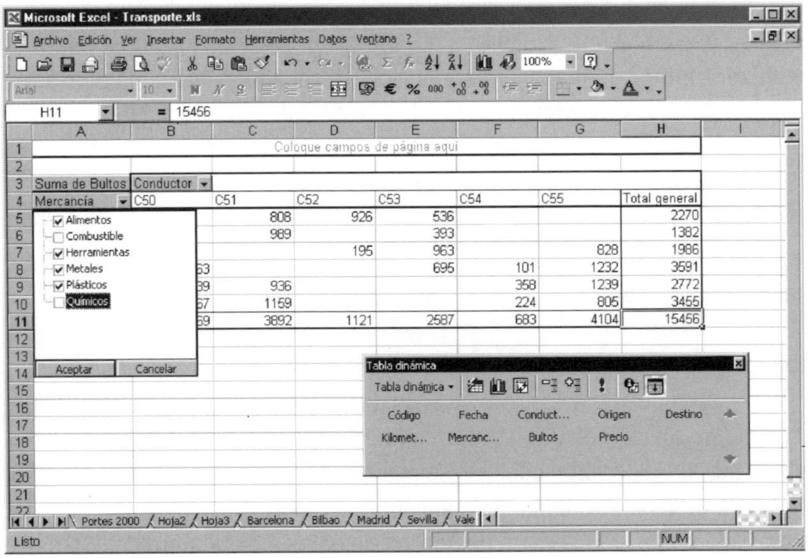

Figura 6.9: Ocultar elementos de un campo.

6.5.2. Agrupar y desagrupar elementos de una tabla dinámica

Los elementos que aparecen en las cabeceras de una tabla dinámica pueden ser agrupados de modo que los datos representados en varias columnas o filas se muestren como un solo elemento. Esta agrupación puede realizarse de forma manual o automática.

El sistema manual consiste en marcar aquellas filas o columnas que deben componer un grupo y seleccionar la opción del menú **Datos — Agrupar y esquema — Agrupar**, con lo que aparece un nuevo elemento con el rótulo **Grupo** seguido de un número de orden. Si queremos modificar este rótulo, debemos seleccionar la celda en la que aparece y cambiar su valor en la barra de fórmulas.

El sistema automático de agrupación sólo se puede aplicar cuando el campo por el que queremos agrupar contiene valores numéricos o fechas. Para realizar la agrupación, debemos hacer clic sobre el botón en el que aparece el nombre del campo y, a continuación, seleccionar la opción del menú **Datos — Agrupar y esquema — Agrupar**. En esta ocasión, nos aparecerá el cuadro de diálogo de la Figura 6.10, en el que debemos seleccionar el primer y último valor que queremos incluir en la agrupación y el intervalo con el que realizará la agrupación.

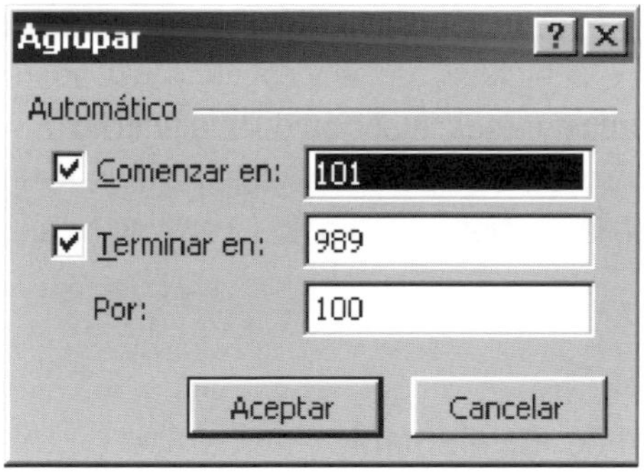

Figura 6.10: Agrupar números.

Si en lugar de un campo con números, seleccionamos uno que tenga fechas, aparece la pantalla de la Figura 6.11, en la cual podemos seleccionar el intervalo por períodos de tiempo: meses, trimestres, etc. Es posible seleccionar más de uno de estos períodos.

Figura 6.11: Agrupar fechas.

Para deshacer los grupos, hay que seleccionar el que deseamos deshacer y elegir la opción **Datos — Agrupar y esquema — Desagrupar**.

Si queremos eliminar los subtotales de fila y columna que aparecen para cada subgrupo, debemos seleccionarlos y elegir la opción del menú **Edición — Ocultar**.

Es posible volver a añadirlos o cambiar la operación que se realiza en estos subtotales de grupo si entramos en las opciones del campo y activamos el cálculo de subtotales de forma adecuada.

6.5.3. Cambiar el orden de los elementos de campo de tablas dinámicas

Para cambiar la posición en la que aparecen los distintos elementos de los campos, en los encabezados de filas y columnas, debemos activar el cuadro de diálogo de **Opciones** del campo por el que queremos ordenar los datos. Una forma rápida de llegar a este cuadro de diálogo es hacer doble clic sobre el nombre del campo. En el cuadro de diálogo **Opciones**, debemos pulsar el botón **Avanzado**, con lo que obtenemos el cuadro de diálogo de la Figura 6.12.

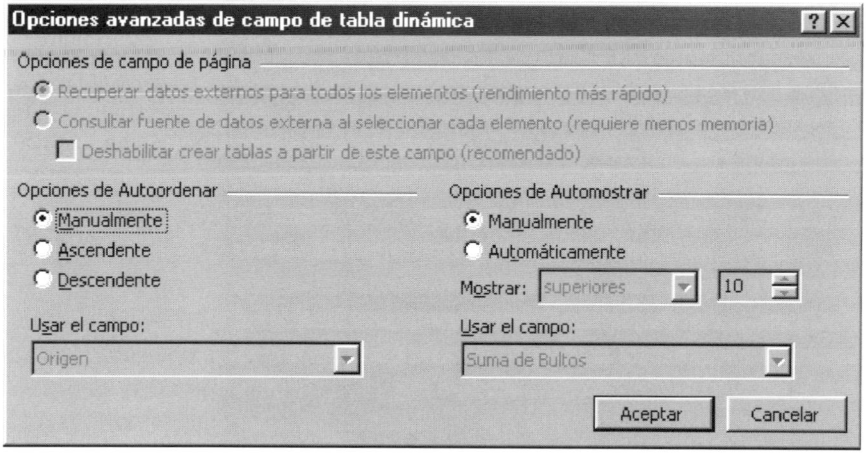

Figura 6.12: Opciones avanzadas de campo de tabla dinámica.

En el apartado **Opciones de Autoordenar**, tenemos dos posibilidades: ordenar de forma manual y ordenar de forma automática, ascendente o descendentemente. En caso de seleccionar el modo manual, podremos cambiar el orden de las filas o columnas si las seleccionamos y las arrastramos al lugar que queremos que ocupen. Si, por el contrario, las ordenamos de forma automática, podremos indicar si se ordenan según el nombre de los elementos o el valor del resultado para dichos elementos que hay en la zona de datos de la tabla. Este cuadro de diálogo nos permite indicar también si queremos que se muestren todos los elementos del campo o sólo un porcentaje o un número exacto de ellos, en función de los valores que indiquemos en la sección **Automostrar**.

6.5.4. Opciones de los campos de datos

A los campos incluidos en la zona de datos de la tabla les debemos indicar qué función deben aplicar a sus valores numéricos. Hemos visto que éstas pueden ser las funciones estadísticas más comunes como CONTAR, PROMEDIO, VAR, etc. y también la función SUMA. Sin embargo, tratándose de los campos que están en la zona **Datos**, podemos pulsar el botón **Opciones >>**, en el cuadro de diálogo **Campo**, para poder modificar el modo en que se van a presentar los datos de dicho campo.

Figura 6.13: Campo de tabla dinámica.

En la caja **Mostrar datos como** (ver Figura 6.13), disponemos de diversas opciones, de manera que, en lugar de que aparezca el cálculo absoluto que realiza la función resumen, podremos mostrar los datos de los siguientes modos:

Normal: Es la opción por defecto. Muestra los datos tal y como indica la función resumen.

Diferencia de: Al seleccionar este cálculo, necesitamos indicar un campo y un elemento base. De esta forma, en la zona de datos aparecerá la diferencia entre el valor que se mostraría en el modo normal y el valor del elemento base. El campo base debe ser uno de los que se han colocado en las cabeceras de fila o columna, pues, de lo contrario, no se podrán encontrar elementos con los que comparar.

% de: En este caso, también es necesario indicar el campo y el elemento en que se van a basar los cálculos de cada celda. Al seleccionar este modo de cálculo, se supondrá que el elemento base es el 100% y se mostrarán los datos como el porcentaje que representan respecto a dicho elemento base. Al igual que el caso anterior, el campo base debe ser uno de los que aparecen en las cabeceras de fila o columna.

% de la diferencia de: Realiza el mismo cálculo que en el caso **Diferencia de**; es decir, la diferencia entre el valor absoluto del elemento actual y el elemento que indicamos como base. Sin embargo, en este caso, no se muestra dicho resultado directamente, sino que se calcula qué porcentaje representa esta diferencia con respecto al valor real del elemento base y ése es el valor mostrado. Aquí también debemos seleccionar un campo base de los incluidos en las cabeceras de fila o columna.

Total en: Muestra los datos de cada elemento como el valor acumulado por dicho elemento y todos los anteriores. Los anteriores serán los de su fila si seleccionamos como elemento base un campo de los que pertenecen al encabezado de columnas. Si, por el contrario, el elemento base es uno de los que aparecen en los encabezados de fila, los elementos anteriores serán los que están por encima, es decir, los de su columna. En este caso, el último elemento contendrá el total general de la fila o columna, según el elemento base que hayamos elegido.

% de la fila: En este caso, ya no es necesario seleccionar ni campo ni elemento base, ya que el valor que se muestra es el resultado de calcular el porcentaje que supone cada elemento dentro del total de los de la fila en la que se representa. En versiones anteriores de Excel, era imprescindible que la columna con los totales de las filas estuviese visible para mostrar este valor.

% de la columna: Muestra el valor que se obtiene de calcular el porcentaje que supone cada elemento dentro del total de los de la columna en la que se representa. En versiones anteriores de Excel, era imprescindible que la fila con los totales de las columnas estuviese visible para mostrar este valor.

% del total: Muestra el valor que se obtiene de calcular el porcentaje que representa cada elemento dentro del total de la tabla. En versiones anteriores de Excel, era imprescindible que tanto la fila con los totales de las columnas como la columna con los de las filas estuviesen visibles para mostrar este valor.

Índice: Presenta una cifra que se obtiene a partir de multiplicar el valor de la celda por el total general de filas y columnas y, a continuación, dividirlo por el producto del total de la fila y la columna a la que pertenece el valor.

$$\frac{\text{(Valor de la celda) x (Suma total de filas y columnas)}}{\text{(Suma total de filas) x (Suma total de columnas)}}$$

6.5.5. Campos calculados en tablas dinámicas

Habitualmente, en las bases de datos, no se añaden aquellos campos que se pueden calcular a partir de otros ya existentes, puesto que así se ahorra espacio. Por eso, es necesario que podamos calcular nuevos campos realizando operaciones con los que ya tenemos en nuestra tabla. Estos campos calculados aparecerán en la lista de campos tanto en la barra de herramientas de la tabla dinámica como en el cuadro de diálogo de diseño. Para obtener un nuevo campo calculado, debemos activar la opción: **Tabla dinámica — Fórmulas — Campo calculado**, con lo que aparece el cuadro de diálogo de la Figura 6.14, en el que tenemos que indicar el cálculo que deseamos realizar en el nuevo campo:

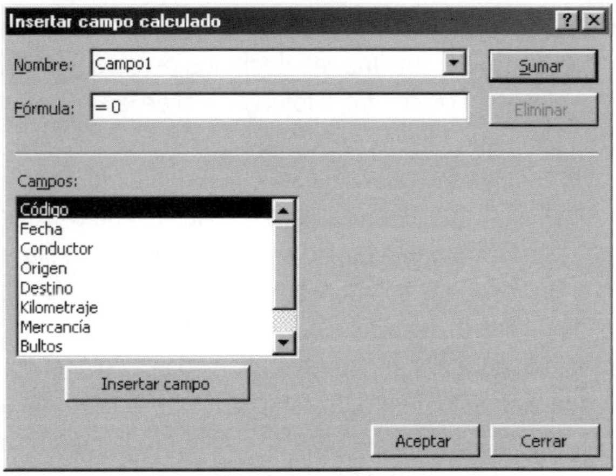

Figura 6.14: Insertar campo calculado.

En primer lugar, debemos indicar el nombre que queremos que tenga nuestro campo. A continuación, hay que crear la fórmula matemática con la que debemos operar para obtener el valor de dicho campo. Para ello, se van insertando los campos de la lista inferior en el apartado **Fórmula**, que se irán uniendo con los operadores matemáticos adecuados al resultado que queremos obtener. Por último, se pulsa el botón **Sumar** para añadir el nuevo campo a la lista de campos que ya tenemos.

Supongamos que queremos saber el importe obtenido por cada kilómetro recorrido en el viaje. Llamaremos al campo «CosteKm» e introduciremos la fórmula:

=Precio / Kilometraje

Si necesitamos añadir más campos calculados, se repite el proceso anterior tantas veces como sea necesario. Cuando hemos terminado, pulsamos **Aceptar**.

Si queremos eliminar un campo de los que hemos calculado, tenemos que volver a este cuadro de diálogo, seleccionar el campo a borrar de la lista desplegable **Nombre** y pulsar el botón **Eliminar**. Si, por el contrario, queremos cambiar el cálculo que realiza, una vez que lo hayamos seleccionado, editaremos la fórmula y pulsaremos el botón **Modificar**, para registrar los cambios realizados.

También es posible añadir elementos calculados. Un elemento calculado consiste en realizar una operación con uno o varios elementos de un campo, en lugar de hacerlo con los de dos campos distintos. El proceso es idéntico al de crear un campo calculado, excepto en que, en lugar de seleccionar el nombre de un campo, debemos seleccionar los elementos con los que queremos operar. Para crear estos elementos calculados hay que activar la opción **Tabla dinámica — Fórmulas — Elemento calculado**, con lo que aparece la pantalla de la Figura 6.15, y crear la fórmula con los elementos que deban incluirse.

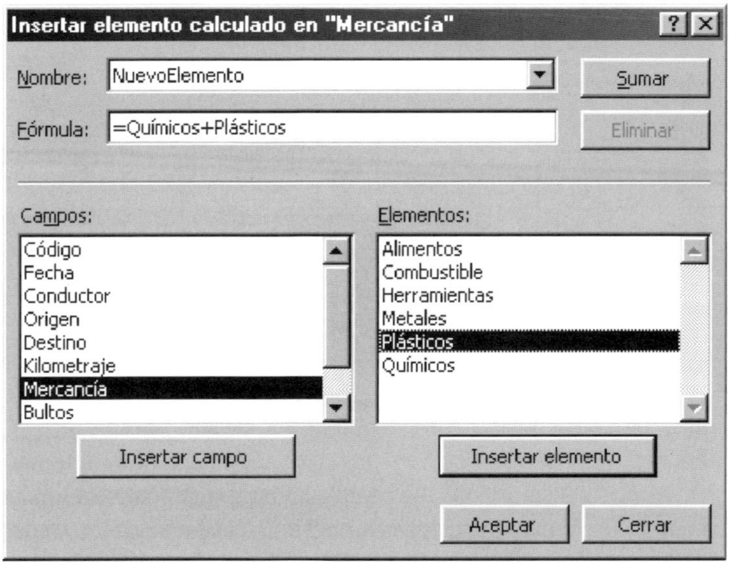

Figura 6.15: Insertar elemento calculado.

Debemos tener en cuenta que, para que esta opción esté disponible, debemos haber seleccionado previamente un elemento del encabezado de una fila o columna de la tabla, y que el valor de estos elementos calculados también se incluye en los resultados finales de las operaciones resumen que se apliquen al campo en el que se han incluido.

Cuando hemos creado elementos calculados, de modo que unos dependan de otros, podemos decidir qué cálculos se deben realizar primero. Para ello hay que activar la opción **Tabla dinámica — Fórmulas — Orden de resolución**, con lo que aparece el cuadro de diálogo de la Figura 6.16, en el que podremos cambiar este orden seleccionando el elemento deseado y desplazándolo arriba o abajo utilizando los botones **Mover hacia arriba** y **Mover hacia abajo**.

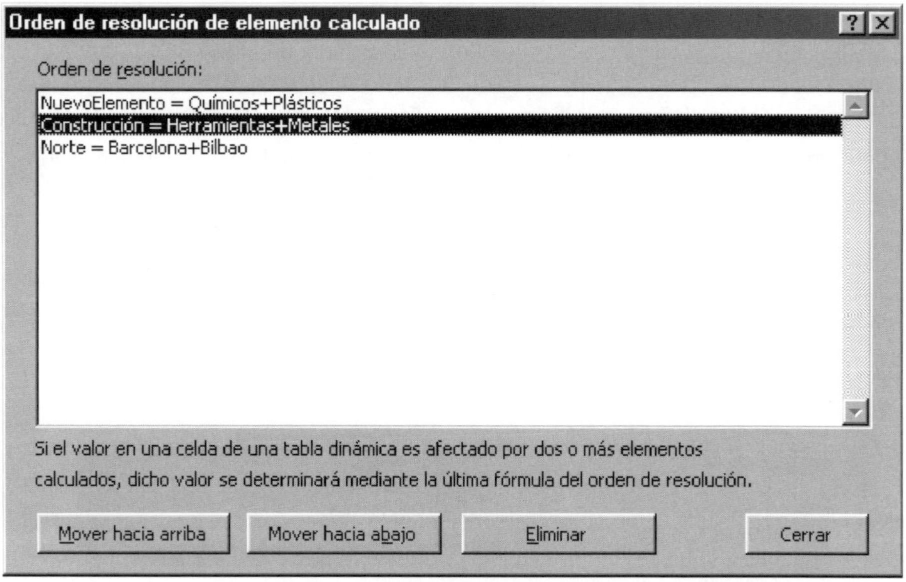

Figura 6.16: Orden de resolución de los elementos calculados.

Por último, es posible crear una hoja de cálculo en la que aparezca una relación de todos los campos y elementos calculados de nuestra tabla dinámica y su orden de resolución mediante la opción **Tabla dinámica — Fórmulas — Crear lista de fórmulas**.

CAPÍTULO 7

HERRAMIENTAS DE EXCEL

7.1. ESCENARIOS

Los escenarios son una herramienta que nos va a permitir tener distintos valores para una misma celda y poder mostrar, en cada caso, aquellos valores que nos interesen en un momento dado. Así los podremos utilizar para determinar cómo cambiarían ciertos cálculos en función del escenario que se está mostrando. Un escenario está formado por un conjunto de celdas (a las que será preferible que demos un nombre personalizado) y un valor para cada una de estas celdas.

7.1.1. Creación de escenarios

Para crear escenarios debemos activar la opción del menú **Herramientas — Escenarios** y pulsar el botón **Agregar**, con lo que aparece el cuadro de diálogo de la Figura 7.1.

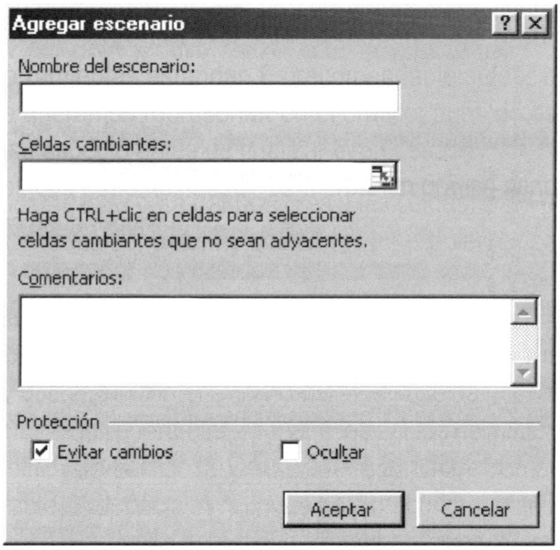

Figura 7.1: Agregar escenario.

Aquí debemos dar un nombre que identifique al nuevo escenario e indicar cuáles son las celdas cuyos valores queremos incluir en dicho escenario. Si lo deseamos, podemos incluir cualquier comentario sobre el escenario que estamos creando utilizando el cuadro de texto **Comentarios**. En la sección **Protección** podemos indicar qué hacer con el escenario cuando se protege la hoja en la que se ha creado. Si activamos la opción **Evitar cambios**, no será posible modificar las celdas de dicho escenario cuando la hoja esté protegida. Y, si activamos **Ocultar**, ni siquiera aparecerá en la lista de escenarios disponibles.

Una vez indicado el nombre y las celdas que pertenecen al escenario, podemos pulsar **Aceptar** para continuar con la creación del formulario.

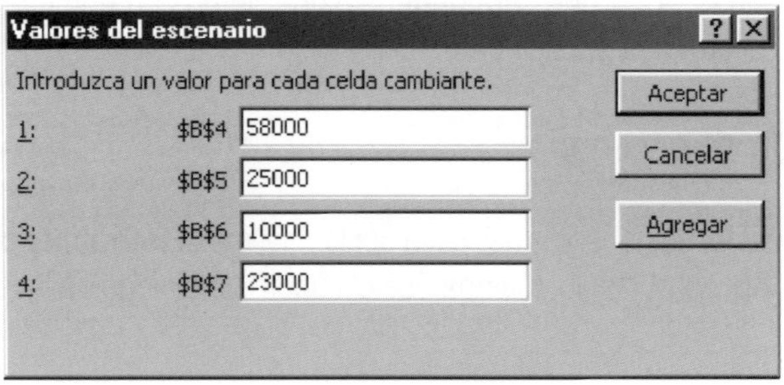

Figura 7.2: Valores del escenario.

El siguiente paso es introducir los valores que deben tener las celdas incluidas en el escenario. Para ello, aparece un cuadro de diálogo (ver Figura 7.2) en el que podemos ver una lista con las celdas que hemos seleccionado al agregar el escenario y los valores actuales de dichas celdas. Modificaremos los valores que sean necesarios en cada caso. Si antes de crear el escenario, hubiésemos dado nombres personalizados a las celdas que forman parte de nuestro escenario, en este cuadro de diálogo podríamos ver dichos nombres en lugar de los nombres estándar ($B$4, etc.) de las celdas. Esta posibilidad permite que la edición de los valores del escenario sea más cómoda, pues no tenemos que recordar el orden en el que están colocadas las celdas ni lo que representan.

Cuando rellenamos los valores del escenario, podemos pulsar el botón **Agregar** para seguir añadiendo más escenarios o bien el botón **Aceptar** para terminar con esta tarea y volver al administrador de escenarios.

7.1.2. El administrador de escenarios

Es la pantalla que aparece al activar la opción del menú **Herramientas — Escenarios** (ver Figura 7.3), que va a contener la lista de escenarios de la hoja de cálculo activa y una serie de botones que nos van a permitir manipular estos escenarios.

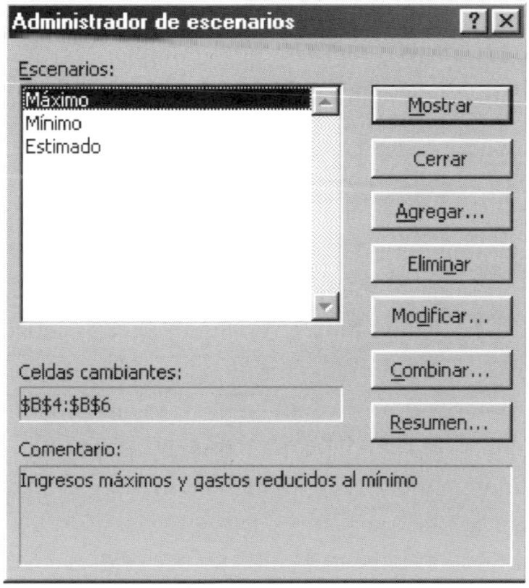

Figura 7.3: Administrador de escenarios.

Cuando seleccionemos uno de los escenarios de la lista, podremos ver las celdas que pertenecen a dicho escenario y los comentarios que hayamos indicado al crearlo. Los botones de la derecha nos permiten realizar diversas actuaciones sobre el escenario seleccionado.

Mostrar: Provoca que las celdas incluidas en el escenario cambien sus valores por los indicados en el momento de crearlo.

Modificar: Nos permite volver al cuadro de diálogo de creación de escenarios y cambiar cualquier aspecto del mismo, incluyendo su nombre, comentarios, celdas cambiantes y valores de estas celdas.

Eliminar: Elimina el escenario seleccionado.

Agregar: Nos permite añadir un nuevo escenario a la lista.

Cerrar: Cierra el administrador de escenarios.

Combinar: Nos permite traer a la hoja activa aquellos escenarios que puedan existir en otras hojas del libro activo o de cualquier otro.

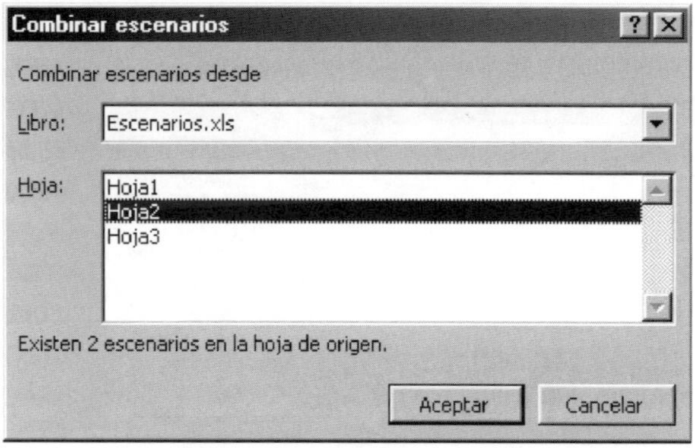

Figura 7.4: Combinar escenarios.

Al combinar escenarios, debemos seleccionar el libro y la hoja que contiene escenarios. La parte inferior del cuadro de diálogo (ver Figura 7.4) nos informa de los escenarios existentes en la hoja que hemos seleccionado. Cuando pulsemos el botón **Aceptar**, dichos escenarios pasarán a formar parte de nuestra hoja.

Resumen: Esta opción nos muestra todos los escenarios existentes en la hoja creando un resumen que nos permitirá comparar todos los posibles valores que hemos indicado en las celdas cambiantes de cada escenario, con el propósito de que podamos tomar la mejor decisión para nuestros objetivos (ver Figura 7.5)

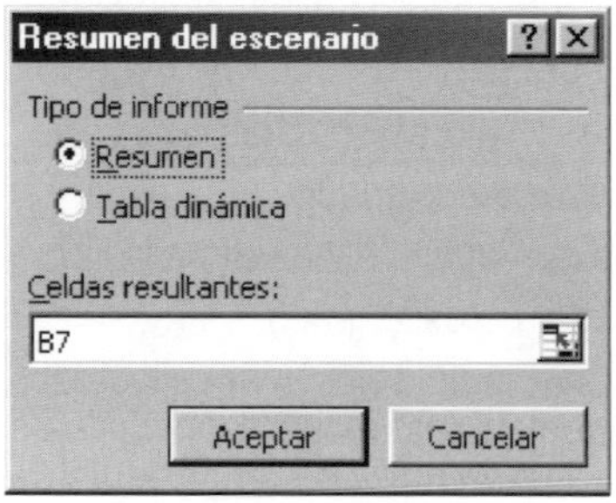

Figura 7.5: Resumen del escenario.

Este resumen puede hacerse en forma de tabla dinámica o en una hoja de cálculo. Como habitualmente las celdas que se incluyen en un escenario deben estar implicadas en la fórmula de una o varias celdas, al realizar el resumen también debemos indicar qué celda o celdas son aquellas que queremos insertar en el resumen de los datos del escenario.

Los resúmenes de un escenario se presentan en una nueva hoja de cálculo, en la que aparecen dos paneles que están en la parte izquierda y en la parte superior de la hoja, los cuales nos permiten mostrar y ocultar distintas zonas del resumen, como los comentarios, las celdas resultado o los valores de los escenarios (ver Figura 7.6).

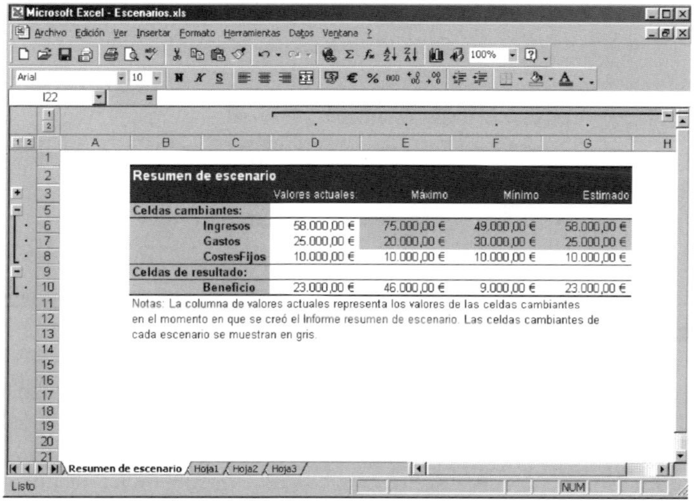

Figura 7.6: Resultado del resumen de un escenario.

Si no hubiésemos creado nombres de celda personalizados, el informe mostraría los nombres de celda formados por la letra de la columna y el número de la fila.

7.2. BUSCAR OBJETIVO

Esta herramienta tiene como finalidad ayudarnos a determinar el valor de un dato o celda implicado en una fórmula cuando queremos forzar el resultado de dicha fórmula.

Una situación muy habitual en la que puede resultarnos de utilidad es aquella en la que tenemos una celda donde calculamos el valor de un importe incluyendo el porcentaje de IVA pero lo que conocemos es el importe total (IVA incluido), y necesitamos detallar la base imponible.

Supongamos que necesitamos saber cuál será el precio base que debe tener un producto para que su precio final, incluyendo el IVA, sea 5.000. Una vez establecidos los datos y fórmulas adecuados en cada celda, tenemos que activar la opción del menú **Herramientas — Buscar objetivo**.

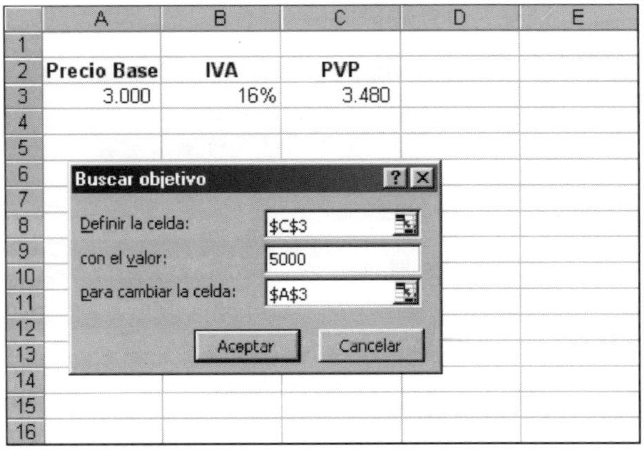

Figura 7.7: Buscar objetivo.

En el cuadro de diálogo que aparece (ver Figura 7.7), tenemos que indicar tres datos:

Definir la celda: Debemos indicar una única celda que coincide siempre con aquella que tiene la fórmula cuyo resultado ha de ser un valor concreto.

Con el valor: Es el resultado concreto que deseamos obtener de la fórmula que se ha escrito en la celda indicada en el apartado **Definir la celda**.

Para cambiar la celda: Es una celda que debe estar implicada directa o indirectamente en la fórmula escrita en la celda indicada en la opción **Definir celda**. El valor de esta celda será modificado con el objetivo de satisfacer el valor esperado en la fórmula. Debemos tener en cuenta que **Buscar objetivo** modificará el contenido de esta celda; por lo tanto, debemos evitar que se trate de una celda cuyo contenido sea una fórmula, pues se perdería al aceptar esta solución.

Cuando hemos rellenado de forma adecuada el cuadro de diálogo **Buscar objetivo**, podemos pulsar el botón **Aceptar** para que Excel calcule la solución.

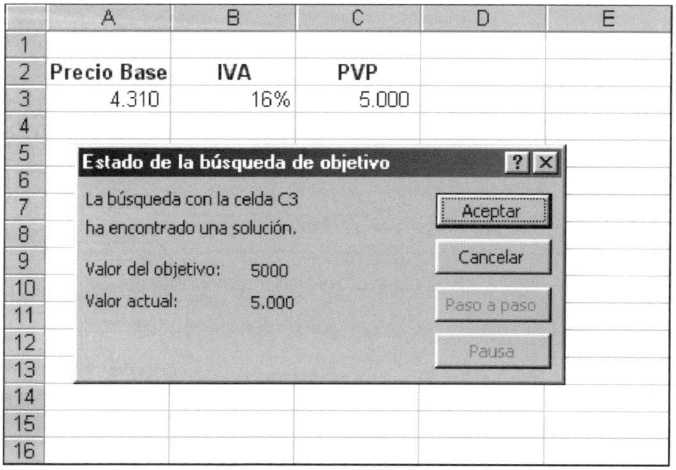

Figura 7.8: Resultado de Buscar objetivo.

Si existe solución, nos muestra los valores que satisfacen los objetivos buscados y nos da opción a cambiarlos (pulsando **Aceptar**) o a rechazarlos (pulsando **Cancelar**) (ver Figura 7.2).

Puede ocurrir que no exista ningún valor que satisfaga el buscado en la fórmula. En ese caso, muestra un mensaje en el que se nos informa de esta circunstancia.

Otra situación en la que nos puede resultar útil la opción **Buscar objetivo**, podría ser aquella en la que necesitemos conocer el punto de corte de una recta con uno de los ejes. Supongamos que tenemos la siguiente ecuación: y=3x+6 y deseamos saber en qué punto se cruza con el eje X; es decir, cuánto debe valer x para que y tome el valor 0.

Utilizando **Buscar objetivo**, debemos tener una celda (B3) con cualquier valor para la x y otra (C3) que contenga la fórmula. En este caso, en C3, escribiremos la fórmula: =3*B3+6. A continuación seleccionamos **Buscar objetivo** en el menú **Herramientas** y rellenamos sus apartados según la Figura 7.9.

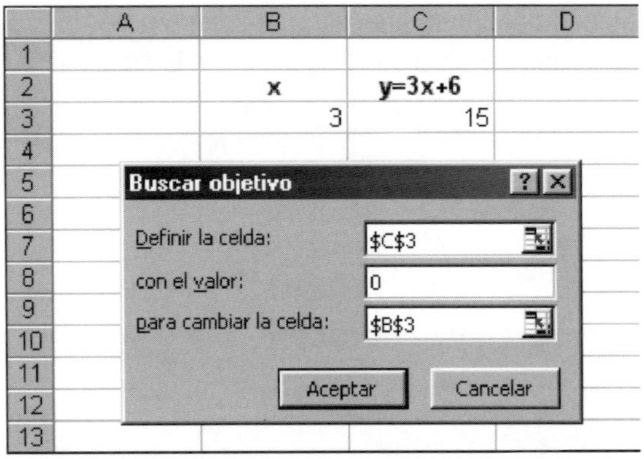

Figura 7.9: Ejemplo de resolución con Buscar objetivo.

Al pulsar el botón **Aceptar**, **Buscar objetivo** nos sugiere el valor —2 para la x, que satisface la ecuación para y = 0.

7.3. SOLVER

Solver es una macro automática que nos permite buscar soluciones de forma similar a **Buscar Objetivo**, pero de manera que no sólo podemos indicar el valor que debe tener una celda, sino que además es posible maximizar o minimizar dicho valor. También tenemos la opción de establecer restricciones y condiciones en el modo de buscar ese valor, entre otras mejoras.

Para poder utilizar Solver, es necesario especificarlo en el proceso de instalación de Microsoft Office, ya que por defecto no se instala. En caso de querer añadirlo más adelante, se puede agregar este componente desde la opción **Agregar o quitar programas** del **Panel de control** de Windows. Podría ocurrir que, a pesar de haberlo instalado, no aparezca en el menú **Herramientas**. En este caso, debemos añadirlo desde la ventana de Excel mediante la opción del menú **Herramientas — Complementos** y activando la casilla de verificación **Solver** de la lista que aparece.

7.3.1. Parámetros de Solver

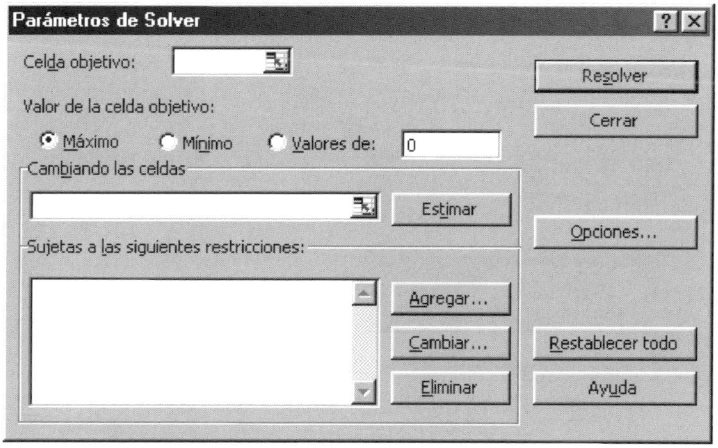

Figura 7.10: Parámetros de Solver.

Analicemos las opciones que nos ofrece la ventana de **Parámetros de Solver** (ver Figura 7.10), la cual se activa seleccionando la opción del menú **Herramientas — Solver**.

Celda objetivo: Es aquella celda en la cual queremos obtener un valor concreto. Esta celda debe contener una fórmula, pues se trata de forzar a que el resultado de dicha fórmula sea el requerido. Podríamos equiparar la función de esta celda con la que realiza la celda incluida en el apartado **Definir la celda** del cuadro de diálogo de **Buscar objetivo**.

Valor de la celda objetivo: En este apartado tenemos la posibilidad de elegir entre tres posibles opciones: **Máximo**, **Mínimo** o **Valores de**. Si elegimos una de las dos primeras, Solver intentará encontrar el valor máximo o mínimo para la celda objetivo. En caso de seleccionar la opción **Valores de**, tendremos que indicar el valor concreto que queremos obtener en la celda objetivo.

Cambiando las celdas: Indicaremos en este campo las celdas cuyos valores serán modificados por Solver para conseguir el valor indicado en la celda objetivo. Serán una o más celdas que deben estar implicadas de forma directa o indirecta en la fórmula existente en la celda objetivo, cuyos datos deberán ser constantes, pues, de contener fórmulas, éstas serían eliminadas y sustituidas por los valores que Solver calcule como los más adecuados para ellas. El botón **Estimar** permite que Excel determine de forma automática cuáles son aquellas celdas que intervienen directa o indirectamente en la fórmula que contiene la celda objetivo.

Sujetas a las siguientes restricciones: En este apartado podremos incluir una lista de condiciones relativas al valor que deben tener las distintas celdas de la hoja de cálculo. Para añadir una nueva condición, tenemos que pulsar el botón **Agregar**.

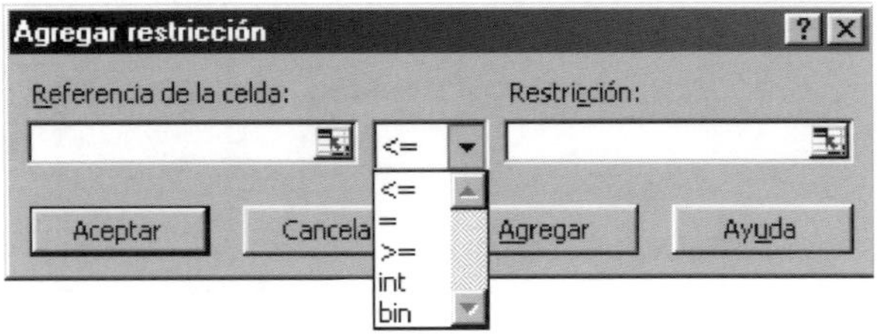

Figura 7.11: Agregar restricción.

En este cuadro de diálogo (ver Figura 7.11), tenemos que elegir una o varias referencias de celda en el apartado **Referencia de la celda**; a continuación, el operador de comparación que debemos utilizar y, por último, en el apartado **Restricción**, los valores o celdas con los que hay que comparar las celdas indicadas en el primer apartado. Si necesitamos seguir agregando condiciones, pulsaremos el botón **Agregar** y, cuando terminemos, **Aceptar**. Una vez establecidas una o varias restricciones, podremos eliminarlas o modificarlas pulsando los botones **Eliminar** o **Cambiar** respectivamente.

Restablecer todo: Borra los valores establecidos en los argumentos de Solver, puesto que éstos no se pierden cuando se cierra el cuadro de diálogo, sino que se mantiene la última configuración utilizada para resolver.

Resolver: Una vez establecidos los anteriores parámetros, pulsaremos este botón para que Solver comience a buscar la solución al problema. Tras realizar distintas pruebas, Solver devolverá un mensaje en el que nos indica si ha encontrado o no una solución (ver Figura 7.12).

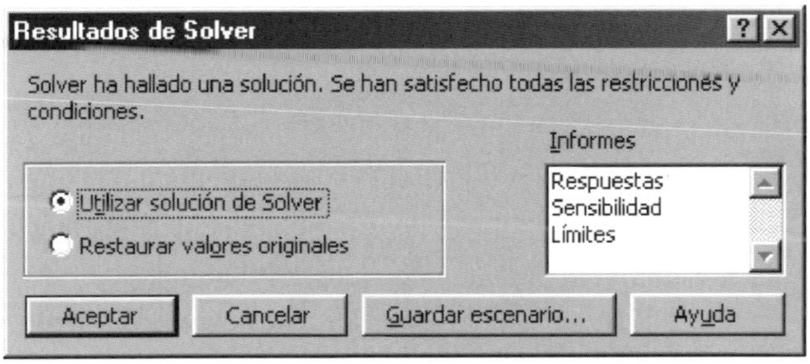

Figura 7.12: Resultados de Solver.

En este cuadro de diálogo, podremos seleccionar opciones tales como si admitimos la solución propuesta o si queremos generar informes que nos muestren diversos aspectos y consideraciones sobre los cálculos que se han realizado, comparativas entre los nuevos y los antiguos valores de las celdas, etc. Estos informes aparecen en nuevas hojas de cálculo que se añaden al libro activo.

También tenemos la posibilidad de guardar un escenario con los valores que se muestran en ese momento en las celdas cambiantes para poder realizar comparativas más adelante. Si grabamos un escenario, podremos recuperarlo y mostrarlo más adelante desde el administrador de escenarios. Sin embargo, debemos ser conscientes de un pequeño problema que existe con ellos: cuando guardamos los datos de las celdas cambiantes de un escenario, es muy habitual que los valores de dichas celdas tengan decimales; pues bien, en este caso, si mostramos el escenario se produce un error. Esto es debido a que Solver almacena los valores numéricos de las celdas cambiantes utilizando un punto (.) para indicar el signo decimal en lugar de la coma (,) habitual en el sistema español. Cuando más adelante mostramos este valor, Excel interpreta ese punto como un punto de millares y representa números exageradamente grandes que, normalmente, tienen poco que ver con la solución que Solver nos había proporcionado. Para corregir este problema, debemos entrar en el administrador de escenarios y modificar aquellos escenarios que hemos creado a partir de las soluciones de Solver, de modo que en los valores de las celdas sustituyamos los puntos (.) por comas(,). Una vez realizada esta operación, podremos mostrar el escenario sin que los valores produzcan resultados inesperados.

7.3.2. Guardar y recuperar modelos de problemas con Solver

Cuando queremos realizar diversas consultas con Solver, tenemos la posibilidad de almacenar la configuración de sus parámetros y recuperarla más adelante. Para ello, una vez que los parámetros se han completado correctamente y resuelven nuestro problema según lo esperado, tenemos que pulsar el botón **Opciones.** En éste encontramos los botones **Guardar modelo** y **Cargar modelo**, además de ciertos apartados para indicar los métodos matemáticos que debe utilizar Solver para buscar soluciones a los problemas que proponemos.

Cuando pulsamos el botón **Guardar modelo**, debemos seleccionar un rango de celdas, en las cuales Solver almacenará los valores necesarios para poder recuperar en el futuro la configuración actual de los parámetros. Excel nos sugiere un rango de celdas del tamaño adecuado para guardar estos datos a partir de la celda que estaba activa antes de pulsar este botón. Si esas celdas están ocupadas con datos de nuestra hoja de cálculo, debemos marcar un área idéntica a la sugerida para almacenar los datos. Es conveniente que resaltemos este área con sombreados o bordes y que identifiquemos el problema almacenado para facilitar la posterior recuperación del modelo.

Para recuperar un conjunto de valores para los parámetros de Solver, tenemos que pulsar el botón **Cargar modelo** y seleccionar un área de celdas en la que con anterioridad hayamos almacenado otro modelo. Nos pedirá confirmación para cambiar los parámetros de Solver y, si aceptamos, volveremos a ver la configuración previa al almacenamiento del modelo.

7.3.3. Resolver un problema con Solver

Solver se puede aplicar a la resolución de problemas en diversos contextos. Veremos un ejemplo donde calcularemos el punto de corte de dos rectas: y=2x+3 e y=3x-5. El punto de corte de estas rectas es aquel en el que, para un mismo valor de x, obtenemos valores idénticos para Y en ambas ecuaciones.

Preparamos la hoja de cálculo de manera que en la celda B3 indicamos un valor para x. En las celdas adyacentes, escribimos las fórmulas que equivalen a la ecuación de las rectas:

C3 = 2*B3+3
D3 = 3*B3-5

Al activar Solver, tenemos que indicarle los valores de sus parámetros. La celda objetivo será cualquiera de las dos que tienen las fórmulas de las ecuaciones, pues son las que queremos forzar a un valor determinado. Tomaremos C3 como celda objetivo. La celda que debe cambiar es la que contiene el valor de x, esto es, la celda B3. Por último, debemos indicar los criterios a tener en cuenta a la hora de resolver este problema. La condición que se debe cumplir es que las dos ecuaciones arrojen el mismo resultado; es decir, que las celdas C3 y D3 sean iguales. La situación de la hoja de cálculo en este momento debería ser la reflejada en la Figura 7.13.

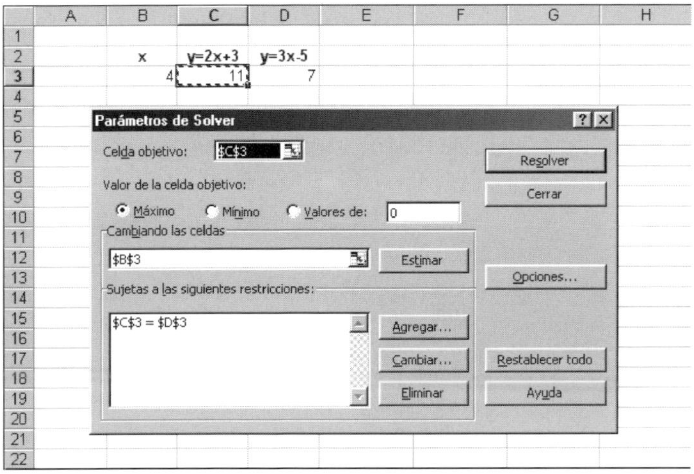

Figura 7.13: Solución al problema utilizando Solver.

Pulsando el botón **Resolver**, podremos ver el valor de X que produce los mismos resultados en ambas ecuaciones, que en este caso es 8.

Normalmente, lo más difícil a la hora de utilizar Solver no es el uso de la herramienta en sí, sino el planteamiento del problema sobre la hoja de cálculo. Desde aquí recomendamos estudiar detenidamente el fichero que incorpora Excel con ejemplos en los que se puede utilizar Solver, pues en él se van a encontrar gran variedad de situaciones e ideas para plantear nuestros propios problemas. Este archivo se llama SOLVSAMP.XLS y se encuentra en la carpeta de instalación de Office en la siguiente ruta: [Carpeta de instalación]\Office\samples\solvsamp.xls.

CAPÍTULO 8

MACROS

8.1. INTRODUCCIÓN

Una macro es una secuencia de acciones que se graban con un nombre. Posteriormente, la macro podrá repetir esas mismas acciones y en el mismo orden cuando se lo pidamos.

8.2. CREACIÓN DE UNA MACRO

Para crear una macro, tenemos como primera opción grabar directamente una serie de acciones que realizaremos nosotros mismos y que se convertirán en una secuencia de instrucciones ordenadas.

Por otro lado, y como veremos más adelante, también podremos escribir directamente las instrucciones deseadas en un editor de texto.

Para grabar una macro, realizamos los siguientes pasos:

1) Menú: **Herramientas - Macro - Grabar nueva macro**.

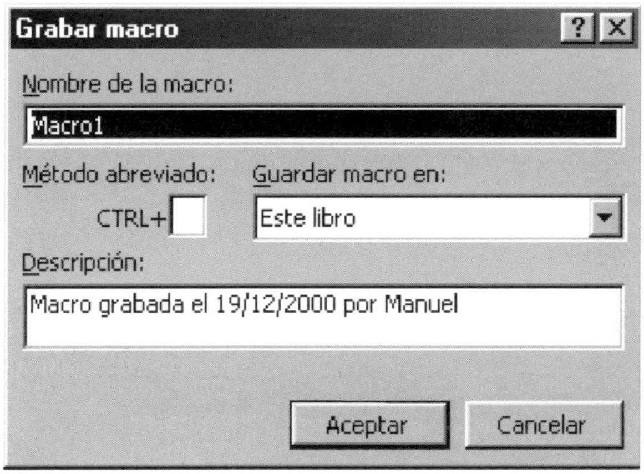

Figura 8.1: Grabar nueva macro.

2) Aparecerá una ventana (Figura 8.1) en la que escribimos un nombre de macro o aceptamos el que nos propone Excel que consiste en la palabra "Macro" seguida de un número de orden.
3) Opcionalmente, podemos escribir una letra en la ventana **Método abreviado**, que nos servirá para ejecutar la macro directamente pulsando la tecla <CTRL.> y la letra seleccionada. En la ventana desplegable, podemos elegir un entorno distinto al propio libro para guardar la macro.
4) Al pulsar **Aceptar**, nos aparece una pequeña ventana con un botón cuya leyenda indica: **Detener grabación**. Debemos pulsar dicho botón al finalizar la grabación. Mientras no pulsemos el botón de **Detener grabación**, Excel memorizará lo que escribamos con el teclado o pulsemos con el ratón. Por ejemplo, supongamos que escribimos la cabecera representada en la Tabla 8.1.
   En esta misma ventana aparece otro botón con la leyenda: Referencia relativa. Pulsar este botón nos permite que la grabación de los movimientos por las celdas o las fórmulas, sean relativas a la celda activa, de modo que la macro se pueda ejecutar en diferentes celdas cada vez.

	A	B	C	D
1	Concepto	Cantidad	Precio	Total

Tabla 8.1: Cabecera.

5) Después pulsamos el botón **Detener grabación**. Habremos creado una macro para escribir una cabecera.

8.3. EJECUCIÓN DE UNA MACRO

Para ejecutar una macro, seguimos los siguientes pasos:

1) Menú: **Herramientas - Macro — Macros**. Aparece la pantalla de la Figura 8.2.

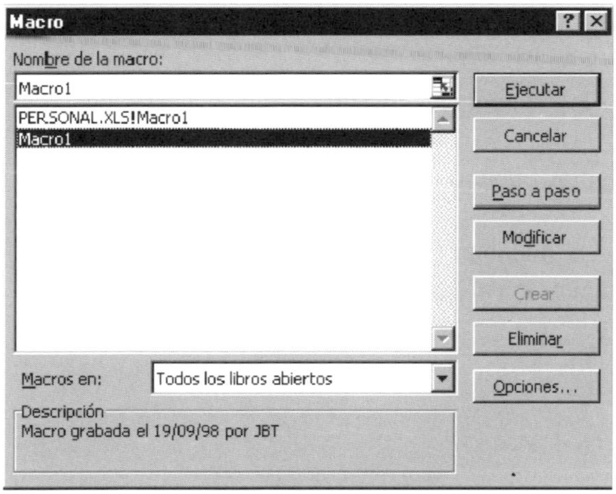

Figura 8.2: Lista de macros

2) Seleccionamos el nombre de la macro que queremos utilizar y pulsamos **Ejecutar**. Antes de poner en marcha la macro, habremos seleccionado la celda que nos interese. Para nuestro ejemplo anterior podríamos situarnos en la celda A1 de la Hoja2. El resultado es que Excel escribirá de nuevo toda la cabecera creada en la Hoja1. Si queremos ejecutar la macro con el método abreviado de combinación de teclas, pulsamos <CTRL.> y, simultáneamente, la letra asignada.
   Si no hubiéramos asignado ninguna letra al crear la macro o quisiéramos cambiarla ya asignada, podríamos hacerlo de la siguiente manera:

   Menú: **Herramientas — Macro - Macros — Opciones**

   Nos aparecerá entonces la ventana **Opciones de la macro**, donde podremos cambiar la **Tecla de método abreviado** o escribir o modificar la **Descripción** de la macro.

Hay que tener en cuenta que algunas letras que pudiéramos utilizar al asignar las macros pueden entrar en conflicto con asignaciones previamente realizadas por el programa. Por ejemplo, si utilizamos <CTRL.> + <C>, estaríamos usando el método rápido de copia. En estos casos, la nueva asignación para la macro tiene prioridad y se desactiva para la copia.

8.4. MODIFICAR UNA MACRO

Si quisiéramos modificar una macro seguiríamos estos pasos:

Menú: **Herramientas - Macro - Macros** — seleccionamos la macro a modificar - **Modificar**

Excel abre el editor de Visual Basic y carga la macro seleccionada. En nuestro ejemplo, nos encontraríamos con el siguiente código:

```
Sub Macro1()
    '
    ' Macro1 Macro
    ' Macro grabada el 4/09/98 por JBT
    '
    ActiveCell.FormulaR1C1 = "Concepto"
    Range("B1").Select
    ActiveCell.FormulaR1C1 = "Cantidad"
    Range("C1").Select
    ActiveCell.FormulaR1C1 = "Precio"
    Range("D1").Select
    ActiveCell.FormulaR1C1 = "Total"
    Range("E1").Select
End Sub
```

La primera instrucción, *Sub Macro1()*, determina el comienzo y el nombre de la macro. En realidad, la macro se ha convertido en un procedimiento de Visual Basic que se ejecuta cada vez que la ponemos en marcha.

La última instrucción determina el final de la macro: *End Sub.* Las instrucciones precedidas por el apóstrofo son comentarios que no afectan al proceso. Se trata de notas aclaratorias para el usuario o programador del procedimiento.

La primera instrucción ejecutable de la macro es:

```
ActiveCell.FormulaR1C1 = "Concepto"
```

Con esta instrucción, se escribe la palabra "Concepto" en la celda que actualmente esté activa.

Con la segunda instrucción:

```
Range("B1").Select
```

Seleccionamos B1 como celda activa y así sucesivamente hasta completar la cabecera.

Esta macro funcionará de forma incorrecta si no estamos situados en la primera celda de la cabecera cuando la ejecutemos. Para evitarlo, podemos añadir una primera instrucción que seleccione la celda A1.

```
Range("A1").Select
```

Después cerramos o minimizamos la ventana del editor de Visual Basic y, desde Excel, ejecutamos de nuevo la macro, esta vez sin colocarnos en la celda A1. La macro funcionará bien con la modificación establecida, ya que lo primero que hará será situarse en la celda A1.

Por otro lado, si quisiéramos cambiar la palabra "Concepto" por "Referencia" en la macro creada, deberíamos seguir los mismos pasos y, simplemente, sustituir entre las comillas una palabra por otra.

8.5. UTILIZAR UNA FÓRMULA EN UNA MACRO

Crearemos ahora una segunda macro que calcule la columna "Total" ("Cantidad" por "Precio") de tres artículos. Tras rellenar las columnas "Cantidad" y "Precio", tendremos una tabla como la de la Tabla 8.2.

Referencia	Cantidad	Precio	Total
mesa	3	8.000	
silla	12	4.500	
estantería	1	12.000	

Tabla 8.2: Utilizar una fórmula en una macro.

Hay tener en cuenta que debemos realizar la macro lo más genérica posible, de modo que pueda funcionar en diferentes situaciones. Por ejemplo, para calcular la columna total en la tabla anterior, podríamos seguir diferentes pasos:

a) Escribir =*B2*C2*. Esto tendría como consecuencia que la macro no funcionase al ser ejecutada con una tabla que comience en otro rango de la hoja (por ejemplo en A20).
b) Escribir **=** y movernos con la flecha izquierda dos lugares. Después introducir * moviéndonos una posición a la izquierda. Por último, pulsar <INTRO> para finalizar la instrucción. Como comprobaremos más adelante, esta opción creará una macro más genérica.

Por otro lado, ir a la posición inicial de ejecución de la macro durante la grabación produce una macro que no se podrá ejecutar a partir de otra celda diferente a la seleccionada en la grabación. Por tanto, la modificación realizada en nuestro primer ejemplo no siempre es adecuada si queremos que la cabecera comience en un sitio diferente de A1.

Si nos situamos, antes de la grabación, en la celda donde queremos que se inicie la macro, seguimos la opción b planteada anteriormente y copiamos (con la cruz negra) hacia abajo dos lugares, el código de la macro quedaría como sigue:

```
Sub Macro2()
 ActiveCell.FormulaR1C1 = "=RC[-2]*RC[-1]"
 Range("D2").Select
 Selection.AutoFill Destination:=Range("D2:D4"), _
 Type:=xlFillDefault
 Range("D2:D4").Select
End Sub
```

La primera instrucción multiplica la celda que se encuentra dos columnas a la izquierda de la celda activa por la que se encuentra un lugar a la izquierda.

El signo **-** indica hacia la izquierda. La ausencia de signo indica hacia la derecha.

La letra **R** indica la fila y la **C** la columna. Cuando la letra **R** tiene un valor negativo, se refiere al numero de filas antes de la activa (hacia arriba) y, si es positivo, indica número de filas después de la activa (hacia abajo).

Cuando no hay valor tras la **R** o la **C**, es que la operación se realiza con un valor que está situado en la misma fila o columna que la celda activa.

Las instrucciones de selección de los rangos D2 y D2:D4 se podrían omitir, ya que la celda D2 ya estaba seleccionada antes de ejecutar la macro.

Otra alternativa para realizar la grabación con referencias relativas es pulsar el botón correspondiente en la barra de herramientas: Detener Grabación.

8.6. CREAR UNA BARRA DE HERRAMIENTAS PERSONALIZADA

Si utilizamos frecuentemente una macro, nos será más cómodo crear una herramienta o botón y asignarle nuestra macro. De esta manera, cada vez que hagamos clic sobre el botón con el ratón, ejecutaremos la macro asignada.

Para crear una barra de herramientas personalizada desplegamos el Menú: **Herramientas — Personalizar —** carpeta **Barra de herramientas — Nueva**, nos aparecerá la ventana de la Figura 8.3.

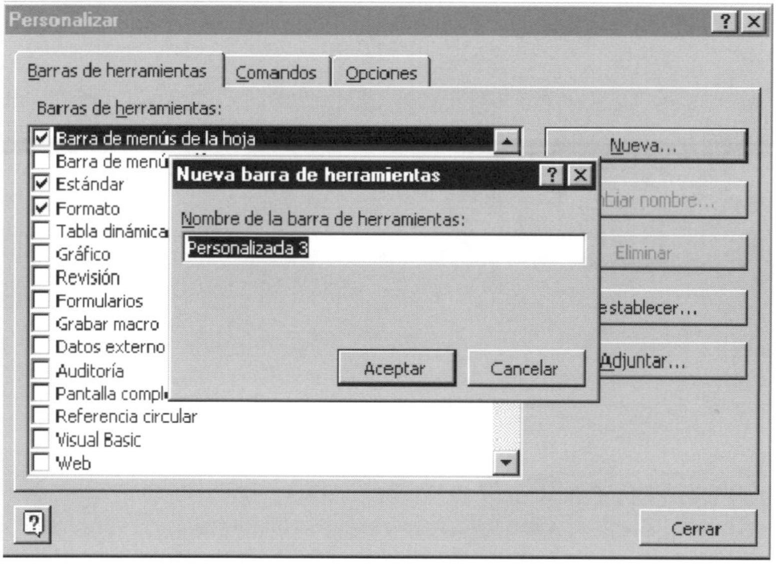

Figura 8.3: Herramientas — Personalizar.

A continuación escribimos un nombre para nuestra nueva barra de herramientas.

Tanto en la nueva barra de herramientas creada como en cualquiera de las que nos ofrece Excel, podemos agregar las herramientas situadas en el apartado **Comandos** de la ventana **Personalizar**.

Estas herramientas están agrupadas por categorías, de modo que primero elegimos la categoría a la izquierda y después recorremos la lista de herramientas propuesta en la parte de la derecha.

Si decidimos utilizar una de ellas, debemos arrastrarla hasta la barra de herramientas donde la deseemos colocar. En el caso de que deje de interesarnos, realizamos el proceso al contrario arrastrándola desde la barra de herramientas hasta la ventana **Personalizar**.

Podemos practicar seleccionando la categoría **Herramientas** y arrastrando el comando **Editor de Visual Basic**. Esta herramienta nos servirá para ir directamente a dicho editor, cosa que haremos frecuentemente en los ejercicios planteados en este libro.

8.7. CREAR UN BOTÓN Y ASIGNARLE UNA MACRO

Para crear nuestra primera herramienta, dentro de la ventana **Personalizar**, pulsamos sobre la carpeta **Comandos** (ver Figura 8.4).

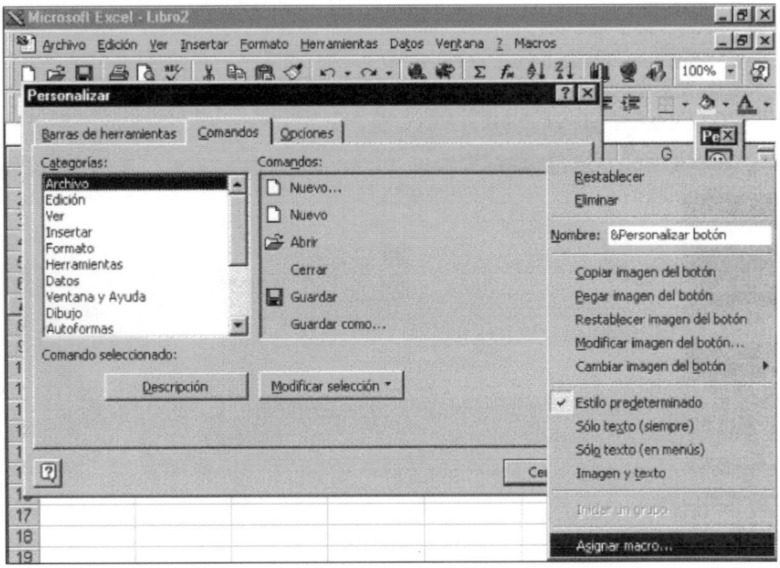

Figura 8.4: Crear una herramienta personalizada.

Si es necesario, movemos las ventanas de modo que podamos ver la ventana **Personalizar** y, a la vez, la ventana donde está la barra de herramientas que acabamos de crear.

En **Categorías**, seleccionamos **Macros** y arrastramos la herramienta genérica **Personalizar botón** hasta nuestra barra de herramientas. Pulsando a continuación el botón derecho del ratón aparecerá un menú contextual.

En este menú elegimos la última opción: **Asignar macro**. Seleccionamos la macro deseada de la lista que aparece y pulsamos **Aceptar**.

Ya podemos cerrar la ventana **Personalizar** y probar nuestro botón. Obtenemos el mismo efecto que si ejecutáramos la macro a través del menú **Herramientas**.

8.8. CAMBIAR EL ASPECTO DE UN BOTÓN

Abriendo de nuevo la ventana **Personalizar** y con el menú contextual que aparece al pulsar con el botón derecho del ratón sobre una herramienta, podemos realizar cambios como los siguientes:

Nombre: Es la leyenda que aparece sobre las herramientas al pasar con el ratón sobre ellas.

Cambiar imagen del botón: Podemos elegir una de las que nos aparecen.

Modificar imagen del botón: Mediante unas sencillas herramientas, podemos cambiar los colores de los píxeles del botón de modo que modifiquemos una parte o la totalidad del mismo (ver Figura 8.5).

Eliminar: Elimina el botón de la barra de herramientas.

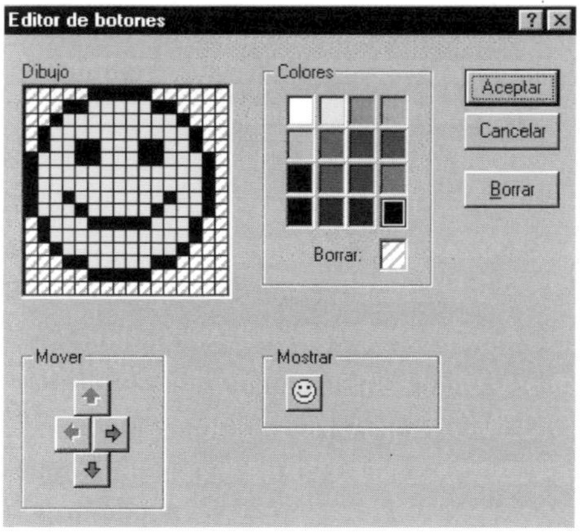

Figura 8.5: Editor de la imagen de la herramienta.

8.9. ASIGNACIÓN DE UNA MACRO A UN OBJETO GRÁFICO

Si lo preferimos, podemos asignar una macro a un objeto de la barra de dibujo. Esto nos permite tener más movilidad, pues situaremos el objeto en el lugar de la pantalla donde nos parezca. Además podremos utilizar formas y tamaños diferentes a los de los botones de la caja de herramientas.

Para realizarlo, hacemos visible la barra de dibujo, bien a través del menú **Ver — Barras de herramientas — Dibujo**, o bien pulsando directamente en el icono que aparece en la barra de herramientas estándar.

A continuación, trazamos un objeto, por ejemplo un rectángulo, pulsamos el botón derecho del ratón y nos aparece un menú contextual con la opción **Asignar macro**.

Hay que recordar que con la herramienta de dibujo **Seleccionar objetos**, representada por una flecha, podemos cambiar de posición, tamaño, color o forma el objeto.

Para ejecutar la macro a través del objeto, debemos tener desactivado el seleccionador de objetos. Lo apreciaremos porque, al desactivarlo, aparece una mano con el dedo índice señalando cuando nos situamos sobre el objeto.

8.10. ASIGNAR UNA MACRO A UN MENÚ DESPLEGABLE

Si creamos un menú desplegable, podremos incluir en él las macros que vayamos creando. Veamos cómo hacerlo:

Accedemos al Menú **Herramientas — Personalizar — Comandos**. En la ventana que aparece (ver Figura 8.6), elegimos la categoría **Nuevo menú**.

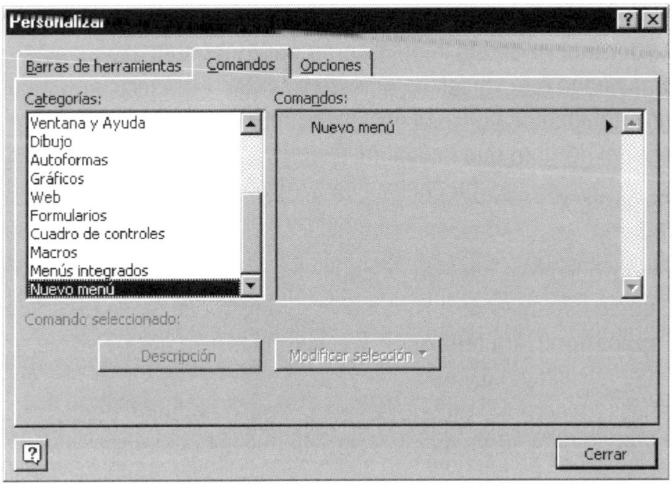

Figura 8.6: Creación de un nuevo menú.

Arrastramos el comando **Nuevo menú** a la barra de menús desplegables. Pulsamos el botón derecho del ratón y, en el apartado **Nombre** del menú contextual que aparece, escribimos el nombre de nuestro menú, por ejemplo "Macros".

A continuación seleccionamos la categoría Macros en la ventana personalizar. Arrastramos el comando **Personalizar elemento de menú** hasta la ventana que aparece por debajo del nombre del nuevo menú creado (**Macros**).

Volvemos a pulsar el botón derecho de nuestro ratón, cambiamos el nombre y le asignamos una macro.

Cerramos la ventana **Personalizar** y ya podemos utilizar el menú como cualquier otro. Cuando hagamos clic sobre la opción de menú deseada, la macro que asignamos se ejecutará inmediatamente.

Cuando abramos el programa de Excel en otra ocasión, seguiremos viendo el menú creado y, si la asignación de macros se hubiera realizado con una macro grabada en el **Libro de macros personal** (algo recomendable si se van a usar menús), podremos ejecutarla.

8.11. LIBRO DE MACROS PERSONAL

La opción por defecto al grabar una macro es que se guarde en el libro activo en ese momento. Esto quiere decir que sólo desde dicho libro podremos utilizar la macro.

Si deseamos crear una macro que se pueda utilizar en cualquier libro, debemos elegir la opción **Guardar macro** en **Libro de macros personal**. Esta opción nos aparece en la ventana **Grabar nueva macro** del menú **Herramientas — Macro**.

Cuando nos decidamos por esta opción, observaremos que el nombre de la macro va precedido por el del libro que la guarda. Por ejemplo:

PERSONAL.XLS!Macro1

La primera vez que se utiliza este procedimiento, se crea un libro personal de macros que funciona como cualquier otro libro, salvo que está oculto, se guarda en la carpeta **\Windows\Application Data\Microsoft\Excel\Iniciar** y se abre y se cierra automáticamente sin la intervención del usuario.

Si asignamos la macro a un menú desplegable o a un botón dentro de una barra de herramientas, deberíamos grabarla en el libro de macros personal.

Los menús desplegables y los botones de herramientas permanecen aunque cerremos el libro actual y abramos uno nuevo. Si asignáramos una macro grabada en el libro activo a uno de estos elementos, no funcionaría en otros libros.

8.12. AÑADIR CÓDIGO A UNA MACRO YA CREADA

Si tras grabar una macro deseamos que ésta realice más acciones, podemos crear una nueva macro y copiar su código para pegarlo en la primera macro. Después eliminamos la segunda macro. Veámoslo paso a paso.

Supongamos que queremos modificar nuestra primera macro, la que creaba la cabecera, para que aparezca en color azul y en negrita. Grabamos una macro, cuyo nombre puede ser "Macro3", realizando la acción siguiente: **Formato — Celdas — Fuente — Color: Azul — Estilo: Negrita — Aceptar**.

Si editamos Macro3 (menú: **Herramientas — Macro — Macros — Macro3 —Modificar**), eliminando los comentarios, nos encontramos con el siguiente código:

```
Sub Macro3()
    With Selection.Font
        .Name = "Arial"
        .FontStyle = "Negrita"
        .Size = 10
        .Strikethrough = False
        .Superscript = False
```

```
        .Subscript = False
        .OutlineFont = False
        .Shadow = False
        .Underline = xlUnderlineStyleNone
        .ColorIndex = 5
    End With
End Sub
```

En el código creado, observamos que, aunque sólo hemos actuado sobre el color y el estilo, la macro ha grabado todos los parámetros presentes en la ventana **Fuente** del **Formato de celdas**.

En realidad, esto no es necesario si sólo queremos cambiar el color y el estilo. Podríamos eliminar las otras líneas del código generado en el caso de que no deseáramos que intervinieran en el proceso.

Las líneas del código generado, expuestas en el mismo orden, modifican las siguientes propiedades:

Name: Nombre de la fuente
FontStyle: Estilo de la fuente
Size: Tamaño de la letra
Strikethrough: Efecto de tachado
Superscript: Superíndice
Subscript: Subíndice
OutlineFont: Contorno
Shadow: Sombreado
Underline: Subrayado
ColorIndex: Número de color (1-negro, 2-Blanco, 3-Rojo, 4-verde...)

Si queremos, podemos realizar cambios directamente en el código generado, con lo que modificaríamos la macro.

Cambiamos el tipo de letra o el estilo escribiendo entre comillas el deseado. El tamaño de la letra o el código de color es un valor numérico escrito sin comillas.

La mayoría de los efectos se activan con la palabra **True** y se desactivan con **False**. No obstante, para el subrayado se utiliza la fórmula que podemos ver en el código de nuestra macro con la terminación **None** si no queremos subrayar, **Single** si queremos subrayado sencillo (*xlUnderlineStyleSingle*) o **Double** si queremos subrayado doble.

Ahora, dentro del editor de nuestra Macro3, vamos a copiar (seleccionando con el ratón) las líneas de código generadas en esta macro. No seleccionamos ni los comentarios, ni la primera (*Sub macro 3()*) ni la última línea (*End Sub*).

Hay que observar que todas las macros que vamos generando se van guardando en el mismo sitio, separadas por una línea horizontal. Nos podemos mover a través de ellas mediante la barra de desplazamiento situada a la derecha del editor.

Una vez copiado, sólo tenemos que desplazarnos hasta nuestra primera macro y pegar el código copiado antes de la instrucción *End Sub*.

Si ejecutamos ahora la macro que escribía la cabecera, observaremos que también escribe el texto en color azul y negrita.

8.13. UTILIZACIÓN DE MENSAJES

En una macro, podemos añadir mensajes que nos den información de qué, cuándo o cómo se va a realizar una determinada acción.

Incluso, como veremos más adelante, podríamos decidir ejecutar o no parte de las instrucciones de la macro, como respuesta a alguno de estos mensajes.

Para introducir de manera sencilla un mensaje, basta con escribir una instrucción con la función de Visual Basic *MsgBox*. Por ejemplo:

```
MsgBox "Iniciamos la macro"
```

Al ejecutar la instrucción anterior, aparecerá en el centro de la pantalla una ventana con el mensaje correspondiente.

Dentro de dicha ventana, encontraremos el botón **Aceptar** tal y como podemos apreciar en la Figura 8.7.

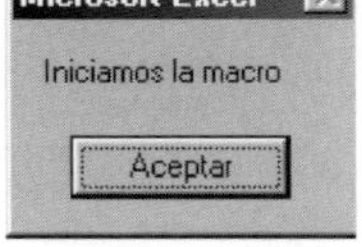

Figura 8.7: MsgBox.

Pulsando dicho botón, se cerrará la ventana y seguirán ejecutándose las instrucciones siguientes.

Como veremos más adelante, podremos alterar los diversos elementos que componen el diseño de esta ventana.

CAPÍTULO 9

EL EDITOR DE VISUAL BASIC

9.1. INTRODUCCIÓN

La ventana principal del editor de Visual Basic es la que vemos cuando decidimos modificar una macro grabada desde Excel.

Para acceder al editor directamente, podemos seleccionar **Herramientas — Macro — Editor de Visual Basic** o bien pulsar en la herramienta que tiene el mismo nombre.

Si deseamos volver a Excel, hacemos clic sobre la herramienta **Ver Microsoft Excel**, situada en la barra de herramientas estándar del editor de Visual Basic.

También podremos acceder de una a otra pantalla a través de la **Barra de tareas** de Windows.

Dentro de esta pantalla, podemos observar diferentes ventanas.

9.2. EXPLORADOR DE PROYECTOS

En esta ventana, podemos identificar un proyecto por cada libro que estemos utilizando, tanto los libros que hayamos abierto, como los complementos que se arranquen de forma automática.

Dentro de un proyecto, podemos distinguir una carpeta donde se incluye el libro, con el nombre **ThisWorkbook**, así como cada una de las hojas que lo componen seguidas de un número de orden.

Si hemos grabado alguna macro, aparecerá una segunda carpeta denominada **Módulos**. Dentro de ella encontraremos, por ejemplo, el **Módulo1**, que contiene una o más macros.

Como veremos más adelante, cuando agreguemos formularios a nuestro proyecto aparecerá una carpeta con el nombre **Formularios**, y dentro de ellalos nombres de cada uno de los formularios creados.

En la parte superior de la ventana del **Explorador de proyectos**, podemos observar tres herramientas.

Con **Ver código** visualizamos los procedimientos escritos o grabados desde Excel.

Si previamente hemos seleccionado una hoja de Excel, **Ver objeto** vuelve a ella. Si la selección se encontraba sobre un formulario, esta herramienta nos muestra dicho formulario con los controles que contenga.

Alternar carpetas sirve para mostrar y ocultar las carpetas donde quedan agrupados los objetos.

Si se cierra la ventana del explorador, podemos abrirla pulsando sobre la herramienta que tiene su nombre, la cual se encuentra dentro de la barra de herramientas estándar del editor. También podemos utilizar la combinación de teclas (*tecla rápida*) <CTRL.>+<R> o bien el menú **Ver - Explorador de proyectos**.

9.2.1. Propiedades

Con esta ventana vemos las propiedades del objeto seleccionado. Si activamos una hoja en el **Explorador de proyectos**, la propiedad fundamental que podemos observar es *Name*.

Name es el nombre con el que se denomina a la hoja desde el proyecto, aunque pueda tener otro nombre o etiqueta visible en el selector de hojas de Excel.

El nombre de la hoja escrito en Excel es visible en la ventana del explorador entre paréntesis, a la derecha de la propiedad *Name* en la ventana de **Propiedades**.

Cuando estudiemos los controles, veremos más ampliamente las demás propiedades.

También existe una herramienta para abrir la ventana de propiedades: la tecla rápida <F4> o bien el menú **Ver — Ventana Propiedades**.

9.2.2. Ventana de Código

Es propiamente la ventana donde se pueden editar las macros para modificarlas, crearlas de nuevo o borrarlas.

Si seleccionamos un módulo en el **Explorador de proyectos** y pulsamos en la herramienta **Ver código**, veremos la pantalla donde están escritas las macros.

Podemos acceder a esta ventana también a través del menú **Ver — Código** o pulsando la tecla <F7>.

En la parte superior de esta ventana, hay dos listas desplegables. Por el momento, vamos a fijarnos en la de la derecha, donde se puede leer la pista "Procedimiento".

Desplegando esta lista, aparecen nombres de las macros creadas.

9.3. CREAR UN PROCEDIMIENTO

Cuando grabamos una macro, se crea automáticamente lo que se llama un procedimiento. El nombre del procedimiento es el mismo que el de la macro.

En el Editor de Visual Basic, al que accedemos cuando deseamos modificar macros, vemos que ese procedimiento se ha incluido dentro de un módulo.

Lo podemos observar desde la ventana de **Proyecto — VBAProject** (ver Figura 9.1).

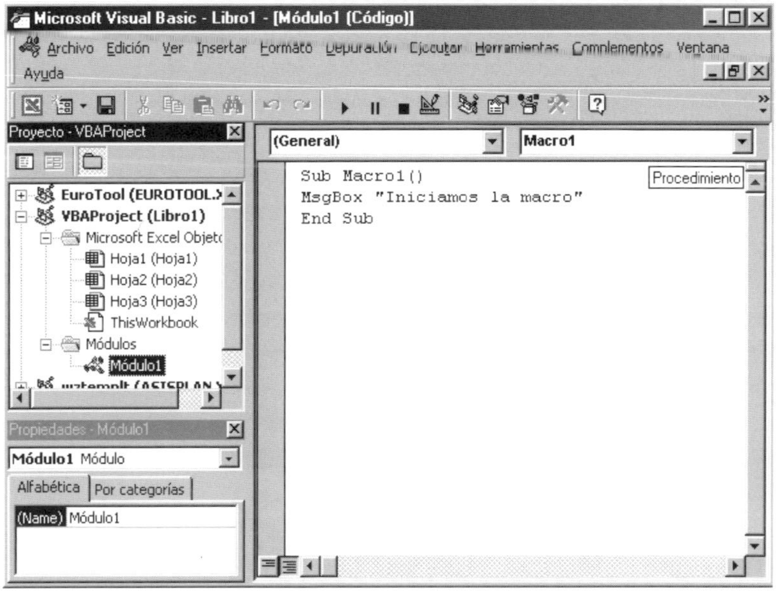

Figura 9.1: Editor de Visual Basic.

Cuando abrimos un libro nuevo, se crean un proyecto con el nombre de ese libro, un módulo para cada una de las hojas que componen el libro y un módulo general llamado **Thisworkbook**. En el momento en el que grabamos una macro, se inserta otro módulo (**Módulo1**) y se crea un procedimiento dentro de este módulo.

El procedimiento es el conjunto de líneas de código en lenguaje Visual Basic necesarias para ejecutar la macro.

Sin necesidad de grabar una macro, como hemos hecho hasta ahora, podemos crear procedimientos dentro del entorno del editor de Visual Basic.

Los pasos serían los siguientes:

1) Menú: **Herramientas — Macro — Editor de Visual Basic**.
2) Situándonos en **VBAProject (Libro1)**. Menú**: Insertar — Módulo.**
3) Menú: **Insertar — Procedimiento**. Escribimos un nombre de procedimiento, por ejemplo: *prueba* (ver Figura 9.2).

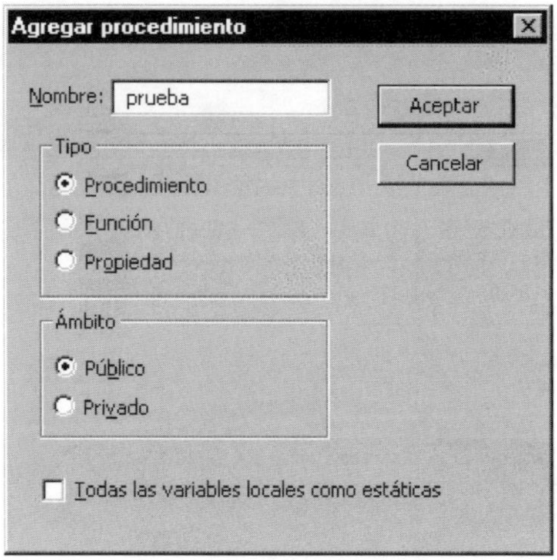

Figura 9.2: Agregar procedimiento.

4) Observamos que aparecen las líneas de código siguientes:

```
Public Sub prueba()
End Sub
```

5) Entre dichas líneas, escribimos el código necesario para nuestro procedimiento. Si quisiéramos que la celda activa se incrementara en un 10% escribiríamos:

```
ActiveCell = ActiveCell * 1.1
```

6) Volvemos a nuestro libro de Excel y probamos el procedimiento. Escribimos un número y, mediante el menú **Herramientas — Macro — Macros**, observamos que el nombre de nuestro procedimiento aparece en la lista de nombres de macros. Si ejecutamos la macro *prueba*, el número de la celda activa quedará incrementado en un 10%.

Al principio creábamos macros que se convertían en procedimientos. Ahora hemos creado un procedimiento que se ha convertido en una macro.

9.4. AYUDA

Hay que tener en cuenta que, cuando pedimos ayuda dentro de la pantalla de Microsoft Excel, el contenido que nos muestra dicha ayuda se refiere al trabajo con los libros y hojas de cálculo.

Esta ayuda es accesible si se ha realizado la instalación típica del programa.

Desde el editor, sin embargo, accedemos a la ayuda de Visual Basic, que en algunos casos no estará instalada y, por tanto, tendremos que comenzar por hacerlo.

Si accedemos al contenido de la ayuda de Visual Basic podemos observar una ventana a la izquierda con una lista de los temas que podemos visualizar.

El primer tema es la ayuda de la interfaz de usuario de Visual Basic, donde se tratan de forma exhaustiva los temas planteados en la primera parte de este capítulo.

A medida que vayamos progresando, será conveniente ir consultando los temas de la ayuda, para complementar nuestros conocimientos en algunos casos y para ver temas totalmente nuevos en otros.

Una forma más directa de conseguir ayuda será seleccionando un objeto, método o propiedad escrita en un procedimiento y pulsando la tecla <F1>.

Por otro lado, si buscamos algún término en especial, podemos hallarlo a través del índice.

En Excel 2000 también es posible utilizar el **Asistente para ayuda** escribiendo una pregunta en la caja de texto correspondiente.

CAPÍTULO 10

FUNDAMENTOS DEL LENGUAJE VISUAL BASIC

En este capítulo, expondremos una introducción básica a la programación en Visual Basic.

10.1. TIPOS DE DATOS

10.1.1. Variables

En muchas ocasiones, necesitamos que determinados datos se guarden para elaborar operaciones con ellos y así obtener resultados que podamos llevar a nuestra hoja de cálculo.

Estos datos pueden ser proporcionados por celdas de nuestra hoja de cálculo, o bien podemos introducirlos desde el teclado en alguno de los pasos de nuestro procedimiento.

Para ello, necesitamos unos elementos llamados variables donde guardaremos la información que necesitemos.

Estas variables pueden ser de diferentes tipos. Por ejemplo, si queremos guardar un valor entero, positivo y sin decimales, cuyo valor no sobrepase 256, utilizamos una variable de tipo *Byte*. Es la que menos espacio ocupa, únicamente un byte.

Si necesitamos guardar un valor entero que puede ser positivo o negativo, no demasiado grande (<32.767), utilizaremos una variable llamada *Integer*. Estaremos ocupando 2 bytes de memoria.

Si el valor va a ser mayor, necesitaremos una de tipo *Long*, que requiere 4 bytes.

Si tiene decimales, usaremos una de tipo *Single* (4 bytes) o *Double* (8 bytes), según la precisión que necesitemos.

Podemos ver, en la **Ayuda** de Visual Basic, el tema Tipos de datos variables para obtener una relación de las características de todas ellas.

Decidir usar una variable *Integer* en lugar de *Long* para un número pequeño es una cuestión de espacio. Podríamos utilizar una variable *Long*, pero ocuparíamos el doble del espacio requerido por un *Integer*, con lo que estaríamos desaprovechando memoria.

Si lo que queremos guardar es un texto formado por palabras, signos o números no contables, utilizaremos una variable de tipo *String*.

Cuando el valor a almacenar es una fecha, las variables a emplear son de tipo *Date*.

Si no sabemos claramente cuál es el contenido que deberemos asignar a la variable que vamos a definir, utilizamos una variable de tipo *Variant*.

Esta variable es muy flexible, pues admite números, textos o fechas. Además, distingue la información que recibe, de modo que podemos hacer cálculos con los números o restar fechas por ejemplo.

El inconveniente es que los datos introducidos en variables de este tipo ocupan más memoria.

Veamos un ejemplo. Supongamos que tenemos tres datos en tres celdas de una hoja de cálculo. En A1 tenemos el valor entero 12, en A2 "Juan" y en A3 el valor decimal 45,87.

Para probar nuestras variables, vamos a introducir el contenido de estas celdas en tres variables y luego rellenaremos tres celdas diferentes con su valor.

En el editor de Visual Basic insertamos un procedimiento llamado, por ejemplo, *variables* y escribimos el siguiente código:

```
Public Sub variables()
 Dim a As Integer
 Dim b As String
 Dim c As Single
 a = Cells(1, 1)
 b = Cells(2, 1)
 c = Cells(3, 1)
 Cells(1, 2) = a
 Cells(2, 2) = b
 Cells(3, 2) = c
End Sub
```

Option Explicit es una orden que indica que será necesario declarar cualquier variable que vayamos a usar en nuestro procedimiento.

Si no utilizamos la instrucción inicial *Option Explicit*, podemos escribir el código de nuestro programa sin declarar las variables, ya que Visual Basic lo haría por nosotros automáticamente.

Esto puede parecer más sencillo, pero, en el código de programas más complejos, declarar las variables reducirá el número de errores, hará más explícito el programa, reducirá el espacio asignado a las variables y mejorará la velocidad de ejecución del programa.

Para declarar las variables se escribe la orden *Dim* seguida del nombre de la variable, que puede estar formado por uno o más caracteres. Es recomendable utilizar sólo letras o números, sin espacios en blanco, ya que algunos caracteres no son admitidos.

Añadimos a continuación, separada por un espacio en blanco, la partícula *As* y el tipo de variable que deseamos utilizar.

Los nombres de las variables se pueden escribir en mayúsculas o minúsculas.

Cuando declaramos una variable y la escribimos de una determinada forma, por ejemplo en minúsculas o mayúsculas, al volver a escribir dicha variable aparecerá automáticamente igual que la hemos declarado, aunque la introduzcamos de forma diferente a la declarada.

Hay que tener en cuenta que si al declarar una variable la escribimos con acento y no lo hacemos al asignarla en alguna instrucción, Visual Basic entenderá que son variables diferentes, lo que puede provocar resultados inesperados.

Esto hace que declarar las variables sea eficaz, ya que Visual Basic nos avisará si hemos escrito en el programa una variable que no coincide con la declaración realizada.

El procedimiento *variables()* es muy sencillo. Primero utilizamos las tres variables definidas para guardar los datos de las tres celdas con instrucciones como:

```
a = Cells(1, 1)
```

Cells corresponde al objeto 'celdas' de la hoja activa o del rango seleccionado. Entre paréntesis se introducen los números de la fila y la columna de la celda cuyo valor deseamos leer.

La instrucción anterior es de asignación y hace que el valor de la celda se copie en la variable *a*.

Una vez asignados los valores de las celdas a las variables, se escriben tres instrucciones como:

```
Cells(1, 2) = a
```

En las celdas cuya posición indicamos entre paréntesis, asignamos los valores de las variables. Las variables seguirán teniendo el valor introducido anteriormente mientras no se les asigne un nuevo valor o se borren.

Desde el propio Editor de Visual Basic, ejecutamos el procedimiento con la herramienta que presenta el dibujo de un triángulo azul y cuya pista es:

Ejecutar Sub/UserForm

Al volver a nuestra hoja de cálculo, comprobamos el resultado: los datos de las tres primeras filas de la columna A se han copiado a la columna B.

En nuestro ejemplo, en realidad no nos hubiera hecho falta utilizar variables, ya que podemos asignar el valor de unas celdas a otras directamente. El procedimiento podría haberse escrito así:

```
Cells(1, 2) = Cells(1, 1)
Cells(2, 2) = Cells(2, 1)
Cells(3, 2) = Cells(3, 1)
```

Aún así, veremos que en muchas ocasiones es más cómodo y a veces imprescindible utilizar variables.

10.1.2. Constantes

Si necesitamos un valor que no varíe a lo largo de nuestro programa, asignaremos dicho valor a una constante, por ejemplo:

Const x As Integer = 5

Esta línea declara una constante cuyo nombre es *x*, de tipo entero, a la que se la asigna el valor 5.

Si en A1 se encontrara el radio de una circunferencia, podríamos crear un procedimiento que calcule en las columnas B y C, el perímetro y el área, con las instrucciones siguientes:

```
Option Explicit
Const pi As Single = 3.1416
Dim area as Single, perimetro As Single
Public Sub prueba()
  perimetro = 2 * pi * Cells(1, 1)
  area = pi * Cells(1, 1) ^ 2
  Cells(1, 2) = perimetro
  Cells(1, 3) = area
End Sub
```

Hay que observar que se pueden declarar dos o más variables en la misma instrucción, separadas por comas:

```
Dim area as Single, perimetro As Single
```

Si no especificamos el tipo de alguna o todas las variables declaradas, Visual Basic considerará que son de tipo *Variant*, aunque las hayamos declarado en una misma línea con una sola instrucción *Dim*.

Para comprobar claramente la diferencia entre las constantes y las variables, sólo habría que intentar cambiar el valor de ambas en una nueva asignación, para ver que, en el caso de las constantes, esta acción provoca un error.

Si escribiésemos en cualquier punto de nuestro procedimiento una línea como:

```
pi = 3.14
```

Al ejecutar el programa, aparecería el mensaje de error de la Figura 10.1.

Figura 10.1: Mensaje de error.

10.1.3. Matrices

Hay un tipo de variable especial, denominada matriz de datos, que permite introducir más de un valor utilizando un solo nombre de variable. Para ello se usan índices.

Por ejemplo, podríamos guardar varios datos en una matriz llamada *T* si, junto a la variable y entre paréntesis, utilizamos una numeración que identifique cada dato: *T(0), T(1), T(2)...T(n)*.

En el programa siguiente, introducimos 5 valores situados en la columna A de una hoja de Excel en las celdas A1 a A5:

```
Option Explicit
Dim T(4) As Integer
Public Sub matriz()
  T(0) = Cells(1, 1)
  T(1) = Cells(2, 1)
  T(2) = Cells(3, 1)
```

```
    T(3) = Cells(4, 1)
    T(4) = Cells(5, 1)
End Sub
```

Las matrices se declaran igual que cualquier variable: añadiendo entre paréntesis el índice máximo que deseamos utilizar. En nuestro caso, y puesto que queremos guardar 5 valores, utilizamos el 4 (de 0 a 4 elementos).

Como podemos observar, las asignaciones de los valores de las celdas a la matriz siguen la misma sintaxis.

En ocasiones, no se desea usar el índice 0. Aquí podríamos haber declarado nuestra matriz como:

```
Dim T(5) As Integer
```

Y haber comenzado las asignaciones con:

```
T(1) = Cells(1, 1)
```

En este caso, despreciaríamos la posición 0. Esto hace que tengamos espacio de memoria reservado y sin utilizar.

Para evitar esta situación, y cuando estemos seguros de no querer utilizar la posición 0 de nuestra matriz, escribimos, antes de declarar la matriz, la siguiente instrucción en las declaraciones generales del módulo:

```
Option Base 1
```

Para acceder a esta zona del editor seleccionamos **(General)** en la lista desplegable **Objeto**, y **(Declaraciones)** en la lista **Procedimiento**.

Las matrices pueden tener una única dimensión, cuando se trata de una lista simple de elementos, o varias.

Veamos un ejemplo de matriz cuadrada de dos dimensiones para introducir los valores de las celdas A1 a C3. Esta vez suponemos que son palabras lo que hay que guardar:

```
Option Explicit
Option Base 1
Dim T(3, 3) As String
Public Sub matriz()
  T(1, 1) = Cells(1, 1)
```

```
  T(2, 1) = Cells(2, 1)
  T(3, 1) = Cells(3, 1)
  T(1, 2) = Cells(1, 2)
  T(2, 2) = Cells(2, 2)
  T(3, 2) = Cells(3, 2)
  T(1, 3) = Cells(1, 3)
  T(2, 3) = Cells(2, 3)
  T(3, 3) = Cells(3, 3)
End Sub
```

Esta vez la matriz se ha declarado utilizando dos índices; la asignación es bastante evidente, ya que usa los mismos índices que el objeto *Cells*.

10.1.4. Ámbito de utilización de variables

Las variables, según dónde y cómo se declaren, pueden utilizarse en diferentes ámbitos. Si declaramos una variable con *Dim*, dentro de un procedimiento, ésta desaparecerá al finalizar dicho procedimiento.

Por ejemplo, vamos a crear dos procedimientos que llamaremos *subida1* y *subida2*.

Escribiremos en cada procedimiento una instrucción que incremente una variable llamada precio 500 y 1.000 pesetas respectivamente. (Para realizar este ejemplo en euros: 500 ptas. = 3,01 € y 1.000 ptas. = 6,01 €).

Declaramos la variable *precio* al principio de ambos procedimientos.

Llamamos desde cada procedimiento al otro al finalizar cada uno de ellos y ponemos puntos de interrupción en cada una de las llamadas. Veamos el programa:

```
Public Sub subida1()
  Dim precio As Integer
  precio = precio + 500
  subida2
End Sub

Public Sub subida2()
  Dim precio As Integer
  precio = precio + 1000
  subida1
End Sub
```

Si nos situamos en el procedimiento *subida1* y ejecutamos el código, podemos observar que el programa se para en la instrucción que llama a *subida2* y que la variable *precio* ha tomado el valor 500.

Lo comprobamos situando el ratón sobre la variable cuyo valor deseamos conocer.

Si continuamos ejecutando el programa, se para dentro del procedimiento *subida2*, en la instrucción que llama a *subida1*, en donde el valor de *precio* es 1.000.

Distinguimos la parada por el fondo amarillo que adquiere la instrucción y la flecha que aparece en el margen izquierdo.

Si seguimos ejecutando el programa observaremos que el precio no se va incrementando.

Lo que está pasando es que la variable *precio* se destruye al final de cada procedimiento y se inicializa de nuevo al ser declarada en cada uno de ellos, de modo que, al principio de cada procedimiento, su valor es 0.

La instrucción que aumenta el precio:

```
precio = precio + 500
```

toma el valor que en ese momento tiene la variable *precio* y le suma 500 ó 1.000, según el procedimiento.

Como el valor inicial de *precio* es 0, la operación que se realiza es:

```
precio = 0 + 500
```

Si eliminamos las instrucciones que declaran la variable *precio* en cada uno de los procedimientos y la escribimos debajo de la línea *Option Explicit, es decir,* en las declaraciones del módulo, la variable *precio* existirá en cualquier procedimiento del módulo sin perder su valor.

Probamos el programa de nuevo y observamos que el precio va pasando por los valores 500, 1.500, 2.000..., incrementándose alternativamente, en 500 y 1.000 unidades, cada vez que pasa por cada uno de los procedimientos *subida1* y *subida2*.

Para complicarnos un poco más, insertaremos en nuestro programa un nuevo módulo y, dentro de él, un procedimiento llamado *subida3* que incremente 1 peseta el valor del precio.

Modificamos, en el procedimiento *subida2*, la llamada a *subida1,* cambiándola por una llamada a *subida3,* y en éste último hacemos la llamada a *subida1*, introduciendo un punto de interrupción en esa línea.

El programa del segundo módulo sería:

```
Option explicit
Public Sub subida3()
  precio = precio + 1
  subida1
End Sub
```

Si ejecutamos el programa observamos que, al llegar al procedimiento *subida3* situado en el *módulo2*, se produce el error observado en la Figura 10.2.

Figura 10.2: Error de variable no declarada.

Lo que está ocurriendo es que la variable *precio* está declarada en el *módulo1* y, al salir de este ámbito, Visual Basic no la reconoce.

Para evitar este problema, tenemos que declarar la variable *precio* mediante *Public* en lugar de *Dim*.

```
Public precio As Integer
```

Esto hace que la variable sea visible para diferentes procedimientos, aunque pertenezcan a distintos módulos.

10.1.5. Introducir valores en variables

En cualquier procedimiento de nuestro programa, se asignan valores a variables directamente en el diseño del código; También es posible asignarlos en tiempo de ejecución mediante la función *InputBox*.

Además, Visual Basic nos puede informar del valor de las variables, o presentarnos otros mensajes, mediante la función *MsgBox*, como vimos en el capítulo sobre las macros.

En el siguiente apartado, se especifica la sintaxis completa de ambas funciones.

Veamos un pequeño procedimiento de ejemplo, donde el ordenador nos pregunta por nuestro nombre y luego lo muestra en una ventana:

```
Public Sub prueba()
  Dim nombre As String
  nombre = InputBox("¿Cómo te llamas?")
  MsgBox "Tu nombre es " & nombre
End Sub
```

Al ejecutar el programa aparecerá la ventana de la Figura 10.3, que nos hará la pregunta encerrada entre comillas y nos dejará un espacio para escribir la respuesta. Lo que escribamos en ese espacio se asignará a la variable *nombre*.

Figura 10.3: InputBox.

Con la instrucción siguiente, el ordenador presenta un mensaje como el de la Figura 10.4.

Figura 10.4: MsgBox.

Veamos otro ejemplo donde el programa nos pide el valor del IVA y lo sitúa en la celda B1.

```
Public Sub impuesto()
Dim iva As Variant
  iva = InputBox("Confirmar el valor del IVA", ,16)
  Cells(1, 2) = iva / 100
  Cells(1, 2).Style = "Percent"
End Sub
```

En este ejemplo, hemos añadido, después del mensaje entre comillas y separado por dos comas, el valor por defecto, de modo que si el IVA es 16 sólo tendremos que aceptar la ventana sin escribir nada.

Con la última instrucción, hemos cambiado el formato de la celda para que presente su valor como un porcentaje.

Si deseamos que la ventana tenga un título, podemos escribirlo entre las dos comas de separación y con comillas.

En otro ejemplo de este apartado, introduciremos un valor, multiplicaremos la celda activa por dicho valor y pondremos el resultado en la celda que se encuentra una columna a la derecha de la celda activa.

Es necesario, para ejecutar este ejemplo, encontrarse en la celda de la hoja cuyo valor deseamos multiplicar.

```
Sub producto()
  Dim x As Integer
  x = InputBox("Valor a multiplicar")
  ActiveCell.Offset(0, 1) = ActiveCell * x
End Sub
```

La propiedad *Offset* de la celda activa hace que la asignación se realice sobre una celda desplazada, en nuestro caso, una columna a la derecha. Los valores entre paréntesis pueden ser positivos, negativos o 0.

10.1.6. InputBox y MsgBox

La sintaxis completa de la función *InputBox* es:

```
InputBox(prompt, title, default, xpos, ypos, helpfile, context)
```

El único argumento requerido es *prompt*, que es el mensaje o pregunta en concreto que deseamos aparezca en la ventana.

Con *title* se puede poner un título en la ventana.

Mediante el argumento *default*, especificamos una cadena para rellenar la caja de texto que aparece en la ventana y así evitarnos teclear la respuesta más habitual.

Con *xpos* e *ypos* podemos situar la ventana de forma no centrada, que es la opción por defecto. Por ejemplo, poniendo 0 en ambos argumentos, la ventana aparecerá arriba y a la izquierda.

El argumento *helpfile* especifica el nombre del archivo de ayuda que se utilizará al pulsar el botón **Ayuda**; el contexto, dentro del fichero de ayuda, queda definido mediante el argumento *context*.

La sintaxis completa de *MsgBox* es:

```
MsgBox(prompt, buttons, title, helpfile, context)
```

Donde también *prompt* significa lo mismo y es el único argumento requerido, al igual que en *InputBox*.

Con *buttons* podemos hacer que aparezcan diversas combinaciones de botones. Por ejemplo, con *vbOKCancel*, la ventana nos muestra los botones **Aceptar** y **Cancelar;** con *vbYesNo*, los botones **Sí** y **No**, etc.

Además, es posible incluir iconos gráficos para resaltar la importancia del aviso con constantes como: *vbCritical*, *vbInformation* o *vbExclamation*.

Si queremos simultanear una determinada combinación de botones con un icono, lo haremos sumando constantes.

Por ejemplo, si escribimos:

```
MsgBox "¿Estás seguro de salir?", vbInformation + vbOKCancel, "Salir"
```

Veríamos una ventana con el aspecto de la Figura 10.5.

Figura 10.5: MsgBox con la constante vbOkCancel.

Si queremos recoger la respuesta del usuario de modo que podamos detectar si ha pulsado **Aceptar** o **Cancelar**, igualaremos la Instrucción *Msgbox* a una variable, la cual guardará una constante que represente la respuesta del sujeto.

Por ejemplo, escribimos la instrucción anterior asignándola a una variable y, además, encerramos entre paréntesis todos los argumentos, de modo que presente el siguiente aspecto:

```
R = MsgBox("¿Estás seguro de salir?", vbInformation + vbOKCancel,   "Salir")
```

Al pulsar el usuario sobre **Aceptar**, la variable *R* tomara el valor 1 o *vbOK*; si pulsa sobre **Cancelar**, el valor 2 o *vbCancel*.

Esto hará que podamos, a partir de la respuesta, tomar una decisión con una instrucción condicional.

10.1.7. Cambiar el tipo de una variable

En ocasiones ocurre que hemos definido una variable pensando en asignarle un texto o número no calculable, como un teléfono o la edad, y después deseamos realizar un cálculo con dicha variable.

Esto no es problema para esta versión de Visual Basic integrada en Excel 97 o en Excel 2000, ya que, de forma automática, transforma el valor textual en uno numérico para poder realizar la operación. Para algunas versiones anteriores había que utilizar funciones de conversión como *CInt*, *CStr* y otras.

Para una mayor información sobre la conversión de tipos, se puede consultar, en la ayuda de Visual Basic, el tema Funciones de conversión de tipo, o bien ir a la ayuda específica de funciones como *CBool, CByte, CCur, CDate, CDbl, CDec, CLng, CSng* y *CVar* o las comentadas anteriormente.

Veamos un ejemplo de programa que pregunte la edad, calcule el doble y lo muestre en un mensaje en pantalla.

Este ejercicio se resuelve con las funciones *InputBox* y *MsgBox*. La *edad* es una variable de texto y *doble* es una variable numérica.

Veamos el código completo de este ejemplo:

```
Option Explicit
Dim edad As String
Dim doble As Integer
```

```
Public Sub cambiar()
  edad = InputBox("dime tu edad")
  doble = edad * 2
  MsgBox "El doble de tu edad es " & doble
End Sub
```

Para resolver la instrucción:

```
doble = edad * 2
```

Visual Basic convierte momentáneamente el contenido de *edad* a numérico.

Esto se hace automáticamente, aunque se podría hacer de manera explícita con la función *Cint*. En este caso, la instrucción quedaría como:

```
doble = CInt(edad) * 2
```

Hay que observar que, en la última instrucción, el símbolo & une la cadena de texto con el contenido de la variable *doble,* convirtiendo esta variable en texto. También ahora podríamos hacer explícito ese cambio con la función *CStr*:

```
MsgBox "El doble de tu edad es " & CStr(doble)
```

10.2. OPERADORES

10.2.1. Operadores numéricos

Podemos realizar operaciones aritméticas con las variables estudiadas anteriormente y con el contenido de las celdas de nuestra hoja.

Un pequeño programa nos ayudaría a resolver operaciones que, a veces, son demasiado largas para verlas con claridad escritas en una sola celda de Excel.

Los operadores aritméticos que podemos utilizar son:

+	Suma
-	Resta
*	Multiplicación
/	División
\	División entera
^	Potenciación
Mod	Resto de la división entera entre dos número

Estos operadores tienen un orden de prioridad que es importante tener en cuenta, pues, si escribimos una serie de operaciones encadenadas, el ordenador no siempre los resolverá en el orden de izquierda a derecha.

Visual Basic realizará primero las potencias. Después, y en igual orden, multiplicaciones y divisiones y, por último, sumas y restas.

Por ejemplo, si escribimos la instrucción siguiente:

```
X = 4 + 5 * 2
```

el resultado será x = 14. Primero se multiplica 5*2 y después se le suma 4.

Si necesitamos que el ordenador realice primero la suma, lo podemos resolver utilizando paréntesis y escribiendo la expresión anterior como:

```
X = (4 + 5) * 2
```

Por ejemplo, si quisiéramos calcular el área de un trapecio, sabiendo sus bases (x, y) y su altura (h), podríamos escribir el siguiente programa:

```
Option Explicit
Dim x as Double, y as Double, h As Double, a as Double

Public Sub trapecio()
    x = 8
    y = 5
    h = 3
    a = (x + y) * h / 2
    MsgBox "El Área del trapecio es " & a
End Sub
```

La fórmula del área del trapecio es:

$$A = \frac{B + b}{2} * h$$

No podemos utilizar B y b como variables de la base mayor y menor del trapecio, pues para Visual Basic sería la misma variable.

En la instrucción que calcula el área, no influye que primero multipliquemos por la altura y después dividamos por 2 o que lo hagamos al revés. Sí es imprescindible, en cambio, que la suma de las bases *(x + y)* se realice entre paréntesis. De esta manera, forzamos a que la operación suma se efectúe en primer lugar a pesar de tener menor prioridad.

Por último, las tres primeras instrucciones del procedimiento, donde se asignan los valores de las bases y altura del trapecio, se pueden escribir en una única línea separando cada instrucción con dos puntos:

```
x = 8: y = 5: h = 3
```

Hemos realizado este procedimiento asignando directamente valores a cada una de las variables. Esto no es lo más habitual. Podríamos introducir el valor de las variables durante la ejecución del programa con la función *InputBox* u obtener los valores de celdas de una hoja de Excel con *Cells*, pero esto ya sabemos hacerlo.

10.2.2. Operador de cadena

Si lo que deseamos es unir dos cadenas de caracteres, utilizamos el operador & entre ellas. Este operador provoca la unión de ambas cadenas.

No debemos olvidar escribir un espacio antes y después del símbolo & al utilizarlo. De no hacerlo, no se entenderá como operador sino como otro carácter.

Aunque en algunos casos, si usamos el signo + en lugar de &, el resultado que obtenemos al unir dos textos es el mismo, debemos tener cuidado porque podríamos obtener también un error de datos de diferente tipo.

Por ejemplo, si ejecutamos el siguiente procedimiento:

```
Sub UnirPalabras()
  Dim Nombre As String
  Dim Apellidos As String
  Dim NombreCompleto As String
  Nombre = "Marta"
  Apellidos = "Calas Ruiz"
  NombreCompleto = Nombre & " " & Apellidos
  MsgBox NombreCompleto
End Sub
```

Obtendremos como resultado una cadena de caracteres con el nombre y los apellidos juntos.

Hemos agregado un espacio en blanco (" ") para separar el nombre del apellido.

En esto caso, utilizar el signo + hubiera dado el mismo resultado.

Si ejecutáramos este otro ejemplo:

```
N = 5
M = 7
suma = N + M
MsgBox suma
```

El resultado obtenido sería la suma aritmética de los dos números, es decir, 12.

En cambio, si escribimos:

```
suma = N & M
```

Lo que conseguiremos será unir el 5 con el 7 y la respuesta del ordenador será 57.

Por otro lado, podemos comprobar que, si alguna de las dos variables hubiera estado escrita entre comillas (*N = "5"*), el resultado no habría variado. No obstante, en algunas ocasiones, esto provocará un error de datos de diferente tipo.

En cambio, cuando las dos variables están escritas entre comillas:

```
N = "5"
M = "7"
```

El resultado es la unión de los dos. una cadena con los caracteres "57", independientemente de que utilicemos + o &..

Si deseáramos forzar al ordenador a devolvernos una suma aritmética de dos variables de cadena, podríamos utilizar la función *Val* para convertir una cadena a un número, de modo que si el programa fuera:

```
N = "5"
M = "7"
suma = Val(N) + Val(M)
MsgBox suma
```

El resultado sería 12, ya que las cadenas *N* y *M* se convertirían en valores antes de realizarse la operación suma.

También podemos pedir el valor de una cadena que tenga caracteres numéricos seguidos de caracteres de texto. Por ejemplo:

```
MsgBox Val("123 pesetas")
```

Nos devuelve 123.

En cambio, nos devolverá 0 si el número está escrito después de caracteres de texto:

```
MsgBox Val("pesetas 123")
```

Para efectuar la conversión de número a texto utilizamos la función *Str*.

Hay otros operadores relacionales y lógicos que veremos en el tema siguiente junto a las estructuras condicionales.

10.3. TOMA DE DECISIONES

10.3.1. Expresiones If ... Then

En ocasiones, necesitamos que las operaciones se realicen sólo si existe una condición adecuada para ello.

Para resolver condiciones, Visual Basic utiliza los operadores relacionales, cuyo resultado es verdadero (*True*) o falso (*False*).

Se pueden utilizar los mismos operadores de comparación vistos en la función SI del capítulo dedicado a funciones.

Los términos implicados en la relación pueden ser variables, constantes, valores, celdas, funciones, fórmulas,...

La sintaxis de una instrucción que lleve una condición puede ser:

If condición Then instrucción

Por ejemplo, supongamos un programa que nos pregunta la edad y nos contesta con un mensaje de "Mayor de edad" cuando la edad iguala o supera los 18 años.

```
Option Explicit

Public Sub condicion()
  Dim edad As Byte
  edad = InputBox("¿Cuál es tu edad?")
  If edad >= 18 Then MsgBox "Mayor de edad"
End Sub
```

Hemos utilizado esta vez el tipo *Byte* para la variable *edad*. El tipo *Byte* puede contener valores enteros de 0 a 255. La ventaja de este tipo sobre el *Integer* es que el espacio ocupado en memoria es menor: el *Integer* ocupa 2 bytes.

Sin embargo, hay que tener en cuenta que *InputBox* devuelve un tipo *String*, es decir, una cadena de caracteres. De este modo, alguien podría escribir su edad con letras, lo cual provocaría un error al introducir un texto en la variable *edad*, que es de tipo numérico.

También tendremos un error si alguien escribe un valor mayor que 255; o incluso si se pulsa sobre la tecla **Cancelar** ofrecida por el *InputBox*, ya que esta acción devolvería: "", es decir, una cadena vacía.

Estas situaciones podremos evitarlas más adelante, cuando conozcamos los procedimientos de control de errores.

De momento, una forma de evitarlos es que la variable *edad* sea de tipo *Variant*, en cuyo caso podremos introducir cualquier cosa en dicha variable.

En ese caso el mensaje "Mayor de edad", sólo aparecerá si introducimos un valor numérico igual o superior a 18, y no con ninguna otra entrada en el *InputBox*.

En la instrucción que contiene la condición, vemos que la expresión:

```
edad >= 18
```

será *True* cuando asignemos a la variable *edad* un valor igual o superior a 18 y será *False* cuando esto no ocurra.

Si no le asignamos ningún valor a la variable, también será falso, pues Visual Basic la considerará como 0.

El mensaje: "Mayor de edad" sólo se visualizará por pantalla si la condición ha resultado verdadera.

Si lo deseamos, podemos escribir la instrucción que tiene la condición en tres partes, para mayor claridad:

```
If edad >= 18 Then
   MsgBox "Mayor de edad"
End If
```

En este caso, podríamos escribir, entre la primera y la última instrucción, las líneas de programa que deseemos. Si la condición es verdadera, Visual Basic ejecutará todas las líneas de programa hasta la instrucción *End If*. En cambio, si la condición es falsa, se saltará hasta la instrucción siguiente a *End If*, para continuar ejecutando las líneas que siguen a dicha instrucción.

Si deseamos un mensaje alternativo cuando la edad no alcance los 18 años, podemos escribir este procedimiento:

```
Public Sub condicion()
  Dim edad as Variant
  edad = InputBox("¿Cual es tu edad?")
  If edad >= 18 Then
     MsgBox "Mayor de edad"
  Else
     MsgBox "No has alcanzado aún los 18"
  End If
End Sub
```

En este caso, hemos introducido una nueva palabra clave: *Else.*

Si la condición es verdadera, se ejecutarán las instrucciones comprendidas desde la condición *If* hasta la palabra clave *Else.*

En cambio, si la condición es falsa, se saltarán las instrucciones anteriores a *Else* y se ejecutarán las que se encuentren después de ella, hasta *End If.*

En el siguiente ejemplo, vamos a suponer que tenemos en una hoja de Excel una columna que contiene las fechas de los pedidos realizados por una empresa pero aún sin recibir. Supongamos que deseamos reclamar aquellos pedidos que no hayan llegado después de 10 días desde la fecha de pedido.

Escribimos el siguiente procedimiento:

```
Public Sub reclamacion()
  Dim x As Date
  x = ActiveCell.Offset(0, -1)
  If Date > x + 10 Then
     ActiveCell = "Reclamar"
  End If
End Sub
```

En el procedimiento anterior, utilizamos una variable *x*, que toma el valor de la celda situada en la columna de la izquierda de la celda actual y en su misma fila.

Date es una función que devuelve la fecha actual del sistema.

En la condición, comparamos la fecha actual con la fecha del pedido más 10 días. Si es verdadero que la fecha actual es superior a la del pedido incrementada en 10 días, entonces asignamos el texto "Reclamar" a la celda actual.

Si vamos a Excel y ejecutamos la macro en las celdas contiguas a las de las fechas de los pedidos, se marcarán los pedidos a reclamar.

10.3.2. Condiciones anidadas

Si en el ejemplo anterior tuviéramos una segunda columna que indicara qué pedido se ha recibido y cuál no, necesitaríamos una segunda condición para comparar sólo las fechas de los pedidos no recibidos y así evitar reclamar pedidos que ya se encuentren en el almacén.

La hoja de Excel podría tener el aspecto de la Tabla 10.1.

Fecha Pedido	*Recibido*	
4/09/98	*Sí*	
7/09/98	*No*	*Reclamar*
18/09/98	*No*	

Tabla 10.1: Condiciones anidadas.

Para el procedimiento que controla las reclamaciones, añadiríamos una condición a nuestro programa anterior:

```
Public Sub reclamacion()
    Dim x As Date
    x = ActiveCell.Offset(0, -2)
    If ActiveCell.Offset(0, -1) <> "Sí" Then
        If Date > x + 10 Then
            ActiveCell = "Reclamar"
        End If
    End If
End Sub
```

Esta vez, el operador relacional es <>, por lo que la condición será verdadera cuando lo escrito en la celda sea diferente de "Sí" y será falso cuando sea igual.

Debemos tener en cuenta que la condición añadida engloba a la anterior de modo que, si la condición es falsa, o sea el pedido ya se ha recibido, Visual Basic salta todas las siguientes instrucciones, incluida la segunda condición. En este caso, continúa ejecutando la instrucción siguiente al segundo *End If* que, en nuestro procedimiento, supone la finalización del mismo.

Si la condición es verdadera (el pedido no se ha recibido), entonces Visual Basic entra en la comprobación de la condición siguiente.

10.3.3. ElseIf

ElseIf es una variante sobre la palabra clave *Else* que consiste en comprobar varias condiciones y ejecutar las líneas de programa correspondientes a la primera condición que se haga verdadera.

Si la primera condición no se cumple, el programa evalúa la condición expresada en el primer *ElseIf* y siguientes. Cuando se encuentra una condición que se cumple, se ejecutan las líneas siguientes hasta encontrar otro *ElseIf*, que ya no es evaluado, y salta entonces hasta el correspondiente *End If*. Si ninguna condición es correcta, se ejecutan las instrucciones siguientes a *Else*, en caso de que existan.

Se puede ver la sintaxis al detalle en la ayuda de Visual Basic buscando If y eligiendo el tema: If ... Then ... Else (Instrucción).

Vamos a realizar a continuación un programa que calcule la comisión por ventas de varios vendedores, como se refleja en la Tabla 10.2. Supondremos que, para ventas mensuales superiores a 5.000.000*, la comisión es del 10%; si la venta es superior a 3.000.000*, el 8%; si es mayor a 1.000.000*, el 5%; y si es inferior o igual a 1 millón, el 2%.

Vendedor	Ventas Mensuales		Comisión	
	Ptas.	€	Ptas.	€
Juan Pérez	125.000	751,27	2.500	15,03
Elena Ramos	5.897.000	35.441,68	589.700	3.544,17
Laura Ramírez	2.850.000	17.128,84	142.500	856,44
José López	3.750.000	22.537,95	300.000	1.803,04

Tabla 10.2: Utilización de ElseIf.

El procedimiento para calcular la comisión sería:

```
Public Sub comisiones()
    Dim x As Long
    x = ActiveCell.Offset(0, -1)
    If x > 5000000 Then
        ActiveCell = x * 0.1
```

* Para realizar el ejemplo en euros: 5.000.000 ptas. = 30.050,61 €, 3.000.000 ptas. = 18.030,36 € y 1.000.000 ptas. = 6.010,12 €.

```
    ElseIf x > 3000000 Then
        ActiveCell = x * 0.08
    ElseIf x > 1000000 Then
        ActiveCell = x * 0.05
    Else
        ActiveCell = x * 0.02
    End If
End Sub
```

10.3.4. Select Case

Con la instrucción *Select Case*, podemos escribir instrucciones que se ejecuten dependiendo del valor de una expresión numérica o de cadena.

Cuando hay varias posibilidades, como en el ejemplo de comisiones anterior, la instrucción *Select Case* es más clara y sencilla de utilizar.

```
Public Sub comisiones()
 Dim x As Long
 x = ActiveCell.Offset(0, -1)
 Select Case x
   Case Is > 5000000
      ActiveCell = x * 0.1
   Case Is > 3000000
      ActiveCell = x * 0.08
   Case Is > 1000000
      ActiveCell = x * 0.05
   Case Else
      ActiveCell = x * 0.02
 End Select
End Sub
```

En este caso, *x* es la expresión a valorar. Cuando se evalúa un caso como verdadero, se ejecutan las instrucciones hasta el siguiente *Case* y después se pasa a la instrucción *End Select*.

Si no se valida ningún caso y existe *Case Else*, se ejecutan las instrucciones siguientes a esta expresión.

Otras sintaxis validas para la expresión *Case* pueden ser:

Case 8	Valor de la expresión 8.
Case 1 to 5	Número de 1 a 5, ambos inclusive.
Case 3, 4, 5	Cualquiera de los número separados por comas.
Case "Sevilla"	El valor de la expresión es la cadena entre comillas.

Las instrucciones *Select Case* son anidables una dentro de otra. Es necesario escribir un *End Select* para cada *Select*

10.4. BUCLES

En los dos ejemplos anteriores, hemos calculado comisiones de vendedores y reclamado pedidos. Estos procedimientos hay que ejecutarlos una vez por cada caso, de modo que para calcular la comisión de 10 vendedores deberíamos ejecutar 10 veces el procedimiento.

Para evitar este problema existen los bucles; con ellos podemos realizar varias veces una serie de instrucciones incluidas en un procedimiento.

10.4.1. For ... Next

La sintaxis de un bucle *For ... Next* sería la siguiente:

For variable = inicio To fin Step salto
Next variable

Esta estructura utiliza una *variable* contadora que comienza en el valor *inicio* y se va incrementando con el valor *salto* hasta sobrepasar el valor *fin*.

Las instrucciones contenidas entre *For* y *Next* se ejecutan hasta que la variable supera el valor *fin*. Cuando esto ocurre, el programa sigue ejecutando las instrucciones siguientes a *Next*.

Los incrementos de la *variable*, así como los valores *inicio* y *fin*, pueden ser positivos o negativos, enteros o decimales.

La palabra clave *Step* es opcional si el contador se incrementa en una unidad entera y positiva. En cualquier otro caso, es necesaria.

Así, en el ejemplo siguiente, las instrucciones se ejecutarán 10 veces. En este caso no será necesario utilizar *Step*.

```
For L=1 To 10
   'Por esta instrucción pasaremos 10 veces
Next L
```

En el siguiente ejemplo, realizamos un bucle que comienza con un valor para la variable de 10 y se incrementa de 5 en 5 hasta llegar a 50.

```
For L=10 To 50 Step 5
Next L
```

La variable *L*, dentro del bucle, tendrá los valores: 10, 15, 20, 25, 30, 35, 40, 45 y 50 en cada vuelta. Al finalizar el bucle, su valor será 55.

Para realizar incrementos negativos, necesariamente el valor inicial debe ser superior al final y el salto negativo. Por ejemplo:

```
For L=10 To 0 Step -1
   'Esto provoca una cuenta atrás de 10 a 0
Next L
```

Si tenemos 8 valores en la columna A desde A1 a A8 y deseamos que de dichos valores se obtenga el 16% en la columna B, podemos crear el siguiente procedimiento:

```
Public Sub porcentaje()
 Dim fila As Byte
 For fila = 1 To 8
    Cells(fila, 2) = Cells(fila, 1) * 0.16
 Next fila
End Sub
```

En este bucle, la variable contadora es *fila*, con un valor inicial de 1, final de 8 y un incremento de una unidad en cada vuelta.

En la instrucción:

```
Cells(fila, 2) = Cells(fila, 1) * 0.16
```

Se utiliza la variable *fila*, en *Cells(fila, 1),* para obtener en cada vuelta del bucle el valor de la fila siguiente desde la posición de celda A1 hasta A8. Cada uno de estos valores es multiplicado por 0,16, con lo que se obtiene el 16%, y queda asignado a las celdas B1 a B8 con *Cells(fila, 2).*

Muchos de los ejercicios realizados hasta ahora se pueden resolver con operaciones simples realizadas dentro de la misma hoja de Excel, sin necesidad de crear ningún programa.

Más complicado sería si, en el ejemplo de la Tabla 10.3, deseáramos variar el precio de una lista pero manteniendo los nuevos precios en las mismas celdas donde se encuentran actualmente.

	A	B	
1	Concepto	Precio Ptas.	Precio €
2	Prismáticos L-100	11.500	69,12
3	Sonda portátil	21.900	131,62
4	Bomba de Achique	6.200	37,26
5	Reflector de radar	1.400	8,41

Tabla 10.3: Procedimiento SubirPrecios.

Nuestro procedimiento para incrementar los precios un 4% sería:

```
Public Sub SubirPrecios()
 Dim fila As Byte
 For fila = 2 To 5
   Cells(fila, 2) = Cells(fila, 2) * 1.04
 Next fila
End Sub
```

Si además queremos convertir en mayúsculas los conceptos de la columna A, podríamos ejecutar el siguiente procedimiento:

```
Public Sub Mayúsculas()
 Dim fila As Byte
 For fila = 2 To 5
   Cells(fila, 1) = UCase(Cells(fila, 1))
 Next fila
End Sub
```

Utilizamos la función *Ucase*, que convierte a mayúsculas el contenido de cada celda, y el bucle *For* para ejecutar esta acción en las celdas de la primera columna, donde están escritos los conceptos.

Nuestra tabla, tras ejecutar los dos procedimientos anteriores, debe quedar como se refleja en la Tabla 10.4.

	A	*B*	
1	*Concepto*	*Precio Ptas.*	*Precio €*
2	*PRISMÁTICOS L-100*	*11.960*	*71,88*
3	*SONDA PORTATIL*	*22.776*	*136,89*
4	*BOMBA DE ACHIQUE*	*6.448*	*38,75*
5	*REFLECTOR DE RADAR*	*1.456*	*8,75*

Tabla 10.4: Función Ucase (mayúsculas).

10.4.2. For ... Next anidados

En ocasiones, necesitamos utilizar dos bucles. Éstos se pueden encontrar uno tras otro. Por ejemplo:

```
For L=1 To 5
   Instrucciones...
Next L
For J=2 To 6 Step 2
   Instrucciones...
Next J
```

También se pueden encontrar anidados, esto es, uno dentro de otro, de la forma:

```
For L=1 To 5
   For J=2 To 6 Step 2
      Instrucciones...
   Next J
Next L
```

En esta estructura, también es posible (y en algunos casos necesario), escribir líneas entre las dos instrucciones *For* o entre los dos *Next*.

Es importante que no los crucemos, es decir que, en nuestro caso, no escribamos *Next L* antes que *Next J*. Esto provocaría un error. Visual Basic siempre espera encontrar como primer *Next* el del último *For* ejecutado.

Las dos últimas instrucciones *Next* se pueden escribir juntas:

Next J, L

siempre que no haya que escribir líneas entre ellas.

Los bucles anidados se podrían utilizar para rellenar una tabla de 5 filas por 5 columnas con valores del 1 al 25, con lo que obtendríamos la Tabla 10.5.

	A	B	C	D	E
1	1	2	3	4	5
2	6	7	8	9	10
3	11	12	13	14	15
4	16	17	18	19	20
5	21	22	23	24	25

Tabla 10.5: Bucles anidados.

El procedimiento para la realización de esta tabla sería:

```
Public Sub veinticinco()
  Dim fila as Byte
  Dim columna as Byte
  Dim x As Byte
  For fila = 1 To 5
     For columna = 1 To 5
        x = x + 1
        Cells(fila, columna) = x
     Next columna
  Next fila
End Sub
```

En este bucle, cambiamos 5 veces de fila y, cada una de ellas, 5 veces de columna. De modo que, cuando la variable *fila* toma el valor 1, la variable *columna* va tomando sucesivamente valores de 1 hasta 5. Después, la variable *fila* tendrá el valor 2 y otra vez la variable *columna* pasará por los valores 1 a 5. Esto ocurre hasta que *fila* alcanza un valor superior a 5 en cuyo caso el bucle deja de repetirse.

La instrucción:

```
x = x + 1
```

es un contador y nos sirve para aumentar en una unidad el valor de la variable *x* cada vez que se pasa por esta instrucción. Éste será nuestro valor a introducir en cada una de las 25 celdas.

El número de veces que se pasa por las instrucciones que se encuentran en el interior de dos bucles anidados es el número de vueltas del bucle externo multiplicado por el número de vueltas del bucle interno. En nuestro caso, 5 x 5.

La línea:

```
Cells(fila, columna) = x
```

asigna los diferentes valores por los que pasa la variable *x* a cada una de las celdas de nuestra tabla.

Por último, si introducimos un punto de interrupción en la línea *End Sub* y ejecutamos el programa, podemos situar el ratón en las variables *fila* y *columna* para observar que su valor es 6. Los bucles no se paran al alcanzar el valor final, sino cuando lo superan.

10.4.3. While ... Wend

Los bucles del tipo *While ... Wend* se utilizan cuando es una condición la que controla la ejecución del bucle. Su estructura sería:

While condición
  Instrucciones...
Wend

El bucle se ejecuta mientras la condición escrita a la derecha de *While* sea cierta. En el momento en que la condición sea falsa, el programa pasa a ejecutar la línea siguiente a *Wend*.

Por ejemplo, un procedimiento que escribe las 10 primeras letras del abecedario podría quedar de la siguiente manera:

```
Public Sub letras()
  Dim x as Byte
  Dim fila As Byte
  x = 64
  While x < 74
      fila = fila + 1
      x = x + 1
      Cells(fila, 1) = Chr(x)
  Wend
End Sub
```

Este procedimiento esta basado en la función *Chr*, que devuelve el carácter de un determinado código ASCII. Sabiendo que el código ASCII correspondiente a la letra A es el 65, utilizamos un contador *x* controlado por el bucle *While*, de modo que, cuando nuestro contador alcance el valor 74, la condición será falsa y el programa se parará.

Hemos utilizado un contador de fila para situar el carácter de cada código ASCII en una celda.

Este procedimiento lo podíamos haber creado con un bucle *For ... Next*, incluso con alguna línea menos de programación:

```
Public Sub letras()
  Dim x as Byte
  Dim fila As Byte
  For x = 65 To 74
     fila = fila + 1
     Cells(fila, 1) = Chr(x)
  Next
End Sub
```

En general, cuando conocemos de antemano los límites inicial y final que debe tener un bucle, puede ser más fácil utilizar *For ... Next* que bucles con condición.

Con un bucle *While ... Wend*, podríamos denegar la ejecución del programa a una persona no autorizada. Por ejemplo:

```
Public Sub código()
  Dim password as String
  Dim clave As String
```

```
  password = "4730"
  While clave <> password
    clave = InputBox("Dime la clave de ejecución...")
  Wend
End Sub
```

Con estas líneas bloqueamos la ejecución del procedimiento mientras no se escriba la cadena "4730".

Si deseáramos ocultar en el código la visualización de la clave, podríamos sustituir el valor de la contraseña "4730" por la suma de los caracteres correspondientes a los códigos ASCII de cada una de las cifras. El resultado de esta suma es exactamente la misma cadena.

Si además quisiéramos dar sólo tres oportunidades, podemos introducir una estructura condicional más un contador. De este modo, nuestro programa modificado tendría la forma siguiente:

```
Public Sub código()
  Dim password as String
  Dim clave As String
  Dim x As Byte
  password = Chr(52) & Chr(55) & Chr(51) & Chr(48)
  While clave <> password
    x = x + 1
    If x > 3 Then
      MsgBox "El programa se parará"
      End
    End If
    clave = InputBox("Dime la clave de ejecución...")
  Wend
  MsgBox "Clave correcta"
End Sub
```

En este procedimiento, utilizamos un contador *x* y establecemos una condición *x > 3*, que, de ser cierta, parará el programa con la instrucción *End*.

10.4.4. Do ... Loop

Otro bucle similar a *While ... Wend* es *Do ... Loop*, que tiene la estructura siguiente:

Do While condición
Instrucciones...
Loop

El bucle realiza las instrucciones una y otra vez mientas se cumpla la condición. De hecho, la condición debe ser cierta para entrar en el bucle. Si deseamos entrar una primera vez sin condiciones dentro del bucle, podemos escribir:

Do
Instrucciones...
Loop While condición

En esta estructura, además de la palabra clave *While*, se puede utilizar *Until*, la cual produciría la ejecución del bucle de forma contraria, es decir, hasta que se cumpla la condición.

Por ejemplo, si en un procedimiento nos interesa rellenar con números del 1 al 30 el rango A1:A30, podemos utilizar entre otras una estructura *Do ... Loop* como la siguiente:

```
Public Sub rellenar()
 Dim fila As Byte
 Do
    fila = fila + 1
    Cells(fila, 1).Value = fila
 Loop Until fila = 30
End Sub
```

La propiedad *Value* del objeto *Cells* es la propiedad por defecto. Esto significa que, si no escribimos ninguna propiedad, Visual Basic interpreta que la asignación que hacemos es sobre el valor de la celda. Por lo tanto, si escribimos *Cells(fila, 1) = fila*, el resultado obtenido es el mismo.

10.4.5. Condiciones dentro de bucles For ... Next

En el ejercicio siguiente, vamos a cambiar a color rojo y negrita los valores del rango de celdas A1:A15 que sobrepasen la cifra 500.

```
Public Sub rojo()
  Dim fila As Byte
  For fila = 1 To 15
     If Cells(fila, 1) > 500 Then
        Cells(fila, 1).Font.ColorIndex = 3
        Cells(fila, 1).Font.Bold = True
     End If
  Next fila
End Sub
```

En este caso, usamos un bucle *For ... Next* porque necesitamos recorrer todo el rango, ya que puede haber más de una cifra que supere 500. Si sólo hubiese una cifra podríamos utilizar más fácil y rápidamente un bucle *While ... Wend.*

Dentro del bucle *For ... Next* se sitúa la estructura condicional. Si la condición se cumple en una celda, ésta cambia de color:

```
Cells(fila, 1).Font.ColorIndex = 3
```

y a negrita:

```
Cells(fila, 1).Font.Bold = True
```

Font es un objeto aplicable a las celdas que tiene diversas propiedades. En el caso del índice de color, necesitamos asinarle un valor o una constante. A otras propiedades de la fuente, como Bold (negrita), podemos otorgarles el valor *True* o *False*, o una variable de tipo *Boolean.*

El valor de *ColorIndex* puede ser de 1 a 56. Con el siguiente programa, podemos pintar el fondo de las 56 primeras celdas de la columna A con todos los colores posibles de *ColorIndex*:

```
Public Sub colores()
  Dim fila As Byte
  For fila = 1 To 56
```

```
        Cells(fila, 1).Interior.ColorIndex = fila
    Next fila
End Sub
```

En este caso, aplicamos la propiedad *ColorIndex* sobre el objeto *Interior*.

10.4.6. Bucles For Each

El bucle *For Each* se utiliza para recorrer todos los elementos de una colección cuyo número de unidades puede ser variable.

Podemos utilizar este bucle en ejemplos muy diversos, como en una variable de tipo matriz, en un rango, en una selección, una región actual o unas hojas de un libro o libros abiertos en la aplicación, por poner sólo algunos ejemplos.

Examinaremos una serie de ejercicios para comprender la utilidad que tienen este tipo de bucles en un número muy variado de situaciones.

En nuestro primer ejercicio, supondremos que deseamos poner en color azul las fórmulas contenidas en la región actual (*CurrentRegion*) determinada por la celda activa (*ActiveCell*).

Podríamos escribir el siguiente procedimiento:

```
Public Sub PonerAzulFormulas()
  Dim x
  For Each x In ActiveCell.CurrentRegion
     If x.Formula Like "=*" Then
        x.Font.Color = vbBlue
     End If
  Next
End Sub
```

Si ahora deseáramos cambiar el formato de las fechas contenidas en *CurrentRegion*, para que se leyesen con las tres primeras letras del mes y los dos dígitos del año, crearíamos el siguiente procedimiento:

```
Public Sub CambiarFormato()
  Dim x
  For Each x In ActiveCell.CurrentRegion
```

```
      If IsDate(x) Then
         x.NumberFormat = "mmmm-yy"
      End If
   Next
End Sub
```

En el siguiente ejercicio, imaginemos que deseamos extraer un número escrito dentro de una cadena, en una selección de celdas realizada previamente. Por ejemplo, una lista de direcciones con la calle y el número (Alcalá 30, Aragón 57, Alcañiz 124, Burano 78), de la que deseamos separar éste último). Podríamos realizarlo con el código siguiente:

```
Public Sub SeparaNumero()
   Dim celda
   'Escribimos la siguiente instrucción si no hemos realizado la selección
   ActiveCell.CurrentRegion.Select
   For Each celda In Selection
      For I = 1 To Len(celda)
         If IsNumeric(Mid(celda, I, 1)) Then
            Cells(celda.Row, celda.Column + 1) = _
            Cells(celda.Row, celda.Column + 1) & Mid(celda, I, 1)
         End If
      Next I
   Next
End Sub
```

En otro caso, sería posible obtener una lista de los nombres de rango (*Names*) del libro activo (*ActiveWorkbook*) en unas celdas determinadas.

```
Public Sub NombresDeRangos()
   Dim x
   For Each x In ActiveWorkbook.Names
      fila = fila + 1
      Cells(fila, 5) = x.Name
   Next
End Sub
```

Con otro procedimiento, podríamos copiar una región actual de la hoja activa a otra hoja (Hoja2), utilizando los mismos números de fila y columna de las celdas originales, con el siguiente código:

```
Public Sub CopiarRegion()
  Dim x
  For Each x In ActiveCell.CurrentRegion
     f = x.Row
     c = x.Column
     Sheets("Hoja2").Cells(f, c) = x
  Next
End Sub
```

Un método más simple para copiar un rango a otra hoja sería el siguiente:

```
Sub CopiarRango()
  Range("A1:B5").Select
  Selection.Copy
  Hoja2.Activate
  Range("A1").Select
  ActiveSheet.Paste
End Sub
```

Si el programa debe ser más genérico, es decir, si queremos que se pueda copiar la región de la celda activa y pegarla en la hoja2 en la misma posición, podemos utilizar el siguiente código:

```
Sub CopiarRango2()
  ActiveCell.CurrentRegion.Select
  f = ActiveCell.Row
  c = ActiveCell.Column
  Selection.Copy
  Hoja2.Activate
  Cells(f, c).Activate
  ActiveSheet.Paste
End Sub
```

10.4.7. Operadores lógicos

Con los operadores lógicos podemos enlazar dos o más condiciones. Aunque los más utilizados son *And, Or* y *Not*, disponemos de más operadores. En la 10.6 aparecen reflejados todos ellos.

Operador	Resultado
And	Verdadero en el caso de que todas las expresiones lo sean.
Or	Verdadero cuando al menos una expresión sea verdadera.
Not	Negación de la expresión. Será verdadero si la expresión es falsa.
Eqv	Verdadero cuando ambas expresiones son iguales, ya sean verdaderas o falsas.
Imp	Será verdadero cuando ambas expresiones sean verdaderas o falsas, o bien siendo la primera falsa, la segunda sea verdadera.
Xor	Justo al contrario que *Or*. Verdadero si las expresiones dan resultados diferentes (*False — True, True — False*). Será falso si son iguales.

Tabla 10.6: Operadores lógicos.

En una estructura del tipo *If _ Then* utilizaríamos los operadores de la siguiente forma:

If condición operador condición... Then

Por ejemplo, si en la Tabla 10.7 tenemos en la primera columna una lista de piezas fabricadas, y en las dos columnas siguientes dos evaluaciones de calidad, vamos a crear otra columna que indique las piezas que han superado en un 90% ambos controles de calidad:

PIEZA	*Control-1*	*Control-2*	*Calidad*
Z-123	*85%*	*92%*	
Z-124	*98%*	*99%*	*Aceptada*
Z-125	*89%*	*92%*	
Z-126	*99%*	*95%*	*Aceptada*

Tabla 10.7: Control de calidad.

El procedimiento utilizado sería:

```
Public Sub calidad()
 Dim fila As Byte
 For fila = 2 To 5
    If Cells(fila, 2) > 0.9 And Cells(fila, 3) > 0.9 Then
       Cells(fila, 4) = "Aceptada"
    End If
 Next fila
End Sub
```

Si quisiéramos que, en lugar de aparecer "Aceptada" en las piezas de calidad comprobada, nos indicara cuáles de las piezas presentan defectos de calidad, cambiaríamos el bucle anterior por:

```
For fila = 2 To 5
   If Cells(fila, 2) < 0.9 Or Cells(fila, 3) < 0.9 Then
      Cells(fila, 4) = "Defectuosa"
   End If
Next fila
```

En esta situación, utilizamos *Or* pues, si cualquiera de las dos condiciones se cumple, es porque se ha encontrado algún defecto en la pieza.

En definitiva, cualquier (*Or*) evaluación de calidad que se observe por debajo (<) del límite admitido (90%), da como resultado una pieza defectuosa. Si todas (*And*) las evaluaciones están por encima (>) del límite, entonces el control global de calidad ha sido superado adecuadamente.

Si nos complicáramos un poco más, observaríamos que, si falta alguna valoración de calidad, obtendríamos la pieza como defectuosa. Para evitarlo, escribimos un procedimiento que compruebe si están realizadas todas las valoraciones antes de verificar si todas ellas superan los límites de calidad:

```
Public Sub calidad()
 Dim fila As Byte
 For fila = 2 To 5
    If Not IsEmpty(Cells(fila, 2)) And Not IsEmpty(Cells(fila, 3)) Then
      If Cells(fila, 2) < 0.9 Or Cells(fila, 3) < 0.9 Then
         Cells(fila, 4) = "Defectuosa"
      End If
    Else
      Cells(fila, 4) = "Sin Valorar"
    End If
 Next fila
End Sub
```

Hemos englobado la condición anterior en otra estructura *If _ Then* utilizando la función *IsEmpty*. Esta función lleva un argumento entre paréntesis donde escribimos la celda que queremos valorar como vacía o no.

La expresión:

```
If Not IsEmpty(Cells(fila, 2))
```

valora si la celda no está vacía.

Utilizamos *And*, pues necesitamos que las dos celdas donde aparecen los controles de calidad no estén vacías, para realizar la prueba de que ambas superan los límites de calidad.

Si no se cumplen las condiciones de esta expresión, Visual Basic pasa a la línea que contiene *Else* para ejecutar la asignación de celda sin valorar.

10.4.8. Un ejemplo: números primos

Realizaremos ahora un ejemplo que calcule los números primos que se encuentran entre los 400 primeros números naturales. Primero escribiremos una tabla de 20 filas por 20 columnas, donde escribiremos todos los números en color rojo. Después realizaremos la comprobación, cambiando a color negro si no son primos.

La comprobación la realizaremos sobre divisores posibles, comenzando por el 2 y terminando en la raíz cuadrada del número a comprobar, para lo que utilizaremos la función *Sqr* que nos devuelve la raíz cuadrada.

También usaremos la función *Int*, con la que obtenemos la parte entera de un número.

La expresión *x Mod divisor* calcula el resto de la división entre x, que es el número que deseamos saber si es primo, y cada uno de los divisores posibles. Si el resto es 0, la división es exacta y habremos descartado que sea primo.

Además, calcularemos el tiempo que tarda el programa en ejecutarse mediante la función *Timer*, que devuelve el número de segundos desde la medianoche. La diferencia de valor de *Timer* al iniciar y finalizar la ejecución del procedimiento es el tiempo tardado, en segundos.

Por último, y para visualizar las 20 columnas de la tabla, realizamos un ajuste automático del ancho de la columna con las instrucciones:

```
Columns("A:T").Select
Columns("A:T").EntireColumn.AutoFit
```

De esta manera, el procedimiento quedaría como sigue:

```
Public Sub primos()
 inicio = Timer
 For fila = 1 To 20
    For columna = 1 To 20
      x = x + 1
      Cells(fila, columna) = x
      Cells(fila, columna).Font.Color = vbRed
      For divisor = 2 To Int(Sqr(x))
        If x Mod divisor = 0 Then
          Cells(fila, columna).Font.Color = vbBlack
          Exit For
        End If
      Next divisor
    Next columna
 Next fila
 Columns("A:T").Select
 Columns("A:T").EntireColumn.AutoFit
 [A1].Select
 MsgBox Timer - inicio
 End Sub
```

CAPÍTULO 11

FUNCIONES

11.1. INTRODUCCIÓN

Podemos utilizar innumerables funciones dentro del código de Visual Basic. También se pueden usar las funciones de la propia aplicación de Excel llamándolas desde un procedimiento o función. Además, y como veremos en un capitulo posterior, podremos crear nuestras propias funciones.

Las funciones de Visual Basic, al igual que en Excel, se pueden agrupar en funciones matemáticas, de cadena, de conversión de tipos, de fechas, etc.

A continuación, veremos una muestra de su utilización con algunos ejemplos. Para una información más extensa, se puede consultar, en el contenido de la ayuda de Visual Basic, el tema Información de referencia del lenguaje de Visual Basic y dentro de éste el apartado Funciones. En él se encontrará una lista de todas las funciones utilizables, en orden alfabético.

11.2. FUNCIONES DE CADENA

Las funciones de cadena nos posibilitan leer y desglosar cadenas de texto, de la misma forma que se ha visto para el trabajo en hojas de cálculo en el apartado 5.3.2. Funciones de manejo de texto.

Con la función *Left* extraemos de la parte izquierda de la cadena el número de caracteres que le indiquemos. La sintaxis es *Left(cadena, numero)*.

La función *Right* es similar, pero esta vez obtendremos caracteres por la parte derecha de la cadena.

Con la función *Mid* extraemos también una subcadena con un número de caracteres determinado, que comenzará en cualquier parte de la cadena principal. Su sintaxis es *Mid(cadena, posición inicial, número)*. Si el número de caracteres a extraer llegase hasta el final de la cadena principal, podríamos omitir este argumento.

La función *Len(cadena)* nos devuelve el número total de caracteres de la cadena principal.

Así, por ejemplo, si tuviéramos una lista de matrículas antiguas con el formato AB-1234-ZY, podríamos obtener las letras correspondientes a la provincia, los números de la matrícula o las letras finales de la misma. La longitud de este formato es de diez caracteres en total, incluidos los guiones.

Suponiendo que las matrículas se encuentren en las veinte primeras filas de la primera columna y deseáramos pasar los resultados a las tres columnas siguientes, escribiremos el siguiente procedimiento:

```
Public Sub Matriculas()
  Dim fila As Long
  Dim L As Byte
  For fila = 1 To 7
     For L = 1 To Len(Cells(fila, 1))
        Cells(fila, 2) = Left(Cells(fila, 1), 2)
        Cells(fila, 3) = Mid(Cells(fila, 1), 4, 4)
        Cells(fila, 4) = Right(Cells(fila, 1), 2)
     Next L
  Next fila
End sub
```

Estamos considerando, en el código de este procedimiento, que las matrículas de los coches que tengan por distintivo de provincia una sola letra llevan a continuación un espacio en blanco para no variar la estructura, de modo que los guiones aparecen siempre en las posiciones 3 y 8 de la cadena.

Si no fuera así, deberíamos descubrir la posición que ocupa el primer guión antes de utilizar las funciones de cadena mencionadas.

Esta tarea la podría realizar un bucle *While ... Wend* que aumentase el valor de un contador *p*, hasta encontrar el primer guión por la izquierda:

```
Dim fila As Long, L As Byte, p As Byte
  For fila = 1 To 7
     For L = 1 To Len(Cells(fila, 1))
        p = 1
        While Mid(Cells(fila, 1), p, 1) <> "-" And _
        p <= Len(Cells(fila, 1))
           p = p + 1
        Wend
        Cells(fila, 2) = Left(Cells(fila, 1), p - 1)
        Cells(fila, 3) = Mid(Cells(fila, 1), p + 1, 4)
        Cells(fila, 4) = Right(Cells(fila, 1), 2)
     Next L
Next fila
```

11.3. FUNCIONES Chr y Asc

Con la función *Asc* obtenemos el código ASCII de un determinado carácter. Es equivalente a la utilizada en Excel con el nombre de CODIGO.

Por ejemplo, si en una celda de Excel escribimos =CODIGO("A"), el resultado que obtendremos será 65, que es el código ASCII de la letra A mayúscula.

En Visual Basic, la línea siguiente nos muestra un mensaje con el mismo valor:

```
MsgBox Asc("A")
```

Con la función *Chr* obtenemos el carácter de un determinado código ASCII. Equivale a la función CARACTER de Excel. Así si escribimos en una celda =CARACTER(65) nos encontraremos con la letra A. En Visual Basic, escribiríamos *Chr(65)* para obtener el mismo resultado.

Realizaremos un ejemplo de emparejamiento de letras mayúsculas a partir del par "IW", como si se tratase de nombrar la primera fila entera de una hoja, con las columnas 257 a 512 nombradas desde "IW" hasta la "SR".

```
Public Sub letrasEmparejadas()
 For I = 257 To 512
   letra1 = Chr(Int(I / 26 - 0.001) + 64)
   letra2 = Chr(I Mod 26 + 64)
   If letra2 = "@" Then letra2 = "Z"
   Cells(1, I - 256) = letra1 & letra2
 Next I
End Sub
```

En la línea:

```
letra1 = Chr(Int(I / 26 - 0.001) + 64)
```

se resta 0,001 para evitar desajustes de la primera letra con las cifras exactas.

Por la misma razón, pero para la segunda letra, se introduce la línea:

```
If letra2 = "@" Then letra2 = "Z"
```

CAPÍTULO 12

FUNCIONES DEFINIDAS POR EL USUARIO

12.1. INTRODUCCIÓN

Excel integra una colección de funciones de varias categorías, tales como financieras, matemáticas o estadísticas, que nos pueden resolver una cantidad innumerable de problemas.

Sin embargo, es posible que existan algunas situaciones en las que deseemos realizar una serie de cálculos no contemplados por Excel. En estos casos, podremos crear las funciones definidas por el usuario.

Una función necesita unos valores de entrada: los datos del problema. A partir de aquí, todas las funciones tendrán una o más instrucciones mediante las cuales realizarán las operaciones pertinentes hasta obtener el resultado final.

En principio, se pueden introducir esas mismas instrucciones en un procedimiento y ahorrarnos así la función. Sin embargo, con la creación de la función obtendremos varias ventajas.

Por un lado, nuestro programa estará más estructurado, se leerá de forma más clara y será más fácil de modificar en el futuro.

Cuando una función trabaja adecuadamente, podemos dedicarnos a resolver otros errores que pueden surgir en nuestro programa y desperocuparnos de ella.

Además, si necesitáramos utilizar varias veces una determinada función en un programa, sólo tendremos que escribir una única vez la función y llamarla cada vez que nos haga falta.

Para crear una función, debemos ir al editor de Visual Basic en el menú **Insertar — Procedimiento**. Nos aparecerá el cuadro de diálogo de la Figura 12.1.

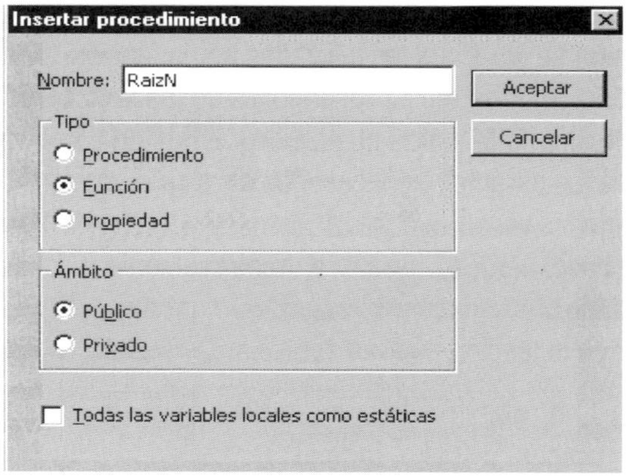

Figura 12.1: Insertar una función.

Escribimos el nombre de la función y seleccionamos el tipo **Función**. Por defecto, Visual Basic nos ofrece la creación de un procedimiento.

En el apartado **Ámbito**, seleccionamos **Público** (por defecto), si queremos que se pueda acceder a nuestra función desde un módulo diferente a aquel en que se define dicha función. Seleccionaremos **Privado** si queremos que sólo se pueda tener acceso desde el módulo donde se encuentra.

En el caso de que queramos utilizarla desde una celda de Excel, debemos introducir la función dentro de un módulo, no dentro de una Hoja en particular.

También debemos cuidar de que el nombre de la función no coincida con otros nombres utilizados en nuestro proyecto o con palabras reservadas de Visual Basic.

12.2. FUNCIÓN RaizN

Veamos un ejemplo de una función que calcula la raíz de índice N de un determinado valor.

En primer lugar, creamos un procedimiento que llame a esta función:

```
Public Sub funciones()
  Dim x As Long
  Dim y As Integer
  x = InputBox("Radicando...")
  y = InputBox("Indice...")
  MsgBox raízN(x, y)
End Sub
```

Las variables de los parámetros utilizadas en la instrucción que llama a la función no tienen porque denominarse igual que las utilizadas por la función.

En realidad, la función debe recibir los valores de las variables. Esto supone que, una vez creada la función, no tenemos que preocuparnos de cómo esté escrita, sólo de enviarle los valores de los parámetros necesarios para su ejecución.

Después de declarar las variables a utilizar, llamamos a la función mediante *raizN(valor, exponente)*. En este caso, *MsgBox* hará que, tras resolverse la función, se muestre un mensaje con el resultado.

Las instrucciones de la función podrían ser:

```
Public Function raizN(radicando, índice) As Single
  raizN = radicando ^ (1 / índice)
End Function
```

La función realiza el cálculo, devolviendo el valor de *raizN* al procedimiento que la ha llamado.

La función creada puede ser llamada directamente desde una celda de una hoja del libro. Por ejemplo, si tenemos una lista de radicandos en la columna A y una lista de índices en la columna B, en la celda C2 podríamos escribir:

```
=RaizN(A2;B2)
```

A continuación podremos arrastrar con la cruz negra para copiar la función, de forma equivalente a como copiamos cualquier fórmula en Excel.

También podemos condicionar el cálculo a que el índice fuera mayor que cero, si escribimos en la misma celda:

```
=SI(B2>0;RaizN(A2;B2);"")
```

12.3. FUNCIÓN AreaCirculo

Para crear la función del área del círculo, cuya fórmula es A = pi*radio^2, necesitamos utilizar el valor del número pi. Plantearemos la solución con tres alternativas diferentes.

En primer lugar, introduciremos el valor de pi directamente en la fórmula y lo multiplicamos por el radio elevado al cuadrado:

```
Public Function AreaCirculo(radio)
  AreaCirculo = 3.14 * radio ^ 2
End Function
```

En la segunda alternativa, declararemos una constante con el valor de pi y luego usaremos dicha constante en las operaciones:

```
Const pi = 3.14
AreaCirculo = pi * radio ^ 2
```

Por último, en la tercera opción, utilizaremos el valor de pi proporcionado por la correspondiente función de Excel dentro de nuestra función.

Para realizar esta alternativa, utilizaremos el objeto *WorksheetFunction*. Este objeto representa las funciones de Excel utilizables desde Visual Basic. Depende directamente del objeto *Application*.

```
pi = WorksheetFunction.pi
AreaCirculo = pi * radio ^ 2
```

Al escribir el punto después de *WorksheetFunction*, aparece la lista de funciones que podemos emplear utilizando este objeto.

12.4. FUNCIÓN Suma

En este tercer ejemplo, vamos a programar una función que sume los valores contenidos en una matriz de datos. Supongamos una matriz de 5 valores en un procedimiento que nos pregunta el valor de los 5 elementos y después llama a una función *suma* que procede a sumarlos.

El procedimiento sería:

```
Public Sub lista()
  Dim N(5)
  Dim L As Byte
  For L = 1 To 5
     N(L) = InputBox("Valor ", L)
  Next L
  MsgBox suma(N())
End Sub
```

En el bucle del procedimiento anterior, damos 5 vueltas pidiendo el valor de cada elemento de *N*, desde *N(1)* hasta *N(5)*, y a continuación llamamos a la función con la instrucción: *suma N()*.

Seguidamente, insertamos una función y escribimos:

```
Public Function suma(N())
  Dim x As Variant
  For Each x In N()
     suma = suma + x
  Next
End Function
```

Observamos que, entre paréntesis, al lado del nombre de la función, introducimos el nombre de la matriz, que es el argumento de la función.

x es una variable que utilizamos para recoger los diferentes valores de la matriz *N()*.

Con el acumulador:

```
suma = suma + x
```

se van añadiendo cada uno de los elementos de *N()* a *suma*. De modo que, cuando el bucle termine, *suma* tendrá el valor total.

Si los valores de *N()* fueran 5, 8, 3, 1 y 7, en la primera vuelta del bucle x valdría 5- y *suma,* que inicialmente es 0, al pasar por el acumulador (*suma* = *0* + *5*), se convertiría en 5.

En la segunda vuelta, x = 8 y *suma* se convierte en 13 (suma = 5 + 8), y así sucesivamente hasta que *suma* tome el valor 24, en la última vuelta.

12.5. FUNCIÓN SinAcento

El resultado de las funciones puede no ser un número. Por ejemplo, podemos crear una función para eliminar los acentos de una palabra. Una utilidad clara sería realizar una búsqueda que omita posibles errores ortográficos al escribir una lista.

En esta función, recorreremos la cadena o palabra que será argumento de la función, letra por letra. Si encontramos una letra acentuada la cambiaremos por la misma letra sin acento.

El código será:

```
Public Function SinAcento(palabra)
 For I = 1 To Len(palabra)
   letra = Mid(palabra, I, 1)
   Select Case letra
     Case "á"
       letra = "a"
     Case "é"
       letra = "e"
     Case "í"
       letra = "i"
     Case "ó"
       letra = "o"
     Case "ú"
       letra = "u"
   End Select
   SinAcento = SinAcento & letra
 Next I
End Function
```

12.6. FUNCIÓN SumaX

Con la función que vamos a desarrollar a continuación, vamos a sumar un número indeterminado de cadenas de caracteres o, en nuestro ejemplo, el contenido de diferentes rangos, no necesariamente contiguos, de una o más hojas.

El primer problema que nos va a surgir es que no conocemos el número de celdas a sumar, por lo que en el argumento de la función escribiremos *ParamArray*, antes del nombre de la matriz que usaremos como entrada de datos.

Esto hará que no tengamos que declarar la matriz con un numero determinado de elementos.

Una vez introducidos los datos, utilizaremos la función *Ubound* para conocer el valor máximo de la matriz. Posteriormente, con un bucle *For Each*, procederemos a la suma de cada una de las celdas de los rangos.

La función quedará escrita de la siguiente forma:

```
Public Function SumaX(ParamArray Rangos())
 For L = 0 To UBound(Rangos())
   For Each x In Rangos(L)
     If IsNumeric(x) Then x = Str(x)
     SumaX = SumaX & x
   Next
 Next L
End Function
```

Para utilizarla, podemos escribir en una celda de una hoja:

= SumaX(A4:A6;B1:B2;C7:C8;B8:B10)

El resultado será la cadena suma de todas las celdas contenidas en cada uno de los cuatro rangos especificados.

Como argumentos podemos utilizar rangos de diferentes hojas.

También podemos utilizar el asistente **fx**, y observar cómo se van incrementando progresivamente el número de cajas de texto donde ir agregando los rangos a sumar.

Utilizamos *IsNumeric* para evitar errores al sumar celdas que contengan valores.

Esta función que hemos escrito es similar a la función CONCATENAR, que podemos utilizar desde Excel, salvo que en nuestro caso podemos sumar diferentes rangos que contengan varias celdas mientras que la función CONCATENAR suma celdas independientes.

Como vemos, crear funciones nos abre un camino con muchas posibilidades, aunque es recomendable conocer la existencia de las funciones ya integradas en Excel, que nos ahorrarán el trabajo de crearlas.

Por ejemplo, si deseamos utilizar la función *factorial*, podemos emplear *Fact()*, proporcionada por Excel, de la siguiente manera:

```
Public Sub factorial()
    Cells(1, 1).Formula = "=Fact(5)"
End Sub
```

Con la instrucción anterior, en la celda A1 se escribirá la fórmula: "=Fact(5)".

Excel se encargará de calcular el factorial de 5 y escribir la respuesta 120 en A1.

Si el valor 5 hubiese que tomarlo de alguna celda, sólo habría que sustituir el 5 entre paréntesis por el nombre de la celda. Por ejemplo, =Fact(B2), si en B2 se encuentra el número cuyo factorial deseamos calcular.

Si deseamos calcular en la celda activa el valor máximo entre 5 valores situados por encima de dicha celda y en la misma columna, deberemos escribir:

```
ActiveCell.FormulaR1C1 = "=MAX(R[-5]C:R[-1]C)"
```

En la instrucción anterior, utilizamos *FormulaR1C1* para hacer una referencia relativa a otras celdas, algo que ya vimos anteriormente al estudiar las macros.

En este caso, la función es MAX y se obtiene en el rango comprendido entre la celda situada 5 filas por encima y la que está situada 1 celda hacia arriba de la celda activa.

Hay que observar que, mientras que el argumento de la función se escribe entre paréntesis, la posición de la fila o columna se escribe entre corchetes.

CAPÍTULO 13

OBJETOS Y COLECCIONES DE EXCEL

Aunque hemos utilizado ya muchos ejemplos con objetos de Excel, para explicar los fundamentos de Visual Basic, vamos ahora a tratar de resumir, repasar o ampliar, según los casos, los objetos de Excel que se han utilizado o se utilizarán en lo sucesivo en los ejemplos de este libro para clarificarlos en la medida de lo posible.

13.1. ActiveCell

Representa, en cada momento determinado, la celda que está activa. Aún cuando hay una selección de celdas, sólo una de ellas es la activa.

Podemos conocer la posición de la celada activa mediante las propiedades *Row* y *Column*, o bien su dirección completa mediante *Address*.

Por otro lado, podemos referirnos a una celda que ocupe una posición relativa a la activa mediante la propiedad *Offset*, escribiendo entre paréntesis el número de filas y de columnas, de la celda en cuestión con respecto a la activa.

Por ejemplo, si escribimos:

```
ActiveCell.Offset(1, 1) = "gato"
```

aparecerá escrita la palabra "gato" en la celda que se encuentra una columna a la derecha y una fila debajo de la celda activa.

Los valores entre paréntesis pueden ser cero cuando la celda esté en la misma fila o columna que la activa. También pueden ser negativos si la celda está más arriba o a la izquierda de la celda activa.

El siguiente procedimiento escribe los valores a introducir en *Offset* para identificar las celdas que se encuentran alrededor de la celda activa, incluida ella misma:

```
Public Sub PosicionesAlrededorDeLaActiva()
 For columna = -1 To 1
   For fila = -1 To 1
     ActiveCell.Offset(fila, columna) = fila & "," & columna
   Next fila
 Next columna
End Sub
```

Al ejecutar el procedimiento obtendremos el resultado de la Tabla 13.1.

-1,-1	-1,0	-1,1
0,-1	0,0	0,1
1,-1	1,0	1,1

Tabla 13.1: Propiedad Offset.

Para evitar errores, debemos probarlo con una celda activa que no se encuentre en la primera fila ni en la primera columna, ya que, en este caso, algunas de las celdas de alrededor no se podrán identificar al no existir.

También podemos escribir una primera instrucción:

```
On Error Resume Next
```

para que, al producirse un error, saltemos a la línea siguiente a la que lo provocó.

En el ejemplo siguiente, guardaremos la posición de la celda activa para volver a ella más tarde. Para realizar esto, debemos declarar una variable global y utilizar dos procedimientos. En uno de ellos, asignaremos la celda actual a dicha variable. Como la variable es de tipo objeto (*Object*), la asignación debe venir precedida de la instrucción *Set*.

Luego deberá haber un segundo procedimiento que seleccione directamente dicho objeto representado por el nombre de la variable. De este modo, nuestro código podría quedar de la siguiente forma:

```
Dim celda As Object
Public Sub RecordarCelda()
  Set celda = ActiveCell
End Sub
Public Sub IrACeldaRecordada()
  celda.Select
End Sub
```

A partir de la asignación con *Set*, las propiedades de la celda activa, tales como *Row*, *Column*, etc., se pueden leer a través de la variable establecida.

13.2. ActiveWorkbook

Se refiere al libro activo. Podemos obtener su nombre con la propiedad *Name*, la ruta donde se encuentra con *Path* o ambas cosas a la vez con la propiedad *FullName*.

Vamos a escribir un ejemplo que efectúe las siguientes tareas: primero añadiremos una hoja nueva al libro activo con el método *Add*; después escribiremos en ella el nombre, la ruta y el camino completo de nuestro libro; por último escribiremos los nombres de todas las hojas de que consta el libro.

Para no repetir demasiadas veces, en nuestro código, el término *ActiveWorkbook* utilizaremos la instrucción *With*, con lo que conseguimos que, al escribir un simple punto, Visual Basic interprete que nos estamos refiriendo al objeto o a los objetos expresados en la instrucción *With*.

```
Public Sub DatosLibro()
  With ActiveWorkbook
     .Sheets.Add
     .ActiveSheet.Name = "Datos"
     [A1] = .Name
     [A2] = .Path
     [A3] = .FullName
     fila = 4
     For Each x In .Sheets
        fila = fila + 1
        Cells(fila, 1) = x.Name
     Next
  End With
End Sub
```

13.3. Application

El objeto *Application* representa la aplicación de Microsoft Excel. En realidad, todos los objetos y propiedades dependen de él. Así, al introducir *[A1]="Hola"*, en realidad estamos escribiendo en una celda que pertenece a una determinada hoja de uno de los libros abiertos de la aplicación. De este modo, si quisiéramos especificar exactamente a qué celda nos referimos, podríamos escribir:

```
Application.Workbooks(1).Sheets(1).[A1] = "Hola"
```

A diferencia del ejemplo anterior, algunas acciones se realizan directamente desde el objeto aplicación. Un ejemplo de esto se da al emitir los mensajes que Microsoft Excel nos presenta en determinadas situaciones, como cuando cerramos la aplicación sin guardar el libro.

Si deseáramos desconectar las alertas, podríamos escribir la siguiente línea:

Application.DisplayAlerts = False

No debemos olvidar volver a poner a *True* la línea anterior cuando terminemos de ejecutar las líneas de código donde no deseemos mensajes de la aplicación.

Un método muy útil, que depende del objeto *Application,* es *GetOpenFilename*. Con él podemos visualizar la pantalla de Windows de **Abrir** un archivo y, tras seleccionarlo, podemos guardarlo en una variable. Esto evita los errores producidos al escribir directamente el nombre de un fichero junto a la ruta completa donde está ubicado.

Un ejemplo de su utilización lo apreciamos en el procedimiento *AbrirArchivo* que sigue a continuación:

```
Public Sub AbrirArchivo()
  archivo = Application.GetOpenFilename
  MsgBox archivo
End Sub
```

Al ejecutar este procedimiento, aparece una pantalla semejante a la que podemos apreciar en la Figura 13.1.

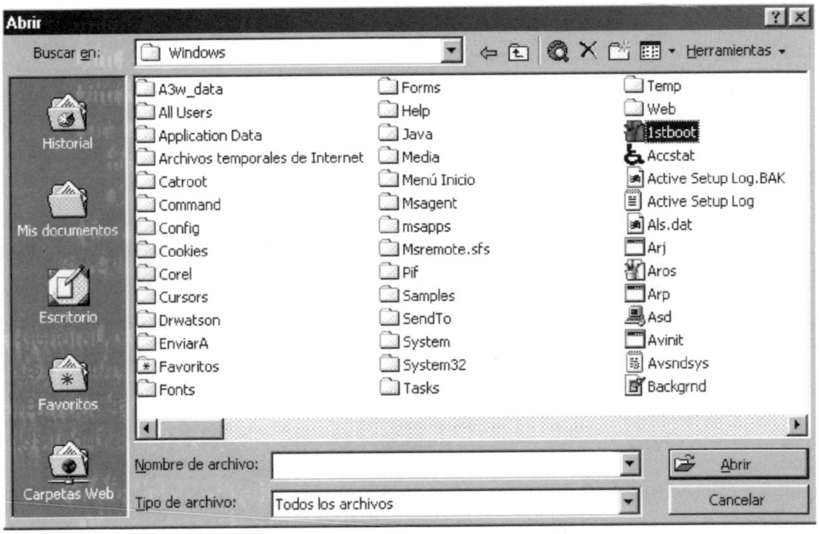

Figura 13.1: Abrir archivo con Application.GetOpenFilename.

Podemos filtrar el tipo de archivo que debe aparecer en la ventana. En el ejemplo siguiente, el método *GetOpenFilename* mostraría sólo los archivos de texto:

```
archivo = Application.GetOpenFilename("Archivos de texto, *.txt")
```

Como vemos, un filtro consta de dos partes: la primera es la señal que aparecerá en la lista desplegable de **Tipo de archivo** y la segunda es propiamente el filtro.

Para seguir añadiendo filtros, basta con que los agreguemos dentro de las comillas y separados por comas unos de otros. Al ejecutar la siguiente instrucción, podremos optar por archivos de texto solamente o por todos los archivos:

```
archivo = Application.GetOpenFilename("Archivos de texto, _
*.txt, Todos los Archivos,*.*")
```

Hay que aclarar que el carácter de subrayado _ escrito al final de la línea anterior es para escribir en dos líneas diferentes una misma instrucción. El resultado es idéntico a escribir una instrucción larga en una sola línea.

Por otro lado, si deseamos que para un mismo tipo de archivo haya diferentes filtros, los separaremos por punto y coma. La siguiente instrucción nos muestra archivos de imágenes con extensiones "bmp", "ico" y "wmf".

```
archivo = Application.GetOpenFilename("Archivos de _
imágenes, *.bmp; *.ico; *.wmf")
```

Si lo que deseamos es guardar un archivo, también podemos utilizar el método *GetSaveAsFilename*, como podemos apreciar en la siguiente instrucción:

```
archivo = Application.GetSaveAsFilename
```

Si, en cualquiera de los casos, pulsamos sobre el botón **Cancelar**, la variable tomará el valor *False*.

Hay que tener claro que ninguno de los dos métodos anteriores abre ni guarda ningún archivo. Son sólo métodos para obtener un nombre de archivo y una ubicación.

Otro objeto interesante al que podemos acceder desde *Application* es *Dialogs*. Representa un conjunto de cuadros de diálogo de Microsoft Excel, a los que podemos acceder mediante el método *Show*.

Por ejemplo, supongamos que deseamos abrir un libro de Excel desde un procedimiento. Podríamos emplear el siguiente código:

```
Public Sub DialogoAbrir()
   Application.Dialogs(xlDialogOpen).Show
End Sub
```

Hay una gran cantidad de cuadros de diálogo disponibles, cuyas constantes son visualizables directamente al escribir el código.

Si cancelamos el cuadro de diálogo, se cierra la ventana anulándose la acción requerida.

Veamos a continuación una pequeña muestra de esa lista.

Utilizamos la constante *xlDialogActiveCellFont* para que aparezca el cuadro de diálogo que nos permite cambiar propiedades de la fuente de la celda activa. Con *xlDialogFont* conseguimos el mismo objetivo pero para el rango seleccionado.

Usamos la constante *xlDialogPrint* para mostrar las opciones de impresión y, en su caso, enviar a la impresora el contenido de la selección, hoja o libro.

Al utilizar *xlDialogClear* nos aparece una ventana con las opciones de borrado **Todo**, **Formato**, **Contenido** y **Comentarios**.

XlDialogColumnWidth nos sirve para modificar el ancho de la columna actual o de las columnas seleccionadas.

Si empleamos *xlDialogFormatNumber*, podremos cambiar el formato de número de las celdas seleccionadas.

XlDialogSaveAs nos permite guardar el libro actual. El diálogo que aparece es el correspondiente a **Guardar como**.

13.4. Cells

Con *Cells* podemos leer o escribir el contenido de una celda situada en una determinada fila y columna. Su sintaxis es:

Cells(row, column)

donde *row* señala el número de la fila y *column* el de la columna (no su letra).

Una de las propiedades de las celdas es *Address*, que nos devuelve la dirección absoluta de la celda. Por ejemplo, el resultado de la siguiente instrucción es $D$3:

```
MsgBox Cells(3,4).Address
```

Esta propiedad es aplicable también a *ActiveCell*.

Realizaremos un ejercicio partiendo de una serie de facturas, introducidas una en cada hoja de un libro.

El procedimiento que ejecutaremos leerá los datos contenidos en cada una de las hojas y escribirá una hoja resumen con el contenido de todas las facturas.

Para simplificarlo utilizaremos sólo tres datos por factura: "Número de factura", "Nombre" y "Valor".

Escribiremos estas tres etiquetas en las celdas A1, A2 y A3 de tres hojas agrupadas, de modo que se escribirá a la vez en todas ellas, tras lo cual nos inventaremos valores para los datos y los escribiremos, en cada una de las tres hojas, en las celdas B1, B2 y B3. El aspecto de una cualquiera de las tres hojas podría ser el de la Tabla 13.2.

Número de factura	1
Nombre	Juan Garay Luque
Valor	12.500

Tabla 13.2: Ejercicio facturas.

Nombraremos una hoja denominándola "Resumen", de modo que podamos diferenciar cuál es la hoja donde escribiremos los datos.

En el procedimiento, escribiremos primero la cabecera y, a continuación, con un bucle *For Each,* recorreremos todas las hojas del libro. Estableceremos una condición para no actuar si llegamos a la hoja con nombre "Resumen". Leeremos el contenido de cada factura y lo iremos escribiendo en la hoja resumen.

El código propuesto es el siguiente:

```
Public Sub ResumenDeFacturas()
 Dim x As Object
 Dim n As Integer
 n = 1
 Sheets("Resumen").Select
 Cells(1, 1) = "Factura"
 Cells(1, 2) = "Nombre"
 Cells(1, 3) = "Valor"
 For Each x In Sheets
    If x.Name <> "Resumen" Then
           n = n + 1
       With Sheets("Resumen")
          .Cells(n, 1) = x.Cells(1, 2)
          .Cells(n, 2) = x.Cells(2, 2)
          .Cells(n, 3) = x.Cells(3, 2)
       End With
    End If
 Next
End Sub
```

El aspecto que tendrá la hoja resumen será el apreciado en la Tabla 13.3.

Factura	Nombre	Valor
1	Juan Garay Luque	12.500
2	Luisa Génova Penol	14.750
3	Carlos Pinar Mayor	17.820

Tabla 13.3: Resumen de facturación.

13.5. Columns y Rows

Los objetos *Columns* y *Rows* nos devuelven todas las columnas o filas, respectivamente, de una hoja de cálculo, salvo si se encuentran con una expresión en la que dependen de otro objeto de tipo rango como *Range*, *CurrentRegion* o *Selection*, en cuyo caso devuelven las columnas o filas de dicho rango.

De este modo, expresiones como *Columns.Count* o *Rows.Count* nos devuelven el número de columnas o de filas de toda la hoja o de un rango específico.

Si utilizamos un número de índice y el objeto *Cells*, accederemos a las celdas que se encuentran en una determinada fila o columna.

Llenaríamos la primera fila de la hoja activa con números consecutivos del 1 al 256 empleando este bucle:

```
For Each x In Rows(1).Cells
   n = n + 1
   x.Value = n
Next
```

Para borrar el contenido de las celdas rellenadas anteriormente, podemos emplear el método *Clear* como en la siguiente expresión:

```
Rows(1).Clear
```

Con el método *Delete*, eliminaríamos la fila 4 completa, de modo que la fila 5 pasaría a ser la 4 y así sucesivamente:

```
Rows(4).Delete
```

En el siguiente ejemplo, utilizando el método *Hidden*, vamos a ocultar, de entre las 100 primeras filas, aquellas cuya celda de la primera columna sea inferior a 10:

```
Public Sub OcultarFilas()
 For fila = 1 To 100
   If Cells(fila, 1) < 10 Then
     Rows(fila).Hidden = True
   End If
 Next fila
End Sub
```

Para volver a mostrar las filas, bastaría con ejecutar el mismo procedimiento poniendo el valor *False* a la propiedad *Hidden*.

En el siguiente ejercicio, realizaremos un procedimiento que elimine las filas vacías de una hoja, de modo que, si en un listado de datos hay filas en blanco entre diferentes registros, éstas se borren. Se concentrarán así todos los registros de manera compacta, lo que puede dar lugar, posteriormente, a tratar la información resultante como una base de datos, a efectos de ordenar, filtrar, etc.

Necesitaremos una variable con el número de filas a examinar. Para esto utilizaremos el método *SpecialCells* que nos permite, entre otras cosas, obtener el número de la fila más elevada que se ha utilizado, aunque en este momento esté vacía.

Podríamos experimentar este método escribiendo la siguiente instrucción:

```
MsgBox ActiveCell.SpecialCells(xlCellTypeLastCell).Row
```

A continuación, vamos a crear un bucle que recorra desde la primera fila hasta la última utilizada. Dentro de éste, agregaremos otro bucle que recorra todas las celdas de una fila.

Seguidamente, comprobaremos si todas las celdas recorridas en una fila están vacías, en cuyo caso borraremos la fila.

Necesitaremos un contador que cuente las filas revisadas y otro que señale el número de fila, ya que, cuando eliminemos una determinada fila, la siguiente pasará a tener el número de la eliminada, lo que significa que, en estos casos, tendremos que volver a revisar el mismo número de fila.

Utilizaremos además una variable de tipo *Bolean* que pondremos a *True* al iniciar la búsqueda y que se convertirá en *False* si existe una celda que no esté vacía.

El procedimiento puede quedar de la siguiente forma:

```
Public Sub BorrarFilasVacias()
  Dim vacia As Boolean
  Dim FilasARevisar As Long
  Dim FilasRevisadas As Long
  Dim fila As Long
  FilasARevisar = ActiveCell.SpecialCells(xlCellTypeLastCell).Row
  While FilasRevisadas < FilasARevisar
     fila = fila + 1
     vacia = True
     For Each x In Rows(fila).Cells
        If Not IsEmpty(x) Then
          vacia = False
          Exit For
        End If
     Next
     FilasRevisadas = FilasRevisadas + 1
     If vacia Then
        Rows(fila).Delete
        fila = fila - 1
     End If
  Wend
End Sub
```

Cuando encontramos una celda que no está vacía, salimos del bucle con *Exit For*. De esta forma, evitamos perder tiempo en revisar otras celdas de una fila que no vamos a borrar.

Si utilizamos *Column*, en el método *SpecialCells*, para averiguar el número de columna más elevado que ha sido utilizado, podremos acortar un tanto el proceso.

Necesitaríamos la instrucción siguiente para obtener el número máximo de columnas a revisar en cada fila:

ColumnasARevisar=ActiveCell.SpecialCells(xlCellTypeLastCell).Column

Por otro lado, habría que sustituir el bucle *For Each* por un bucle *For* que recorra las columnas:

```
For columna = 1 To ColumnasARevisar
   If Not IsEmpty(Cells(fila, columna)) Then
```

```
            vacia = False
            Exit For
        End If
    Next
```

13.6. CommandBars

CommandBars representa la colección de barras de comandos de la aplicación. Con un sencillo ejemplo podemos escribir el nombre de todas las que se encuentran visibles.

```
Public Sub BarraDeHerramientas()
  For Each x In CommandBars
      If x.Visible = True Then
          fila = fila + 1
          Cells(fila, 1) = x.Name
      End If
  Next
End Sub
```

Si queremos la lista completa, basta con anular las líneas que establecen la condición. Por otro lado, con la propiedad *Visible*, podemos hacer aparecer o desaparecer las barras de comandos. Esto nos puede resultar útil para crear una aplicación en Excel en la que en algún momento no deseemos que aparezcan dichas barras.

13.7. CurrentRegion

La propiedad *CurrentRegion* devuelve un rango que representa la región actual de una determinada celda o de la celda activa. La región actual es una zona de la hoja limitada arriba y abajo por filas vacías y a derecha e izquierda por columnas vacías o bien, en ambos casos, por los propios límites de la hoja.

Es una propiedad muy útil porque podemos actuar igual que con el objeto *Selection*, pero sin necesidad de realizar una selección de todas las celdas. Sólo necesitaremos situarnos dentro de cualquier celda de la región, o conocer la fila y columna de cualquier celda que se encuentre dentro.

Por ejemplo, si quisiéramos pintar de amarillo el fondo de la región actual donde se encuentra la primera celda de la hoja, podríamos escribir el siguiente procedimiento:

```
Public Sub CeldasEnRegionActual()
Dim x
For Each x In Cells(1, 1).CurrentRegion
   x.Interior.Color = vbYellow
Next
End Sub
```

Con la propiedad *Count* contabilizamos el número de celdas que forman parte de la región actual. Podemos utilizar la siguiente expresión:

```
MsgBox ActiveCell.CurrentRegion.Count
```

El número de filas o columnas de la región actual se puede obtener anteponiendo, en la expresión anterior, *Rows* o *Columns* al término *Count*, con lo que escribiremos:

```
MsgBox ActiveCell.CurrentRegion.Rows.Count
MsgBox ActiveCell.CurrentRegion.Columns.Count
```

La posición de la primera celda de *CurrentRegion* la determinan las propiedades *Row* y *Column*, que podemos obtener escribiendo:

```
MsgBox ActiveCell.CurrentRegion.row
MsgBox ActiveCell.CurrentRegion.Column
```

Por otro lado, cuando recorremos una región con un bucle *For Each*, la variable que interviene en el bucle nos da el valor de cada una de las celdas ocupadas por dicha región. De este modo, podemos utilizar las propiedades específicas de una celda, como por ejemplo *Row* y *Column*.

Utilizando estas propiedades, podríamos copiar el contenido de la región actual de la hoja activa a la "Hoja2" de nuestro libro, en sus mismas posiciones, con el código siguiente:

```
Public Sub RegionActual()
 For Each x In ActiveCell.CurrentRegion
    Sheets("Hoja2").Cells(x.Row, x.Column) = x
 Next
End Sub
```

En el procedimiento anterior, sería sencillo establecer una condición para pasar a la "Hoja2" únicamente aquellos datos que nos interesen.

Si lo deseamos, podemos recorrer las diferentes celdas de una sola fila o columna de la región actual, estableciendo el número de la fila o columna correspondiente.

Con el ejemplo siguiente, visualizamos a través de *MsgBox* el contenido de las celdas que se encuentran en las columnas de la segunda fila de *CurrentRegion*:

```
For Each x In ActiveCell.CurrentRegion.Rows(2).Cells
    MsgBox x
Next
```

13.8. Range

Range es un objeto que representa las celdas que se encuentran entre unos determinados límites. Podemos identificarlo especificando las celdas que ocupan los extremos del rectángulo o bien mediante el nombre que puede tener asignado.

De esta forma, podríamos rellenar todas las celdas contenidas en un rango con una sola instrucción como:

```
Range("C1:D5") = "X"
```

Si deseamos colorear en azul el conjunto de celdas situadas en el rango A1:D5 de nuestra hoja activa, escribiremos:

```
Public Sub ColorearRango()
  Dim x
  For Each x In Range("A1:D5")
     x.Font.Color = vbBlue
  Next x
End Sub
```

Si hemos definido un nombre de rango para un grupo de celdas, podemos utilizar dicho nombre para identificarlas, sin necesidad de escribir los límites del rango. Así, si quisiéramos contar las celdas vacías de un rango denominado "direcciones", empleando la función *IsEmpty*, podríamos escribir el siguiente código:

```
Public Sub ContarVacias()
  Dim x
  For Each x In Range("direcciones")
     If IsEmpty(x) Then
        CeldasVacias = CeldasVacias + 1
     End If
  Next
  MsgBox CeldasVacias
End Sub
```

Podemos utilizar *Characters* si queremos alterar el formato de una parte de la cadena de caracteres escritos en una celda o rango determinado.

Por ejemplo, supongamos que vamos a poner en negrita la letra de los "DNI" de una lista. Le pasaremos a *Characters*, entre paréntesis, la posición del primer carácter que deseamos alterar y, separado por una coma, el número total de caracteres que van a ser afectados, como en el siguiente procedimiento:

```
Public Sub LetraDniNegrita()
  Dim x
  For Each x In Range("DNI")
     x.Characters(9, 1).Font.Bold = True
  Next
End Sub
```

Range cuenta con métodos para el borrado de las celdas que están contenidas en él.

Con *Clear* se borra todo. *ClearContents* elimina sólo el contenido. *ClearFormats* suprime el formato de las celdas.

Estos métodos son aplicables también si utilizamos los corchetes como modo de expresar un rango, como, por ejemplo:

```
[A1:b5].ClearContents
```

13.9. Selection

Este objeto representa el rango de celdas seleccionado en una determinada hoja. Se puede utilizar para infinidad de tareas. Podemos copiar o cortar una selección utilizando los métodos *Copy* y *Cut*, como haríamos con las instrucciones *Selection.Copy y Selection.Cut*, respectivamente. La dirección del rango seleccionado se obtiene con la propiedad *Address*.

En el siguiente ejemplo, utilizaremos el objeto *Selection* para copiar una selección de la "Hoja1" a la "Hoja2" pegando en la misma dirección, en columna y fila, que la que tiene el origen:

```
Public Sub copiar()
  Selection.Copy
  rango = Selection.Address
  Hoja2.Activate
  Range(rango).Select
  Sheets(2).Paste
  Hoja1.Activate
  ActiveCell.Select
End Sub
```

Si deseáramos eliminar el contorno indicativo del rango copiado y anular la opción de pegar lo podríamos realizar con la instrucción:

```
Application.CutCopyMode = False
```

También podemos recorrer cada celda ocupada en una selección utilizando un bucle *For Each*.

Por ejemplo, si deseamos que aparezcan en rojo los valores de una selección si sobrepasan 100 puntos, escribimos:

```
Public Sub CeldasEnSeleccion()
  For Each x In Selection
     If x > 100 Then x.Font.Color = vbRed
  Next
End Sub
```

También podemos discriminar los valores a copiar. Así si los valores del ejemplo anterior que sobrepasen 100 fueran los que deseamos copiar a la "Hoja2", el código sería el siguiente:

```
Public Sub CopiarCeldasMayores100()
  For Each x In Selection
```

```
    If x > 100 Then
      Hoja2.Cells(x.Row, x.Column) = x
    End If
  Next
End Sub
```

Dentro de *Selection,* también podemos recorrer las celdas que se encuentran en una determinada columna:

```
For Each x In Selection.Columns(2).Cells
```

o fila:

```
For Each x In Selection.Rows(2).Cells
```

13.10. Sheets

Sheets representa el conjunto de hojas que contiene el libro. Con el método *Add*, agregamos una hoja a dicho conjunto. Seleccionamos una determinada hoja de la colección, escribiendo entre paréntesis su nombre o su índice, con expresiones como:

```
Sheets("Hoja2").Select
Sheets(1).Select
```

Hay que tener en cuenta que el índice 1 representa la primera hoja del libro, que no tiene por qué coincidir con la denominada "Hoja1", sino simplemente con la hoja que en ese momento esté colocada en primer lugar en el libro.

En el ejemplo que realizaremos a continuación, supondremos la existencia en la primera hoja de una tabla con 4 columnas y 20 filas. Para crear dicha tabla, sólo tendremos que inventar números por encima y por debajo de 10 en la primera columna y cualquier cosa en las otras tres columnas.

El ejercicio consistirá en seleccionar aquellas filas de la hoja cuyo valor en la columna 1 sea inferior a 10 y copiar el contenido de las cuatro columnas correspondientes a dicha fila a la hoja 2.

Insertaremos un procedimiento dentro de un módulo y escribiremos un bucle *For ... Next* que examine 20 filas. En cada iteración, seleccionaremos la hoja 1 y comprobaremos si la primera celda es menor de 10. En caso afirmativo, seleccionaremos las cuatro celdas correspondientes a esa fila y las copiaremos.

Después, y utilizando un contador de filas, seleccionaremos la hoja 2 y, dentro de ella, la celda de la columna 1, cuya fila será el propio contador. Por último, pegaremos su contenido, copiado anteriormente. El código podría presentar el siguiente aspecto:

```
Public Sub CopiarEnOtraHoja()
 For fila = 1 To 20
   Sheets(1).Select
   If Cells(fila, 1) < 10 Then
        Range(Cells(fila, 1), Cells(fila, 4)).Select
    Selection.Copy
    f = f + 1
    Sheets(2).Select
    Cells(f, 1).Select
    Sheets(2).Paste
   End If
 Next
End Sub
```

En un segundo ejemplo, recorreremos las diferentes hojas de un libro buscando valores mayores de 100, en las regiones actuales (*CurrentRegion*), a partir de la celda [A1] de cada hoja.

Pondremos en color azul la fuente de las celdas que sean numéricas y tengan un valor superior a 100.

Para ello crearemos dos bucles *For Each* anidados. El bucle externo recorrerá las hojas, que iremos seleccionando en cada vuelta. El bucle interno recorre las celdas de la región actual. En cada vuelta comprobaremos si la celda es un número y si éste es mayor de 100, en cuyo caso estableceremos la propiedad color de fuente en azul.

El procedimiento quedará como sigue:

```
Sub BuscarValoresMayoresACien()
 For Each hoja In Sheets
   hoja.Select
   For Each celda In [A1].CurrentRegion
      If celda.Value > 100 And IsNumeric(celda) Then
         celda.Font.Color = vbBlue
      End If
  Next
 Next
 End Sub
```

13.11. Workbooks

Es el conjunto de libros abiertos en la aplicación. Podemos agregar un nuevo libro con el método *Add*, abrirlo con *Open* o cerrarlo con *Close,* utilizando instrucciones como:

```
Workbooks.Add
Workbooks.Open "c:\Mis Documentos\Libro3.xls"
Workbooks("Libro3").Close
```

Con *Name* podemos conocer los nombres de todos los libros abiertos, mediante un procedimiento como el siguiente:

```
Public Sub NombresDelibros()
  For Each x In Workbooks
     MsgBox x.Name
  Next
End Sub
```

CAPÍTULO 14

CREACIÓN DE GRÁFICOS DESDE PROCEDIMIENTOS

14.1. CREAR GRÁFICOS

Desarrollaremos en este capítulo los conceptos básicos para utilizar los procedimientos de Visual Basic,en la creación y manipulación de gráficos.

Para tener una idea global del proceso, comenzaremos por grabar una macro mientras creamos un gráfico en Excel, para después examinar las líneas creadas por el programa y tratar de interpretar su significado.

Empezaremos escribiendo una sencilla tabla en una hoja de Excel, ver Tabla 14.1, en la que anotaremos los meses del año en la columna A y el volumen de ventas alcanzado por una supuesta empresa en la columna B.

Mes	Ventas
Ene	22
Feb	20
Mar	16
Abr	15
May	17
Jun	18
Jul	28
Ago	32
Sep	21
Oct	16
Nov	15
Dic	20

Tabla 14.1: Ventas por meses.

Nos situaremos ahora dentro de la tabla y pulsaremos **Herramientas — Macro — Grabar nueva macro**.

Le daremos por nombre "CrearGrafico" y la grabaremos en **Este libro**.

A continuación, haremos clic sobre el botón **Asistente para gráficos**.

En el primer paso, aceptaremos las opciones por defecto dejando seleccionados el tipo de gráfico **Columnas** y el subtipo **Columna agrupada** que aparecen seleccionados.

A continuación, mantendremos tanto el apartado **Rango de datos** como el apartado **Series**, en el que aparecerá seleccionada la opción **Columnas**. De este modo, en el que los meses serán los nombres y las ventas los valores.

En el paso tercero realizaremos algunos cambios. En el apartado **Títulos**, escribiremos "Ventas 1999" en **Título del gráfico**; pondremos "meses" en el **Eje de categorías** y "millones" en el **Eje de valores**.

En los apartados **Eje** y **Líneas de división**, mantendremos las opciones por defecto.

La **Leyenda** la ubicaremos en la parte de **Arriba**.

Optaremos por **Mostrar valor** en **Rótulos de datos**.

En la **Tabla de datos**, seleccionaremos **Mostrar tabla de datos** y quitaremos la selección en **Mostrar clave de leyendas**.

Por último, como cuarto paso, seleccionaremos la opción de colocar el gráfico **En una hoja nueva**, deteniendo la grabación de la macro al finalizar este paso y observar nuestro gráfico en pantalla.

El resultado obtenido, después de algunos cambios en los tamaños de las fuentes, sería el que observamos en la Figura 14.1.

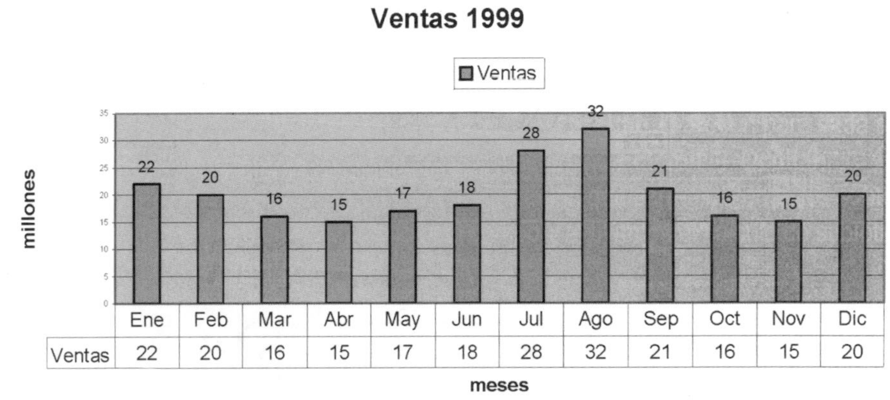

Figura 14.1: Gráfico resultante de la macro grabada.

Ahora nos iremos al editor de Visual Basic y, en el procedimiento creado por la macro, podremos observar el siguiente código:

```
Sub CrearGrafico()
  Charts.Add
```

```
    ActiveChart.ChartType = xlColumnClustered
    ActiveChart.SetSourceData Source:=Sheets("Hoja1 "). _
    Range("A1:B13"),PlotBy:= xlColumns
    ActiveChart.Location Where:=xlLocationAsNewSheet,Name:="Gráfico1 "
    With ActiveChart
      .HasTitle = True
      .ChartTitle.Characters.Text = "Ventas 1999"
      .Axes(xlCategory, xlPrimary).HasTitle = True
      .Axes(xlCategory, xlPrimary).AxisTitle.Characters.Text="meses"
      .Axes(xlValue, xlPrimary).HasTitle = True
      .Axes(xlValue, xlPrimary).AxisTitle.Characters.Text = "millones"
    End With
    ActiveChart.HasLegend = True
    ActiveChart.Legend.Select
    Selection.Position = xlTop
    ActiveChart.ApplyDataLabels Type:=xlDataLabelsShowValue, _
    LegendKey:=False
    ActiveChart.HasDataTable = True
    ActiveChart.DataTable.ShowLegendKey = False
  End Sub
```

La primera línea de la macro grabada es *Charts.Add*, cuyo objetivo es el de agregar un gráfico a la colección *Charts*. Además, esta acción selecciona el nuevo gráfico creado, por lo que a partir de ahora la macro se refiere a *ActiveChart* para alterar propiedades del gráfico.

Con la segunda instrucción:

```
ActiveChart.ChartType = xlColumnClustered
```

elegimos el tipo de gráfico. Entre otras, podemos optar por *xl3DArea*, *xlLine*, *xlRadar*, etc. Para ver un listado completo, podemos hacer clic con el botón secundario del ratón y elegir la opción **Lista de constantes** del menú contextual que nos aparece.

En la siguiente instrucción:

```
ActiveChart.SetSourceData Source:=Sheets("Hoja1 "). _
Range("A1:B13"),PlotBy:= XlColumns
```

seleccionamos el origen de los datos, en este caso el rango A1:B13 de la "Hoja1".

Con la línea:

```
ActiveChart.Location Where:=xlLocationAsNewSheet, Name:="Gráfico1"
```

decidimos la ubicación del gráfico. Éste se sitúa en una nueva hoja con el nombre de "Gráfico1".

Otra alternativa sería colocar el gráfico, como un objeto, dentro de la propia hoja donde se encuentran los datos. La instrucción siguiente consigue este objetivo:

```
ActiveChart.Location Where:=xlLocationAsObject, Name:="Hoja1"
```

La instrucción:

```
With ActiveChart
```

nos evita escribir esta palabra en las siguientes instrucciones.

Para poner el título del gráfico, se emplean las dos instrucciones siguientes:

```
.HasTitle = True
.ChartTitle.Characters.Text = "Ventas 1999"
```

Para los títulos de los ejes de categorías y valores usamos las cuatro líneas de código siguientes:

```
.Axes(xlCategory, xlPrimary).HasTitle = True
.Axes(xlCategory, xlPrimary).AxisTitle.Characters.Text = "meses"
.Axes(xlValue, xlPrimary).HasTitle = True
.Axes(xlValue, xlPrimary).AxisTitle.Characters.Text = "millones"
```

Si nos decidimos a poner leyenda y a ubicarla en la parte de arriba, utilizamos las siguientes líneas:

```
ActiveChart.HasLegend = True
ActiveChart.Legend.Select
Selection.Position = xlTop
```

Para que aparezcan los rótulos de datos, escribimos la instrucción:

```
ActiveChart.ApplyDataLabels Type:=xlDataLabelsShowValue, _
LegendKey:=False
```

Si, en lugar de los valores, deseáramos que aparecieran las categorías del eje X, deberíamos cambiar *xlDataLabelsShowValue* y en su lugar escribir:

```
xlDataLabelsShowLabel.
```

El parámetro:

```
LegendKey:=False
```

es para que no aparezca la clave de la leyenda junto al rótulo.

Por último, para que aparezca una tabla de datos sin mostrar la clave de la leyenda, usamos las líneas finales del procedimiento creado por la grabación de la macro:

```
ActiveChart.HasDataTable = True
ActiveChart.DataTable.ShowLegendKey = False
```

El resultado de este procedimiento nos ofrece, por defecto, unos tamaños de letra excesivamente pequeños. Para cambiar el tamaño de las fuentes empleadas, agregaremos las siguientes líneas:

```
With ActiveChart
   .ChartTitle.Font.Size = 14
   .Legend.Font.Size = 10
   .Axes(xlValue).AxisTitle.Font.Size = 10
   .Axes(xlCategory).AxisTitle.Font.Size = 10
   .SeriesCollection(1).DataLabels.Font.Size = 8
   .DataTable.Font.Size = 10
End With
```

Una de las dudas que nos puede surgir es cómo hacer para que el origen de datos del gráfico sea variable y no un rango predeterminado. Para esto podemos sustituir *Range("A1:B13")* por *[A1].CurrentRegion*, presuponiendo que *[A1]* es una celda donde se encuentran los datos del gráfico. De este modo, la instrucción que especifica el origen de datos queda ahora de la siguiente forma:

```
ActiveChart.SetSourceData Source:=Sheets("Hoja1").[A1]. _
CurrentRegion,PlotBy:= XlColumns
```

Otra cuestión sería el modo de identificar cada gráfico en el caso de que tengamos varios.

Existen dos colecciones de gráficos dentro de un libro. Por un lado, *ChartObjects* representa la colección de gráficos incrustados en una determinada hoja. Por otro, *Charts* se refiere a la colección de gráficos situados en hojas independientes del libro.

Con los bucles *For Each* siguientes podemos mostrar los nombres de ambas colecciones:

```
Public Sub colecciones()
  Dim x As Object
  For Each x In Sheets("Hoja1").ChartObjects
    MsgBox x.Name
  Next
  For Each x In Charts
    MsgBox x.Name
  Next
End Sub
```

De esta manera, podemos seleccionar un determinado gráfico incrustado utilizando una instrucción como la siguiente:

```
Sheets("Hoja1").ChartObjects("Chart 1").Activate
```

Y, si el gráfico se encuentrase en una hoja independiente, usaríamos la siguiente:

```
Charts("Gráfico1").Select
```

Una vez seleccionado, podríamos realizar cualquier tarea anteriormente comentada, como por ejemplo, cambiar su ubicación con cualquiera de las siguientes instrucciones, dependiendo de que pasemos el gráfico de objeto independiente a incrustado o a la inversa:

```
ActiveChart.Location xlLocationAsObject, "Hoja1"
ActiveChart.Location xlLocationAsNewSheet
```

Las líneas de división principal pueden activarse utilizando *HasMajorGridlines*; para las secundarias, usaremos *HasMinorGridlines.*

Si las líneas de división son para el eje de categorías, nos referiremos a *Axes(xlCategory)* y, si son para el eje de valores, *ActiveChart.Axes(xlValue).*

Por ejemplo, la instrucción siguiente agrega líneas principales al eje de categorías:

```
ActiveChart.Axes(xlCategory).HasMajorGridlines = True
```

Si deseamos eliminarlas, bastará con la misma instrucción utilizando *False* en lugar de *True.*

Podemos alterar las propiedades de las series con *SeriesCollection*, indicando entre paréntesis el número de la serie. Por ejemplo, para cambiar el color de las columnas al amarillo en nuestro ejemplo, ejecutaríamos la siguiente instrucción, con el gráfico previamente activado:

```
ActiveChart.SeriesCollection(1).Interior.ColorIndex = 6
```

CAPÍTULO 15

CONTROLES

15.1. INTRODUCCIÓN

Hemos comenzado la segunda parte de este libro explicando el funcionamiento de las macros. Después se han realizado programas con procedimientos y funciones de manera manual, sin la ayuda de la grabadora de macros.

Además, hemos observado diversos lugares desde donde ejecutar las macros.

Vamos a dar un paso más en la explicación de la forma en que podemos ejecutar el código de los programas que vayamos elaborando.

Visual Basic nos ofrece unos controles llamados objetos, que se parecen a los botones de las barras de herramientas o a los objetos gráficos a los que asignábamos macros, pero que son mucho más sofisticados y especializados.

Dependiendo de la tarea, nos interesará utilizar uno u otro control.

Con los controles aprenderemos el concepto de eventos, que equivalen a las acciones que se realizan con el ratón o el teclado. Por ejemplo: hacer clic o doble clic, mover el ratón, pulsar o soltar un determinado botón del ratón, presionar una tecla o enfocar un control, entre otros.

Los pasos a seguir para utilizar controles serán, de una forma general: dibujar el control, establecer sus propiedades y escribir el código de programación en el evento deseado.

Vamos a realizar un ejemplo, paso a paso, para utilizar un control:

1. Primero obtenemos el cuadro de controles que podemos apreciar en la Figura 15.1, mediante el menú **Ver — Barras de herramientas — Cuadro de controles.**

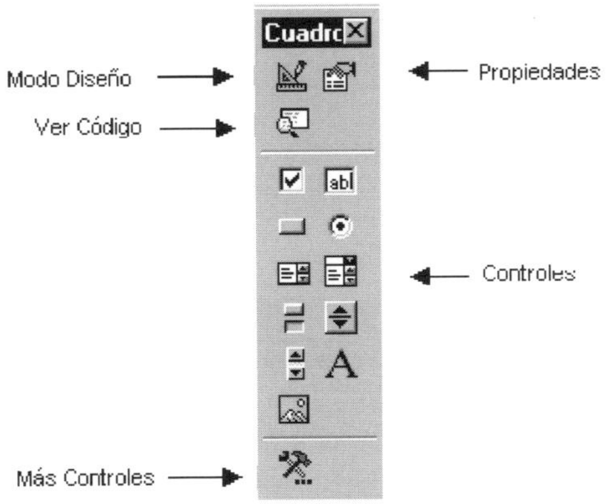

Figura 15.1: Cuadro de controles.

2. El cuadro de controles está dividido en tres partes. Arriba o a la izquierda, según esté colocada la barra de herramientas, hay tres herramientas que nos permiten desarrollar los tres pasos generales enumerados anteriormente. En las pistas, podemos leer **Modo Diseño**, **Propiedades** y **Ver código**.
   En la parte del centro, están los controles propiamente dichos como **Etiqueta**, **Cuadro de texto**, **Botón de comando**, etc.
3. Entramos en **Modo Diseño** haciendo clic sobre la herramienta correspondiente.
4. Seleccionamos un control haciendo clic sobre él. Por ejemplo, en el control **Botón de comando**.
5. En la zona de pantalla que deseemos, hacemos clic y arrastramos formando un recuadro donde se insertará el control.
6. Con el control seleccionado, pinchamos en **Propiedades**. Nos aparece una ventana como la de la Figura 15.2, en la que, por orden alfabético o por categorías, nos se muestran las propiedades del control.

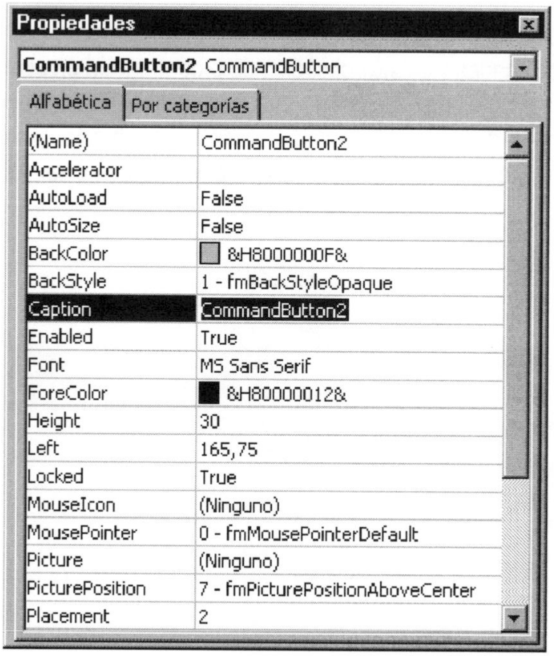

Figura 15.2: Propiedades del control de comando.

7. Cambiamos las propiedades que deseemos del control. Por ejemplo, hacemos clic en la propiedad *Caption*. A la derecha, nos aparece por defecto *CommandButton* seguido de un número de orden. Escribimos *prueba* en su lugar. Con esto hemos cambiado el rótulo que vemos sobre el control.
   Si seleccionamos la carpeta **Por categorías**, podemos ver que hay propiedades para cambiar la apariencia como *BackColor* y *ForeColor*. La fuente del control, así como el tipo de letra, color o estilo, se pueden alterar en *Font*.Dentro de la categoría *Varias*, hay propiedades para cambiar el tamaño: *Height* para la altura del control y *Width* para la anchura. Existen, asimismo, otras para cambiar la posición en la ventana donde se muestra: *Left* es la distancia por la izquierda entre el borde de la ventana y el control y *Top* es la distancia por arriba, desde el borde superior de la ventana hasta el control.
   Con la propiedad *Visible*, podemos hacer que inicialmente el control no aparezca y que más tarde lo haga, cuando estemos ejecutando algún programa. Con la propiedad *MousePointer*, se determina el tipo de cursor que deseamos ver al colocar el ratón sobre el control. Con la propiedad *MouseIcon*, conseguimos que, en lugar del cursor, al mover el ratón sobre el control, aparezca el icono asignado a dicha propiedad. Para que esto funcione, debemos elegir, en la propiedad *MousePointer*, la opción: *99 — fmMousePointerCustom*.
   Cada control tiene su propio conjunto de propiedades y se pueden alterar de forma independiente en cada uno.
8. Una vez establecidas las propiedades, hacemos clic en **Ver código**, con lo que aparecerá el editor de Visual Basic creando automáticamente un procedimiento privado dentro de la hoja activa.
   En nuestro ejemplo, haremos que el botón escriba la palabra "Hola" en la celda activa cuando hagamos clic sobre él.

   ```
   Private Sub CommandButton1_Click()
      ActiveCell = "Hola"
   End Sub
   ```

   Hay que observar que, por defecto, el procedimiento que se crea, en este tipo de control, es para el evento de hacer clic sobre el control.
   Cada control tiene un procedimiento por defecto para cada evento. Éste se activa al hacer clic sobre el botón de ver código o al hacer doble clic sobre el propio control.
9. Podríamos seguir creando controles con sus propiedades y códigos.Si deseamos borrar un control, sólo hay que seleccionarlo en modo de diseño y pulsar <SUPR.> en el teclado.

Para mover el control, pinchamos con el ratón sobre él y lo arrastramos al lugar donde queramos desplazarlo. También podemos cortar y pegar.

Los controles se pueden copiar y pegar, con lo que creamos controles del mismo tipo y con idénticas propiedades que el original, salvo una: la propiedad *Name*. La propiedad *Name* identifica a cada control. Por defecto, es el nombre genérico del control seguido de un número de orden, igual que la propiedad *Caption* nombrada anteriormente. También es posible y recomendable cambiar esta propiedad, nombrando el control con una palabra que haga más claro nuestro programa. Hay que distinguir claramente entre las propiedades *Caption* y *Name* de un control. *Caption* es un rótulo aplicable a uno o más controles. *Name* es exclusivo de cada control y le identifica.

Para finalizar, debemos salir del modo de diseño, mediante la misma herramienta con la que hemos entrado.

10. Ya podemos utilizar nuestro control. Cada vez que hagamos clic sobre él aparecerá escrita la palabra "Hola" en la celda activa.

Se sugiere probar a crear un segundo control siguiendo todos los pasos anteriormente expuestos, pero programando el evento *MouseMove* en lugar del evento *Click*. Para ello, cuando nos encontremos en el apartado 8 y vayamos a escribir el código, desplegamos la ventana donde aparece *Click* y seleccionamos el evento *MouseMove*.

En la parte de abajo o a la derecha, se encuentra el botón **Más controles**. Al pulsar sobre este control, nos aparece una lista de otros controles, que será más o menos extensa dependiendo de los programas que tengamos instalados en el equipo. Por ejemplo, si tenemos el programa Visual Basic, podemos acceder a los controles de dicho programa.

Para utilizarlos, primero debemos seleccionar el control deseado. Observamos que el cursor del ratón se convierte en una cruz. Ahora tenemos que dibujarlo en la pantalla. Una vez hecho esto, accedemos a sus propiedades o a su código como si se tratase de otro control básico de Excel.

Hemos visto un ejemplo de creación de un control aplicado al botón de comando. Veremos ahora otros controles con un ejemplo que clarifique su utilización.

15.2. ETIQUETA

El control **Etiqueta** se utiliza básicamente para mostrar mensajes en pantalla. Se puede utilizar en combinación con botones de comando u otros. También cabe la posibilidad de emplearlo como botón de comando en eventos, haciendo clic, doble clic o moviendo el ratón sobre el control.

La propiedad más utilizada es *Caption*. Esta propiedad se puede cambiar en tiempo de diseño o mediante código, pero no directamente sobre el control. Esta característica es habitual en la mayoría de los controles.

Utilizamos las propiedades *BackColor*, *ForeColor* o *Font* para cambiar colores, tamaños y fuentes de los controles **Etiqueta**.

La propiedad *SpecialEffect* tiene por defecto el valor *0-fmSpecialEffectFlat*, que nos ofrece una visión plana del control. En esta propiedad hay otras alternativas. Por ejemplo, la opción *1-fmSpecialEffectRaised* nos muestra el control en relieve.

Con la propiedad *TextAlign* se puede situar el texto de la propiedad *Caption* a la izquierda, en el centro o a la derecha.

Realizaremos un ejemplo agregando un **Botón de comando**, cuya propiedad *Name* será "cmdPoner" y, en la propiedad *Caption*, escribiremos "Quitar".

Además insertaremos una **Etiqueta** con *Name* = "lblEtiqueta" y *Caption* = "Etiqueta de prueba".

Usamos el prefijo "cmd" para indicar que es un botón de comando. El prefijo "lbl" nos indica que el control es una etiqueta.

Programaremos el evento *Click* del botón de comando de modo que, al pulsar sobre él, la etiqueta desaparezca. En el propio botón, cambiaremos la palabra "Quitar" por "Poner". De este modo, el botón se convertirá en un interruptor que hará aparecer y desaparecer la etiqueta en cada pulsación.

El código del botón será:

```
Private Sub cmdPoner_Click()
  If lblEtiqueta.Visible = True Then
     lblEtiqueta.Visible = False
     cmdPoner.Caption = "Poner"
  Else
     lblEtiqueta.Visible = True
     cmdPoner.Caption = "Quitar"
  End If
End Sub
```

En otro ejemplo, utilizaremos los controles **Botón de comando** y **Etiqueta** en una hoja que contiene 4 columnas.

En la primera columna, hay un listado de referencias de productos de un almacén. En la segunda y tercera columna, están las entradas y salidas de dicho almacén. En la cuarta columna, aparece la cantidad que se encuentra en el stock del almacén.

En el evento *Click* del **Botón de comando**, insertaremos una serie de instrucciones que comprueben si las cantidades reflejadas en la cuarta columna se encuentran por debajo de un mínimo que situaremos en 10 unidades.

Cuando alguna referencia esté por debajo del mínimo, en la etiqueta aparecerá el mensaje "Referencia bajo mínimos". Si todas las referencias se encuentran por encima del valor mínimo, la etiqueta mostrará el mensaje "Nivel de Stock adecuado".

La hoja presentará el aspecto de la Figura 15.3.

Referencia	Entradas	Salidas	Cantidad
R-100	34	15	19
R-101	65	4	61
R-102	25	1	24
R-103	12	2	10
R-104	58	15	43
R-105	47	1	46
R-106	45	12	33
R-107	21	1	20
R-108	95	4	91
Control	Nivel de Stock adecuado		

Figura 15.3: Control de almacén.

En el **Botón de comando**, hemos cambiado las propiedades *Caption* y *Name* a "Control". En la etiqueta, se ha eliminado el contenido de la propiedad *Caption* ("Label1") para que no aparezca ningún mensaje hasta que hagamos clic sobre el **Botón de comando**. También hemos modificado las propiedades *SpecialEffect* y *TextAlign*.

El programa escrito en el evento *Click* del **Botón de comando** comienza estableciendo la propiedad *Caption* de la **Etiqueta** como "Nivel de Stock adecuado".

Un bucle recorre las diferentes celdas de la columna "Cantidad" para comprobar la existencia de algún valor por debajo del mínimo. Si alguna celda hace verdadera la condición de estar bajo mínimo, se cambia la propiedad *Caption* de la **Etiqueta** para que muestre este hecho.

```
Private Sub Control_Click()
  Dim fila As Byte
  [A1].Select
  Label1.Caption = "Nivel de Stock adecuado"
  For fila = 2 To 10
    If Cells(fila, 4) < 10 Then
      Label1.Caption = "Referencia Bajo Mínimos"
    End If
  Next fila
End Sub
```

Si la lista fuera larga, para agilizar el proceso, podríamos salir del bucle cuando encontremos un producto que se encuentre por debajo del stock mínimo, utilizando la instrucción *Exit For*, dentro de la condición que cambia el *Caption* de *Label1*.

Agregaremos dos instrucciones para que, además de aparecer la etiqueta con el mensaje correspondiente, se señale cada producto bajo mínimos, rellenando de amarillo el color del fondo de cada celda. En este caso, deberíamos anular la instrucción *Exit For*, si es que la hemos utilizado.

Al comenzar el bucle:

```
For Fila=2 to 10
```

Borramos el color del interior de la celda que hubiera podido quedar de un proceso anterior, con la instrucción siguiente:

```
Cells(Fila,4).Interior.ColorIndex=xlNone
```

Por otro lado, dentro de la condición *If ... End If*, escribimos la instrucción que coloreará en amarillo el interior de la celda cuyo stock se encuentre bajo mínimos:

```
Cells(Fila,4).Interior.ColorIndex=6
```

15.3. CUADRO DE TEXTO

A diferencia de la **Etiqueta**, en un control de **Cuadro de texto**, podemos escribir tanto en tiempo de diseño como en tiempo de ejecución. Se utiliza principalmente para introducir información.

La propiedad por defecto es *Text*. Tiene propiedades similares a la **Etiqueta** para cambiar colores, fuentes y aspectos.

La herramienta **Ver código** nos lleva por defecto al evento *Change*.

El ejemplo que vamos a utilizar para probar este control será una lista de nombres y teléfonos. Cuando escribamos un nombre en nuestro control de **Cuadro de texto**, el programa nos mostrará el teléfono de esa persona.

La hoja de Excel presentará el aspecto de la Figura 15.4.

Nombres	Teléfonos
Juan Pérez	917256868
Luisa Ramos	917865454
Laura Roca	936888777
Carlos Hernán	968205878
Ana García	967653465
Paula Pico	968999919
Andrés Sagún	913876765
Jaime González	917876599
Laura Roca	936754343

Figura 15.4: Cuadro de texto.

La escritura del código la realizaremos sobre el evento *LostFocus* del control **Cuadro de texto**. Este evento se produce cuando un objeto pierde el foco. Un control tiene el foco cuando es el control activo en ese momento. Por ejemplo, un **Cuadro de texto** tendrá el foco si el cursor parpadea dentro de él.

Cuando terminemos de escribir el nombre de la persona cuyo teléfono estamos buscando y hagamos clic en la celda de al lado, el **Cuadro de texto** perderá el foco y el código escrito en ese evento se ejecutará.

Utilizaremos un bucle *While ... Wend* para recorrer los nombres de la lista de personas hasta que encontremos uno igual al escrito en el **Cuadro de texto**. Si ocurre la coincidencia, escribimos en la celda activa el contenido situado dentro de la columna "Teléfonos" de la fila donde se haya encontrado el nombre.

Con este tipo de bucles, necesitamos un contador que vaya incrementando el valor de la fila en una unidad.

```
Private Sub TextBox1_LostFocus()
  Dim fila As Byte
  fila = 2
  While Cells(fila, 1) <> TextBox1.Text And fila < 10
    fila = fila + 1
  Wend
  ActiveCell = Cells(fila, 2)
End Sub
```

Si en el recorrido hecho por el bucle no se encuentra ninguna coincidencia, la celda activa se quedará en blanco.

Si en la última vuelta del bucle no se ha encontrado el nombre, el contador de filas se incrementará en una unidad y la celda activa tomará el valor de la fila que hay por debajo del último nombre de la lista, fila que no tiene nombre ni teléfono.

En lugar de utilizar la celda activa para escribir el resultado, podríamos visualizarlo en un cuadro de mensajes utilizando la instrucción:

```
MsgBox Cells(Fila,2)
```

O bien escribirlo en una celda determinada, escribiendo, por ejemplo:

```
[B12] = Cells(Fila,2)
```

También podríamos seleccionar la celda encontrada utilizando el método *Select*.

15.4. BOTÓN DE OPCIÓN

El control **Botón de opción** se utiliza para crear un grupo de opciones exclusivas. Es un control con dos estados, activado o desactivado.

Se activa cuando se produce el evento *Click* sobre él. Se desactiva al hacer clic sobre cualquier otro botón de su grupo.

Tiene la particularidad de que sólo uno de los botones de opciones de un grupo está activado, de manera que, cuando hacemos clic en uno de estos controles, se desactiva el control que previamente haya sido activado.

Se utiliza en programas donde deseamos establecer alternativas excluyentes. Por ejemplo, supongamos que tenemos en Excel la Tabla 15.1.

Precios	Descuentos
1.200	
500	
900	
875	
1.500	
20.000	
80	
100	
200	

Tabla 15.1: Tabla de descuentos.

Deseamos que en la columna "Descuentos" aparezca un 5% o un 10% de las cantidades reflejadas en la columna "Precios".

Utilizaremos dos botones de opción, ya que en la columna "Descuentos" sólo debe aparecer uno de los dos tipos de descuento.

Seguimos los pasos enumerados anteriormente para la creación de los dos controles.

En el apartado **Propiedades** del primer botón, cambiaremos *Caption* escribiendo 5%, y le denominaremos "descuento5" en la propiedad *Name*.

Para el segundo botón, la propiedad *Caption* será "10%" y *Name* será "descuento10".

Aunque no es preciso cambiar la propiedad *Name*, nos resultará más cómodo utilizar un nombre familiar en lugar de la denominación que ofrece Visual Basic automáticamente para el botón.

El programa que escribiremos deberá calcular los descuentos del 5% y 10% según el botón que activemos. Deberá hacerlo en cada una de las celdas de la columna "Descuentos", desde la fila 2 a la fila 10.

Como al activar cualquiera de los botones se desactivará el otro, podemos elegir el evento *Change* en lugar del evento *Click* que nos propone Visual Basic para escribir nuestro código.

El evento *Change* se produce cada vez que hay un cambio en el estado del botón; es decir, cuando se activa y cuando se desactiva. Esto hace que no tengamos que programar los dos botones, sino sólo uno de ellos, ya que, aunque no hagamos clic sobre el botón del 5%, cuando lo hagamos sobre el del 10% también se producirá un cambio: si aquél estaba activado, pasará a estar desactivado.

El código a escribir puede incluir una condición que compruebe si el botón del 5% está activado al producirse el cambio. Si esto es cierto, un bucle recorrerá todas las celdas realizando los cálculos al 5%. Si es falso, se puede establecer otro bucle realizando los cálculos al 10%.

El código, por tanto, quedaría como sigue:

```
Public Sub descuento5_Change()
  Dim fila As Byte
  If descuento5 Then
     For fila = 2 To 10
        Hoja1.Cells(fila, 2).Value = Hoja1.Cells(fila, 1) * 0.05
     Next fila
  Else
     For fila = 2 To 10
        Hoja1.Cells(fila, 2).Value = Hoja1.Cells(fila, 1) * 0.1
     Next fila
  End If
End Sub
```

Nuestra hoja de Excel con los controles de botón de opción se podría ver tal como se representa en la Figura 15.5. (Para ver las cantidades correspondientes en euros, ver pág. 292).

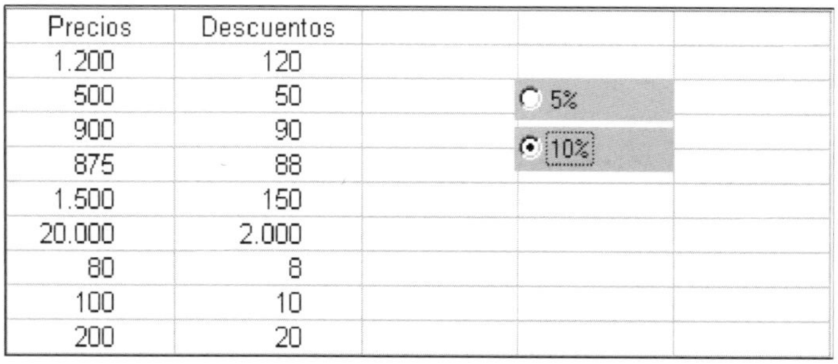

Precios	Descuentos
1.200	120
500	50
900	90
875	88
1.500	150
20.000	2.000
80	8
100	10
200	20

Figura 15.5: Ejemplo de botón de opción.

El programa utilizado anteriormente permite apreciar que, cuando tenemos una pareja de botones de opción, un cambio en cualquiera de los botones provoca un cambio en el otro botón.

Ahora imaginemos que utilizamos un tercer botón que calcule un 15% de descuento. Nos complicaríamos demasiado si quisiéramos adaptar el procedimiento anterior a la nueva situación, ya que al pulsar sobre un botón se desactivará automáticamente el que estuviese activado, pero habrá un tercer botón que no sufrirá ninguna variación.

En este caso, sería mejor programar independientemente cada botón, evitando además la condición que evalúa el botón pulsado.

El resultado sería crear tres procedimientos *Click*, uno para cada botón, con las siguientes instrucciones:

```
Public Sub descuento5_Click()
 For fila = 2 To 10
    Hoja1.Cells(fila, 2).Value = Hoja1.Cells(fila, 1) * 0.05
 Next fila
End Sub

Public Sub descuento10_Click()
 For fila = 2 To 10
   Hoja1.Cells(fila, 2).Value = Hoja1.Cells(fila, 1) * 0.1
 Next fila
End Sub

Public Sub descuento15_Click()
 For fila = 2 To 10
    Hoja1.Cells(fila, 2).Value = Hoja1.Cells(fila, 1) * 0.15
 Next fila
End Sub
```

15.5. CASILLA DE VERIFICACIÓN

Este control, a diferencia del anterior, no es excluyente, de modo que, si presentamos un grupo de opciones, podremos tener cada una de ellas activada o no, independientemente de cómo estén las demás, pudiendo incluso estar todas activadas o todas desactivadas. Por lo demás es muy similar al control anterior.

Supongamos una hoja de Excel que contiene una lista de nombres de personas y si el asiento que ocupan en un medio de transporte es de fumador o no fumador.

Queremos programar dos controles de **Casilla de verificación** de modo que podamos tener 4 alternativas de visualización de la característica:

- Ver los asientos de fumadores en la lista de personas. Casilla de verificación "Fumadores" activada y de "No fumadores" desactivada.
- Ver los de no fumadores. Casilla de verificación "No fumadores" activada y "Fumadores" desactivada.
- Tener presentes los dos a la vez. Ambas casillas activadas.
- No ver ninguno. Ambas casillas de verificación desactivadas.

La hoja con los controles dibujados y la casilla "No fumadores" activada se vería tal como se aprecia en la Figura 15.6.

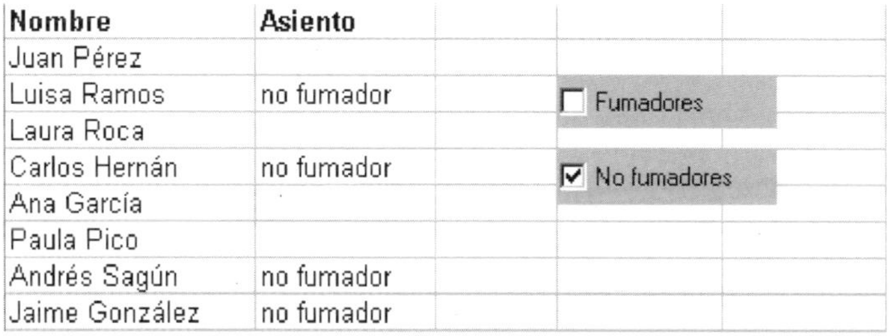

Figura 15.6: Ejemplo del control Casilla de verificación.

Cambiaremos las propiedades *Caption* a "Fumadores" y *Name* a "fuma", en el primer control. En el segundo, la propiedad *Caption* será "No Fumadores" y *Name* será "nofuma".

Observesé que en la propiedad *Caption* podemos incluir espacios en blanco, mientras que en *Name* no está permitido.

Crearemos un programa que cambie el color a negro en los rótulos "fumador" y "no fumador" contenidos en las celdas, cuando encuentre la casilla de verificación correspondiente activada.

Así mismo, cuando desactivemos una casilla, el programa escribirá el texto al que alude la casilla en la columna "Asiento" con color blanco, es decir, con el mismo color que el fondo, lo que convertirá el texto en invisible.

Esta vez podemos escribir el código en el evento *Click* o en el evento *Change*. De hecho, cada vez que se produzca el evento *Click*, vendrá inmediatamente después un evento *Change*.

No podemos ahorrarnos el código de una de las casillas, ya que actúan de modo independiente.

En el código de la casilla "Fumadores", primero comprobamos que la casilla está activada.

```
If fuma.Value = True Then
```

Si es cierto, recorremos con un bucle las celdas 2 a 10 comprobando en cada celda si su contenido es "fumador".

```
If Cells(fila, 2) = "fumador" Then
```

Si la condición anterior es cierta, establecemos el índice de color del texto a negro.

```
Cells(fila, 2).Font.ColorIndex = 1
```

En el caso de que la casilla "Fumadores" no esté activada (*Else*), recorremos igualmente, con un bucle, las diferentes celdas para poner esta vez el índice de color de texto a blanco en la palabra "fumador" de las celdas que la contengan.

El código completo del primer control sería el siguiente:

```
Private Sub fuma_Click()
  Dim fila As Byte
  Cells(1, 1).Select
  If fuma.Value = True Then
    For fila = 2 To 10
      If Cells(fila, 2) = "fumador" Then
        Cells(fila, 2).Font.ColorIndex = 1
      End If
    Next fila
  Else
    For fila = 2 To 10
      If Cells(fila, 2) = "fumador" Then
        Cells(fila, 2).Font.ColorIndex = 2
      End If
    Next fila
  End If
End Sub
```

La línea:

```
Cells(1,1).Select
```

es necesaria para desplazar el foco de la casilla de verificación y pasarlo a la hoja.

El código del segundo control será prácticamente idéntico al del primer control, por lo que se recomienda copiarlo y pegarlo, cambiando la palabra "fumador" por "no fumador" y la palabra "fuma" por "nofuma".

Una vez realizado, podemos comprobar el funcionamiento del código haciendo clic con el ratón en uno y otro control.

Podríamos simplificar el código anterior teniendo en cuenta que cuando una condición es verdadera tiene el valor —1 y si es falsa tiene el valor 0.

Por otro lado, la propiedad *ColorIndex* tiene el valor 1 para el color blanco y el valor 2 para el negro.

Pues bien, si al valor de la condición —1 o 0 le sumamos la constante 2, el valor devuelto será 1 o 2, es decir, el valor del color.

El código del procedimiento *fuma_Click* podría quedar entonces de la siguiente manera:

```
Private Sub fuma_Click()
  Cells(1,1).Select
    For fila = 2 To 10
      If Cells(fila, 2) = "fumador" Then
        Cells(fila, 2).Font.ColorIndex = fuma.value + 2
      End If
    Next fila
  End If
End Sub
```

Para el procedimiento *nofuma_Click* utilizaríamos el mismo código, salvo que a la propiedad *ColorIndex* le asignaríamos *NoFuma.Value* + 2.

15.6. BOTÓN DE ALTERNAR

El control **Botón de alternar**, cuyo nombre original es "Toggle Button", podríamos decir que es de la misma familia que los dos anteriores. También tiene dos estados, activado y desactivado. En realidad, funciona igual que la casilla de verificación. La diferencia principal de este botón respecto al anterior hay que buscarla en el aspecto más que en el comportamiento.

En el ejemplo siguiente, tenemos la lista de precios que hemos utilizado en el ejemplo del control del **Botón de opción**.

Crearemos un **Botón de alternar** con la propiedad *Caption* y *Name* como "IVA".

El programa a desarrollar hará que los precios se presenten incluyendo o no el Impuesto sobre el Valor Añadido.

Lo haremos multiplicando los precios por 1.16, cuando el botón esté activado, y dividiendo por 1.16, cuando desactivemos el botón, de modo que nos quede el precio anterior.

El código es muy similar al anterior. Se comprueba si el botón se activa al producirse el evento *Click* sobre él para recorrer las celdas multiplicándolas por 1.16.

Si, por el contrario, el botón se desactiva, el recorrido por las celdas lo haremos para descontar el IVA, lo que conseguimos dividiendo los precios por 1.16.

El programa puede quedar como sigue:

```
Private Sub IVA_Click()
  Dim fila As Byte
  If IVA Then
    For fila = 2 To 10
      Cells(fila, 1) = Cells(fila, 1) * 1.16
    Next fila
  Else
    For fila = 2 To 10
      Cells(fila, 1) = Cells(fila, 1) / 1.16
    Next fila
  End If
End Sub
```

La hoja donde realizamos este ejemplo puede presentar el aspecto de la Figura 15.7.

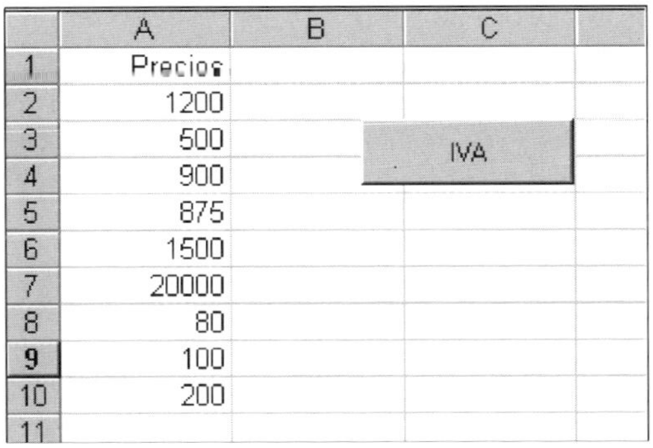

Figura 15.7: Botón de alternar.

15.7. CUADRO DE LISTA Y CUADRO COMBINADO

Los dos controles que vamos a estudiar son muy parecidos, por lo que los comentaremos en el mismo apartado y utilizando el mismo ejemplo.

Con el control **Cuadro de lista** podemos tener en la hoja una ventana que contenga información en forma de listado. Podremos copiar esta información a cualquier celda de nuestra hoja con un simple clic.

Por ejemplo, en el caso de que una columna llamada "categorías" hiciese referencia a la categoría profesional de un grupo de personas, el tener una lista de categorías profesionales evitaría que tuviésemos que escribirlas repetidamente en dicha columna.

Con el control **Cuadro de lista**, tendríamos en una ventana una lista de todas las categorías posibles. Con una simple línea de programa, cuando hiciéramos clic en un elemento de dicha lista, éste se copiaría en la celda activa.

Para llenar el **Cuadro de lista** con los diferentes elementos que la componen, utilizamos un rango de la hoja donde aparecerán escritos dichos elementos.

La propiedad que une el contenido del rango de la hoja a la lista es *ListFillRange*.

No tiene propiedad *Caption*, pero sí la propiedad *Name*, como todos los controles.

Hay una propiedad llamada *LinkedCell* que permite asociar directamente, sin necesidad de programar nada, el elemento seleccionado de la lista con una celda de nuestra hoja.

La propiedad *Text* es la propiedad por defecto en un **Cuadro de lista** y contiene el elemento seleccionado de la lista.

Con la propiedad *BackColor* se puede cambiar el color del fondo de la ventana. Cuando seleccionamos esta propiedad, aparecen dos solapas: **Paleta** y **Sistema**.

Con *BorderColor* podríamos cambiar el color del borde, siempre que la propiedad *BorderStyle* sea *1-fmBorderStyleSingle*. Esta propiedad tiene, por defecto, el valor *0-fmBorderStyleNone*.

Como en la mayoría de los controles, podemos cambiar el tipo, el tamaño y los efectos de la fuente deseada para escribir los elementos de la lista, con la propiedad *Font*. Con la propiedad *ForeColor* se cambia el color de la fuente.

Cuando el tamaño de la ventana que hemos creado no es suficiente para visualizar la lista completa, aparece automáticamente una barra de desplazamiento vertical para poder acceder a todos los elementos de la lista.

El control **Cuadro combinado** se diferencia esencialmente del **Cuadro de lista** en que, mientras en el **Cuadro de lista** sólo podemos seleccionar un elemento de la lista, el **Cuadro combinado** nos permite escribir un elemento nuevo no reflejado en la lista.

En el **Cuadro combinado** existen prácticamente las mismas propiedades que en el **Cuadro de lista**.

Para utilizar la propiedad *BackColor*, deberemos tener la propiedad *BackStyle* con valor *1-fmBackStyleOpaque,* ya que esta propiedad con valor *0-fmBackStyleTransparent* hace que el fondo se haga transparente, con lo que la propiedad *BackColor* queda inoperante.

Realizaremos un ejemplo, creando en una hoja una columna de nombres y otra de provincias de Andalucía. Llenaremos un **Cuadro de lista** y un **Cuadro combinado** con las 8 provincias andaluzas, como vemos en la Figura 15.8.

Figura 15.8: Cuadro combinado y cuadro de lista.

Tanto en el **Cuadro de lista** como en el **Cuadro combinado**, pondremos el rango E1:E8 en la propiedad *ListFillRange* para rellenar las listas de ambos controles con el mismo contenido.

Escribiremos en el evento *Click* del **Cuadro de lista** el siguiente código:

```
Private Sub ListBox1_Click()
  ActiveCell.Value = ListBox1.Text
End Sub
```

La instrucción escrita simplemente asigna el contenido de la propiedad *Text* del **Cuadro de lista**, que es el elemento seleccionado, a la propiedad *Value* de la celda activa.

Para utilizarlo nos situamos en una celda de la columna "Provincia" y hacemos clic sobre el elemento que seleccionemos en el **Cuadro de lista**. El contenido de dicho elemento se copiará a la celda seleccionada.

El código del **Cuadro combinado** es igual que el del **Cuadro de lista**:

```
Private Sub ComboBox1_Change()
  ActiveCell.Value = ComboBox1.Text
End Sub
```

Hay que observar que el evento donde se ha situado el código es *Click*, en el caso del **Cuadro de lista**, y *Change* en el del **Cuadro combinado**. *Click* y *Change* son los eventos que, por defecto, se generan respectivamente en cada uno de estos dos controles cuando se activa en Excel la herramienta **Ver código**.

Cuando hacemos clic sobre un elemento diferente del que tiene la propiedad *Text*, se produce también el evento *Change*. Sin embargo, se puede producir este evento, con una instrucción de programa, sin efectuar clic sobre ningún elemento.

La propiedad *ListFillRange* de nuestro control puede leer la lista de otra hoja escribiendo, por ejemplo, "Hoja2!E3:E6", o incluso de otro libro: "[Libro2]!Hoja2!A1:A6". Además, si se inserta una fila dentro del origen de la lista, queda automáticamente reflejado en esta propiedad.

15.8. CONTROL DE NÚMERO

Este control, llamado en inglés "SpinButton", se utiliza para aumentar o reducir el valor de una variable numérica, entre un valor mínimo y un valor máximo.

El tipo de número que podemos utilizar es entero largo (*Long*); es decir, un valor comprendido entre -2.147.483.648 y 2.147.483.647.

Las propiedades para establecer los valores entre los que se moverá el contador son *Min* y *Max* El incremento lo determina la propiedad *SmallChange* y la propiedad por defecto es *Value*.

Si dibujamos este control con la propiedad *Min* = —100, *Max* = 100, *SmallChange* = 10 y *Value* = 0, escribiendo el código siguiente:

```
Private Sub SpinButton1_Change()
  Cells(1, 1).Value = SpinButton1.Value
End Sub
```

observamos que, al hacer clic sobre la flecha que apunta hacia arriba en la celda A1, el control toma valores incrementándose de 10 en 10 hasta llegar a 100.

Si hacemos clic en la flecha que apunta hacia abajo, los valores se reducirán de 10 en 10 hasta —100.

Cuando se llega a cualquiera de los límites, seguir haciendo clic con el ratón no surtirá ningún efecto.

Si la cifra límite no es múltiplo del incremento, ocurre que, en el último clic, el contador aumenta el valor necesario para llegar al límite, aunque tal valor sea menor que el intervalo fijado en la propiedad *SmallChange*.

15.9. BARRA DE DESPLAZAMIENTO

El control de **Barra de desplazamiento** ("ScrollBar") se basa en el mismo concepto que el control anterior.

Las propiedades *Max*, *Min*, *SmallChange* y *Value* tienen las mismas características.

La diferencia básica es que en una **Barra de desplazamiento** tenemos dos tipos de incremento.

El pequeño, representado en la propiedad *SmallChange*, actúa cuando hacemos clic sobre cualquiera de las flechas situadas en los extremos de la barra.

El grande, por su parte, queda determinado en la propiedad *LargeChange* y actúa cuando hacemos clic entre la flecha y el botón que se desliza a lo largo de la barra.

En la **Barra de desplazamiento** también es posible mover el botón deslizante, arrastrándolo entre las dos flechas.

Las barras de desplazamiento se pueden dibujar en vertical y en horizontal. En el primer caso, el máximo valor se sitúa arriba y el mínimo abajo. En las barras horizontales, el máximo está a la derecha y el mínimo a la izquierda.

Los valores numéricos que podemos utilizar en las propiedades son del tipo entero largo, como hemos visto antes: algo más de dos mil millones sin decimales.

Podemos hacer una prueba con un ejemplo de código similar al del control anterior para experimentar el funcionamiento de este control.

Un ejemplo, aplicado a una hoja de Excel, podría ser la utilización de una barra de desplazamiento para variar la tasa de interés que debemos pagar por un préstamo mediante la función PAGO vista en el apartado "3.3.3. Funciones Financieras". Al actuar sobre la barra de desplazamiento, se recalculan las cuotas mensuales a pagar.

Si utilizamos, en el mismo ejemplo, otra barra de desplazamiento para el tiempo de devolución del préstamo, podremos tener otro elemento variable en el cálculo de la cuota mensual.

Vamos a escribir en una hoja una columna con cantidades de 1 a 10 millones y otra con la fórmula del pago de un préstamo.

En la celda B2 realizaremos el primer cálculo. Utilizaremos la celda A2 para el capital, la celda E2 para la tasa de interés y E6 para el tiempo.

La fórmula que escribiremos en B2 será:

*=PAGO($E$2/100/12;$E$6*12;A2)*

E2 es la tasa que dividimos por 100 para convertir los valores enteros que aparecerán en esta celda en tantos por uno. Dividimos una segunda vez por 12, ya que el cálculo que deseamos obtener es el del pago mensual y suponemos que la tasa reflejada en E2 es anual.

En E6 se encuentra el tiempo en años. El número de cuotas a pagar es el número de años por 12.

Por último, en A2 se encuentra el capital. No tenemos que realizar ninguna corrección sobre él porque está en pesetas.

El símbolo **$** lo ponemos, antes de fila y columna, en E2 y en E6 porque queremos que estas celdas se copien de manera absoluta al arrastrar la celda para las demás cantidades.

La hoja de cálculo donde realizamos este ejercicio presenta el aspecto de la Figura 15.9.

Capital	Cuota Mensual			
1.000.000	-11.611		Tasa %	7
2.000.000	-23.222			
3.000.000	-34.833			
4.000.000	-46.443			
5.000.000	-58.054		Tiempo(años)	10
6.000.000	-69.665			
7.000.000	-81.276			
8.000.000	-92.887			
9.000.000	-104.498			
10.000.000	-116.108			

Figura 15.9: Barra de desplazamiento.

Hemos creado una barra de desplazamiento con las propiedades: *Name* = "Tasa", *Min* = 1, *Max* = 15 y *SmallChange* = 1.

La segunda barra creada tiene: *Name* = "Tiempo", *Min* = 1, *Max* = 20 y *SmallChange* = 1.

El código del programa escrito para que las celdas E2 y E6 varíen cuando se produce un cambio en las barras de desplazamiento es:

```
Private Sub Tasa_Change()
  Cells(2, 5) = Tasa.Value
End Sub

Private Sub Tiempo_Change()
  Cells(6, 5) = Tiempo.Value
End Sub
```

Si queremos que la tasa varíe en incrementos menores a la unidad, aumentamos el valor máximo de la barra de desplazamiento y dividimos la tasa por la fracción deseada, antes de asignar el valor a la celda.

En el ejemplo anterior, para obtener fracciones de medio punto, establecemos el valor *Max* de la barra de desplazamiento en 40 y variamos la fórmula dividiendo por dos la tasa:

```
Cells(2, 5) = Tasa.Value / 2
```

Para fracciones de un cuarto de punto, el valor *Max* debería ser 80 y, en la fórmula, habría que dividir por cuatro, y así sucesivamente.

15.10. CONTROL IMAGEN

Con este control creamos un cuadro donde podemos insertar imágenes de diferentes tipos, como "metafile" o "gif".

Para practicar este control, podemos encontrar algunas imágenes en la carpeta donde se haya instalado Microsoft Office, dentro de la subcarpeta **Clipart**.

La propiedad más importante del control Imagen es *Picture*. Es aquí donde seleccionamos la imagen que deseamos que aparezca en el cuadro creado.

La forma en que la imagen elegida se adapta al cuadro dibujado se puede controlar con la propiedad *PictureSizeMode*. Esta propiedad tiene 3 alternativas:

0 - fmPictureSizeModeClip. Se utiliza si queremos que la imagen no cambie su tamaño original. Si el cuadro es más pequeño, perderemos una parte de la visión de la imagen.

1 - fmPictureSizeModeStretch. Con esta opción, la imagen ocupa todo el cuadro aunque tenga que deformarse para hacerlo.

3 - fmPictureSizeModeZoom. El modo zoom tiene la particularidad de que la imagen cabe entera en el cuadro pero sin deformarse. La imagen se hace todo lo alta o ancha que pueda, ajustando las proporciones en la otra dimensión y dejando, si es preciso, espacio libre en el cuadro.

En la Figura 15.10 podemos ver los tres casos.

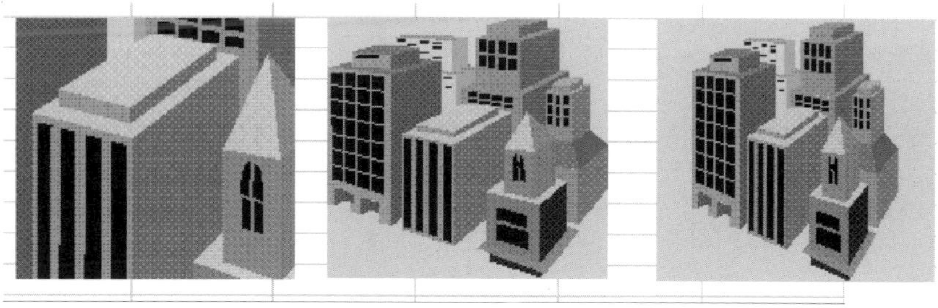

Figura 15.10: Control Imagen.

Otra propiedad relacionada con lo anterior es *AutoSize* que, por defecto, es *False*. Cuando es *True*, el cuadro es el que se adapta a la imagen, de modo que se hace todo lo grande o pequeño que se necesario para ajustarse a la imagen que contiene.

CAPÍTULO 16

FORMULARIOS EN VISUAL BASIC

16.1. INTRODUCCIÓN

En ocasiones, llenamos una hoja de cálculo de controles dejando poco espacio para los datos de la propia hoja.

Podemos utilizar formularios que se abran al activar un botón de comando. Estos formularios pueden tener todo tipo de controles que nos pregunten o muestren información, para después cerrarlos con otro comando.

Creamos un formulario en el editor de Visual Basic desde el menú **Insertar — UserForm**.

Aparece una ventana vacía en la que podemos añadir controles como lo hemos hecho sobre la hoja de Excel.

La barra de herramientas que tiene los controles utilizables se puede mostrar con el menú **Ver — Cuadro de herramientas** o con una herramienta del mismo nombre situada en la barra de herramientas estándar.

Los controles básicos que podemos utilizar dentro de los formularios son similares a los estudiados en el capítulo anterior, que trataba de controles dentro de las hojas de Excel. De modo que podemos utilizar, de la misma forma, los controles: **Etiqueta**, **Cuadro de texto**, **Casilla de verificación**, **Botón de opción**, **Barra de desplazamiento**, **Botón de comando**, **Botón de alternar** y **Botón de número**.

Seleccionamos el control deseado y lo dibujamos arrastrando un recuadro sobre el **UserForm**.

En la barra de herramientas estándar, aparece una herramienta llamada **Ventana de Propiedades**, con la que podemos ver y modificar las propiedades del control seleccionado. También, haciendo clic con el botón derecho del ratón sobre el control, aparece un menú contextual con una opción de **Propiedades**.

Podemos escribir el código para el control haciendo doble clic sobre el control o mediante una opción del menú contextual.

Hay que observar que, en la ventana **Proyecto-VBAProject**, aparecen tres iconos en la parte de arriba.

La opción de **Ver código** nos lleva a la ventana donde escribimos el código del programa.

Ver objeto es una opción que se emplea para ver el diseño del formulario creado, con los controles insertados en el mismo.

por su parte, la opción **Alternar carpetas** nos muestra el proyecto que estamos desarrollando, estructurado en objetos de Excel, formularios y módulos, o como una lista.

La ventana **Proyecto** se presenta en pantalla mediante el menú **Ver — Explorador**

de proyectos, con el icono situado en la barra de herramientas estándar o pulsando <CTRL.> + <R>.

16.2. PROPIEDADES DE UN FORMULARIO

Un formulario presenta una serie de propiedades equivalentes a las de los controles que hemos visto anteriormente. Comentaremos brevemente algunas de ellas.

Name

Con esta propiedad establecemos el nombre del formulario. Puede ser aconsejable utilizar el prefijo "frm" seguido del nombre que deseamos poner al formulario, a modo de prefijo diferenciador de otros controles.

Caption

Nos servirá para establecer el título que aparece en la parte superior de la ventana del formulario. Como podremos apreciar, en esta zona aparecerá, además del título, el botón de cerrar el formulario. No existen los botones **Maximizar** ni **Minimizar**. Además, el formulario tendrá un tamaño no modificable en tiempo de ejecución, aunque sí en tiempo de diseño mediante las propiedades *Height* y *Width*.

StartUpPosition

Por defecto, esta propiedad aparece establecida como "centrar en propietario" (*CenterOwner*), con lo que el formulario quedará centrado con respecto a la ventana que contiene el libro donde se abre el formulario.

Si cambiamos esta opción a la alternativa *Manual*, podremos establecer, con las propiedades *Left* y *Top*, la posición exacta que deseamos ocupe en la pantalla.

ShowModal

Cuando esta propiedad está en *True*, el formulario se abre de forma *Modal*. Esto significa que no podemos pasar el foco a una hoja del libro mientras no ocultemos o cerremos el formulario.

Si la propiedad está en *False*, el formulario se abre de forma no *Modal* y podemos intercambiar el foco entre el formulario y la hoja.

Hay que tener en cuenta que ésta es una característica nueva en la versión Excel del Office 2000 que no está presente en Excel 97, cuyos formularios se abren siempre de forma *Modal*.

16.3. MOSTRAR Y OCULTAR FORMULARIOS

Vamos a realizar un sencillo ejemplo creando un formulario que abriremos desde una hoja de Excel, para después cerrarlo con un botón situado en el mismo formulario.

En el editor de Visual Basic insertamos un formulario, cambiando la propiedad *Caption* por "Formulario de Ejemplo" y *Name* por "Form1".

Creamos un control **Etiqueta** y cambiamos la propiedad *Caption* por "Prueba del uso de un Formulario". En la propiedad *BorderStyle* establecemos la *1 — fmBorderStyleSingle*.

Creamos un **Botón de comando** cambiando las propiedades *Name* y *Caption* por "Cerrar".

Para el botón "Cerrar" generamos el código siguiente:

```
Private Sub Cerrar_Click()
 Unload Form1
End Sub
```

La instrucción *Unload Form1*, que descarga de la memoria el formulario que hemos creado, nos servirá para cerrarlo.

Un procedimiento un tanto más sofisticado para el botón "Cerrar" sería preguntar al usuario si está seguro de hacerlo. El código sería entonces el siguiente:

```
R = MsgBox("¿Está seguro de que desea salir?", vbOKCancel)
If R = vbOK Then
   Unload Form1
End if
```

En la hoja de Excel creamos un control de tipo **Botón de comando** con la propiedad *Caption* como "Abrir" y generamos el código siguiente:

```
Private Sub Abrir_Click()
 Form1.Show
End Sub
```

La instrucción *Form1.Show* sirve para abrir el formulario denominado "Form1". El método *Show* comprueba si el formulario se encuentra en memoria y, si no lo está, lo carga en la misma. Una vez en memoria, muestra el formulario en pantalla.

Si hacemos clic sobre el botón "Abrir" de nuestra hoja, observaremos una ventana como la que aparece en la Figura 16.1.

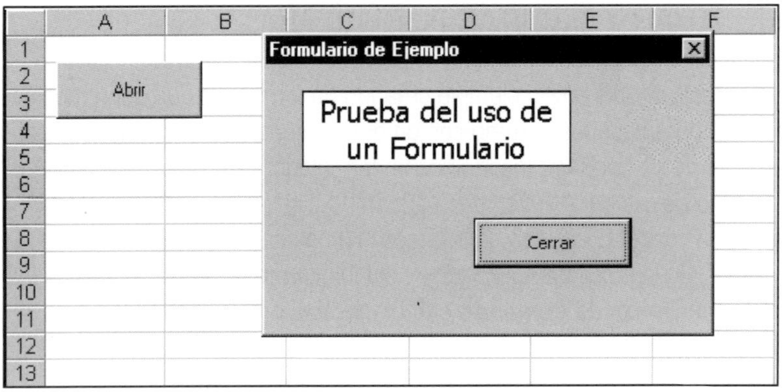

Figura 16.1: Mostrar un formulario con Show.

Cuando hagamos clic con el ratón sobre el botón "Cerrar", el formulario desaparecerá de pantalla y, tal como lo hemos programado, también de la memoria.

Si se utiliza a menudo el formulario creado, puede ser aconsejable no descargarlo de la memoria con *Unload*. Tenemos la alternativa de ocultarlo de pantalla sin quitarlo de la memoria, con la instrucción:

```
Form1.Hide
```

También podemos cargar el formulario a la memoria sin mostrarlo en pantalla, con la instrucción:

```
Load Form1
```

Hay que distinguir entre *Load* o *Unload*, que son instrucciones de Visual Basic, mientras que *Show* o *Hide* son métodos del objeto UserForm.

Los métodos serían las acciones que los objetos pueden ejecutar.

También hay que distinguir entre las propiedades que hemos visto en páginas anteriores y los métodos. Mientras que los métodos son acciones de los objetos, las propiedades son características de ellos. Por ejemplo, el color es una propiedad de un objeto; borrar, en cambio, es un método que destruiría dicho objeto.

Para mayor información, se puede consultar en la ayuda de Visual Basic el tema **Métodos — Introducción**.

Se puede controlar la salida de un formulario para evitar que el usuario lo cierre mediante acciones no deseadas.

Existe un procedimiento de evento, en los formularios, denominado *QueryClose*, que se produce automáticamente antes del cierre del formulario.

Este procedimiento tiene una variable *Cancel* que, cuando toma el valor *True*, desactiva el cierre del formulario. De este modo, si en el código de dicho procedimiento escribimos:

```
Private Sub UserForm_QueryClose(Cancel As Integer, CloseMode As _ Integer)
  Cancel = True
End Sub
```

no podríamos cerrar el formulario ni pulsando sobre el botón **x** de la misma ventana del formulario, ni haciendo clic sobre el botón de cierre creado.

Si lo probamos, para poder parar el programa y cerrar el formulario, deberemos pulsar simultáneamente las teclas <CTRL.> + <PAUSA>.

Podríamos discriminar sobre el modo como se cierra un formulario leyendo el valor de *CloseMode*.

Por ejemplo, si no queremos que se pueda cerrar el formulario utilizando el botón **x** de la ventana del formulario pero sí con un botón de comando que realiza una descarga del formulario (*Unload*), podemos escribir:

```
Private Sub UserForm_QueryClose(Cancel As Integer, CloseMode As _
Integer)
   If CloseMode = 0 Then
      Cancel = True
   End If
End Sub
```

Los valores posibles de *CloseMode* los vemos reflejados en la Tabla 16.1.

Constante	Valor	Modo de cerrar
VbFormControlMenu	0	Pulsando el botón x de la ventana
VbFormCode	1	Unload
VbAppWindows	2	Se cierra Windows
VbAppTaskManager	3	El administrador de tareas cierra la aplicación

Tabla 16.1: Valores de CloseMode.

Cuando mostramos un formulario, por defecto aparece de forma *Modal*. Esto significa que debemos terminar las acciones del formulario antes de pasar el control a una hoja del libro.

La propiedad *ShowModal* se puede cambiar a *False* para que, sin necesidad de cerrar el formulario, podamos acceder a la hoja.

16.4. USO DE CONTROLES DENTRO DE FORMULARIOS

Dentro de los formularios, podemos utilizar diversos controles con propiedades muy parecidas o, en algunos casos, idénticas a los ya utilizados dentro de una hoja del libro, como vimos en un capítulo anterior.

16.4.1. Etiqueta - Cuadro de texto - Botón de comando

Crearemos un ejemplo sencillo para ver el uso de estos tres controles dentro de un formulario, desde donde podremos apreciar una base de datos situada en una hoja. Además, desde este formulario, podremos realizar tareas como eliminar o insertar registros.

En primer lugar, escribiremos unos pocos datos en una hoja para dar forma a la tabla con la que vamos a trabajar. Los campos serán: "Número", "Referencia", "Forma" y "Color". La lista podría ser como la que aparece en la Tabla 16.2.

Número	Referencia	Forma	Color
1	1254	triángulo	rojo
2	5263	círculo	verde
3	2589	rectángulo	amarillo
4	4526	rombo	rojo
5	1478	cuadrado	gris
6	4526	rombo	azul

Tabla 16.2: Tabla de datos.

A continuación, dentro del editor de Visual Basic, insertaremos un objeto *UserForm* al que pondremos en su propiedad *Name*: "frmPiezas" y en *Caption*: "Piezas".

Insertaremos dentro del formulario cuatro etiquetas, cuyas propiedades *Caption* corresponderán a los nombres de los campos de nuestra hoja: "Número", "Referencia", "Forma" y "Color". No es necesario que nos molestemos en cambiar la propiedad *Name*, ya que no programaremos nada sobre ella.

Ahora colocaremos cuatro cajas de texto en las que más adelante insertaremos el contenido de los campos de cada uno de los registros. La propiedad *Name* la cambiaremos en cada caja a: "txtNumero", "txtReferencia", "txtForma" y "txtColor". Dejaremos en blanco la propiedad *Text* de todas ellas.

Desde la hoja, crearemos un nombre de rango para la celda que ocupa la parte superior izquierda de la tabla, mediante el menú **Insertar — Nombre - Definir**. De esta forma, tendremos identificada la lista aunque se inserten filas por arriba o se mueva a otra ubicación.

Por otra parte, crearemos un botón de comando dentro de la hoja que nos permita llamar al formulario que estamos desarrollando. Cambiaremos la propiedad *Name* a "cmdFormulario" y su *Caption* será "Formulario". El código del botón sería:

```
Private Sub cmdFormulario_Click()
  frmPiezas.Show
End Sub
```

Para que el formulario nos muestre la primera ficha, escribiremos, en el procedimiento *Initialize* del formulario, el código que identifique la fila y columna donde se encuentra el primer campo del primer registro. Esto es fácil de localizar porque este campo está debajo justamente del rango cuyo nombre es "Número". De modo que comenzaremos seleccionando la celda superior izquierda de nuestra lista. A través de las propiedades *row* y *column* detectaremos su posición. En la misma columna, y una fila más abajo, estará nuestro primer registro. Ahora sólo tendríamos que escribir en las cajas de texto el contenido de la primera celda y las tres siguientes.

Para evitar repeticiones posteriores, crearemos el procedimiento "Rellenar", que invocaremos para que haga la tarea de escribir el interior de las cajas de texto. No podemos olvidar declarar las variables "fila" y "columna" en la zona de declaraciones generales del *UserForm*, para evitar que se pierda su valor entre diferentes procedimientos.

El código de esta parte de nuestro ejercicio podría ser como sigue:

```
Option Explicit
Dim fila, columna

Private Sub UserForm_Initialize()
  Range("Número").Select
  fila = ActiveCell.Row + 1
  columna = ActiveCell.Column
  Rellenar
End Sub

Public Sub Rellenar()
  txtNumero = Cells(fila, columna)
  txtReferencia = Cells(fila, columna + 1)
  txtForma = Cells(fila, columna + 2)
  txtColor = Cells(fila, columna + 3)
End Sub
```

Ahora crearemos dos botones de comando que nos permitan desplazarnos a través de los diferentes registros. La propiedad *Name* será "cmdSiguiente" y "cmdAnterior" y el *Caption* "Siguiente" y "Anterior". Además, el botón "Anterior" tendrá la propiedad *Enabled* a *False* para evitar un desplazamiento inicial a un registro anterior al primero.

Básicamente, el botón "Siguiente" incrementará el valor de la variable fila en una unidad, mientras que el botón "Anterior" lo disminuirá. Pondremos una condición para desactivar cada botón cuando lleguemos a los limites de nuestra lista.

El límite de la lista lo sabremos mediante:

```
CurrentRegion.Rows.Count
```

que nos devolverá el número de filas totales de nuestra tabla.

El código de los botones "cmdSiguiente" y "cmdAnterior" sería:

```
Private Sub cmdSiguiente_Click()
  fila = fila + 1
  Rellenar
  cmdAnterior.Enabled = True
  If fila = ActiveCell.CurrentRegion.Rows.Count + _
  Range("Número").Row — 1  Then
     cmdSiguiente.Enabled = False
  Else
     cmdSiguiente.Enabled = True
  End If
End Sub

Private Sub cmdAnterior_Click()
  fila = fila - 1
  Rellenar
  cmdSiguiente.Enabled = True
  If fila = Range("Número").Row + 1 Then
     cmdAnterior.Enabled = False
  Else
     cmdAnterior.Enabled = True
  End If
End Sub
```

Por otro lado, crearemos un botón que nos lleve directamente al primer elemento de la tabla y otro que señale al último.

Insertaremos para ello dos botones con propiedades *Name*: "cmdPrimero" y "cmdUltimo", con el siguiente código:

```
Private Sub cmdPrimero_Click()
  fila = Range("Número").Row + 1
  Rellenar
  cmdAnterior.Enabled = False
```

```
  cmdSiguiente.Enabled = True
End Sub

Private Sub cmdUltimo_Click()
  fila = ActiveCell.CurrentRegion.Rows.Count + Range("Número").Row - 1
  Rellenar
  cmdSiguiente.Enabled = False
  cmdAnterior.Enabled = True
End Sub
```

El formulario debería tener el aspecto parecido al de la Figura 16.2.

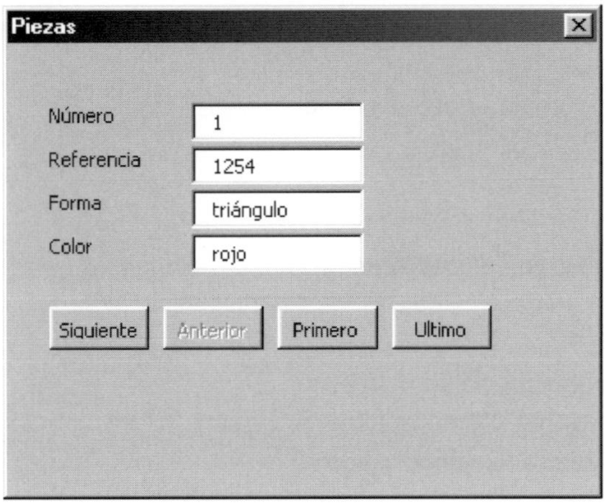

Figura 16.2: Formulario Piezas.

16.4.2. Marco

Con el control **Marco**, también denominado "Frame", podemos encerrar en un cuadro un grupo de controles con algunas particularidades. Por ejemplo, la de poder desplazarlos todos juntos a través del formulario o hacer que todos ellos aparezcan o desaparezcan, simplemente convirtiendo en visible o no el marco que los contiene.

Una utilidad especial de este control está relacionada con el uso del control **Botón de opción**. Como vimos en otro apartado anterior al utilizar este control, al hacer clic sobre un **Botón de opción**, automáticamente se desactivaba cualquier otro que hasta ese momento estuviese activado. De este modo, no puede estar activado más de uno de estos botones.

Con el control **Marco**, podemos agrupar botones de opción por categorías. Esto nos permite tener activados simultáneamente un botón por cada marco que hayamos creado.

Por ejemplo, vamos a insertar un nuevo formulario (*Name* = "frmMarco", *Caption* = "Prueba de Marco") donde incluiremos una **Etiqueta** (*Name* = "Label1", *Caption* = "Esto es una prueba") y dos controles **Marco** que realizarán cambios de color y tamaño de la etiqueta a través de botones de opción.

Dentro del primer control **Marco** (*Name* = "Frame1", *Caption* = "Color"), agregaremos tres botones de opción (1 - *Name* = "optRojo", *Caption* = "Rojo"; 2 - *Name* = "optAzul", *Caption* = "Azul"; 3 - *Name* = "optNegro", *Caption* = "Negro").

Programaremos el evento *Click* de cada botón de opción, de modo que cambie la propiedad *ForeColor* de la etiqueta a rojo, azul o verde, con las siguientes instrucciones:

```
Private Sub optRojo_Click()
 Label1.ForeColor = vbRed
End Sub

Private Sub optAzul_Click()
 Label1.ForeColor = vbBlue
End Sub

Private Sub optNegro_Click()
 Label1.ForeColor = vbBlack
End Sub
```

Utilizamos las constantes *vbRed*, *vbBlue* y *vbBlack* para cambiar el color del texto de la etiqueta. Hay otras como *vbWhite*, *vbYellow* o *vbGreen* para los colores más elementales.

Se puede utilizar la función *QBColor*, con la que obtendríamos 16 colores, con valores de 0 a 15. Por ejemplo, pintaríamos de rojo el color de texto de la etiqueta "Label1", con la instrucción:

```
Label1.ForeColor = QBColor(4)
```

Otra forma de controlar el color es con la función *RGB*, en la que se seleccionantres valores de 0 a 255, los cuales determinan la cantidad de color rojo, verde y azul respectivamente que queremos mezclar. Por ejemplo, para obtener una mezcla de 255 partes de rojo, 100 de verde y 0 de azul podemos escribir:

```
Label1.ForeColor = RGB(255, 100, 0)
```

Continuando con nuestro ejemplo, agregamos un segundo **Marco** (*Name* = "Frame2", *Caption* = "Tamaño"), con tres botones de opción (1 - *Name* = "opt12", *Caption* = "12"; 2 - *Name* = "opt14", *Caption* = "14"; 3 - *Name* = "opt16", *Caption* = "16").

El objetivo de estos botones es cambiar el tamaño de la etiqueta al pulsar cada uno de ellos. Para ello, modificaremos la propiedad *Size* del objeto *Font* correspondiente a la etiqueta, con las siguientes instrucciones:

```
Private Sub opt12_Click()
  Label1.Font.Size = 12
End Sub

Private Sub opt14_Click()
  Label1.Font.Size = 14
End Sub

Private Sub opt16_Click()
  Label1.Font.Size = 16
End Sub
```

Lo importante de este ejemplo es que comprobemos que podemos tener marcados simultáneamente dos botones de opción, uno de cada marco, cosa que no podríamos realizar sin la ayuda de este control **Marco**.

El aspecto de este formulario sería el que se aprecia en la Figura 16.3.

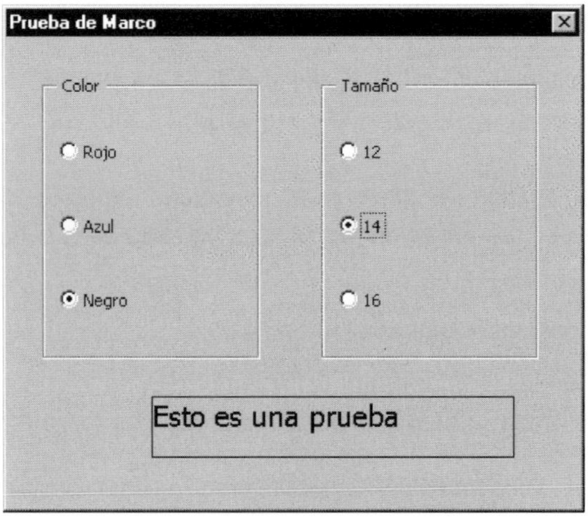

Figura 16.3: Ejemplo del control Marco.

Otra solución posible para el ejercicio anterior, sin utilizar el control **Marco**, consiste en utilizar la propiedad *GroupName*.

Con la propiedad *GroupName* podemos especificar un nombre de grupo para los controles que deseemos formen parte del mismo conjunto.

De esta manera, si escribimos "colores" como nombre de grupo en los tres botones de colores y denominamos "tamaño" a los otros tres botones, al ejecutar el formulario, podríamos seleccionar un elemento de cada conjunto, de forma simultánea.

16.4.3. Cuadro de lista y Cuadro combinado

Vamos a dedicar un apartado a estos controles agregados a un formulario, para explorar métodos y propiedades no estudiados anteriormente al referirnos a estos mismos controles utilizados desde las hojas de Excel.

El primer ejemplo consistirá en importar el contenido de un rango de otro libro a nuestro libro activo.

Insertaremos dentro de un formulario un **Cuadro combinado**, manteniendo el nombre asignado automáticamente. *Name*: "ComboBox1".

El ejercicio consistirá en introducir, dentro de este **Cuadro combinado**, la lista de los nombres de rango de un libro de Excel que abriremos durante la ejecución del programa.

Comenzaremos por programar, en el procedimiento del evento *Activate* donde se activa el formulario, la apertura del libro. Supondremos que dicho libro se encuentra en el disco **C:**, dentro de la carpeta **Mis Documentos**. Dentro del mismo código, iremos rellenando la lista con los nombres de rango del libro abierto, por lo que el procedimiento *Activate* del formulario quedaría así:

```
Private Sub UserForm_Activate()
  libro = InputBox("Abrir libro...")
  Workbooks.Open "c:\Mis Documentos\" & libro
  For Each x In Workbooks(libro).Names
     ComboBox1.AddItem x.Name
  Next
End Sub
```

Ahora programaremos el evento *Click* del **Cuadro combinado**, para que, cuando seleccionemos un elemento de la lista, se copie el contenido del rango a nuestro libro activo, con el siguiente código:

```
Private Sub ComboBox1_Click()
 Workbooks(libro).Activate
 Range(ComboBox1.Text).Copy
 Workbooks(NombreActivo).Activate
 ActiveCell.PasteSpecial
End Sub
```

Por último, necesitamos insertar un procedimiento que inicie la apertura del formulario. En el módulo donde situemos dicho procedimiento, deberemos declarar como *Public* las variables que guardarán tanto el nombre del libro activo como el del libro que vamos a abrir, para que se recuerden durante todo el proceso.

```
Public NombreActivo
Public libro

Public Sub ImportarRango()
 NombreActivo = ActiveWorkbook.Name
 UserForm1.Show
End Sub
```

Si además deseamos cerrar el libro y descargar el formulario al terminar la copia, podemos agregar las siguientes dos instrucciones a nuestro procedimiento *ComboBox1_Click:*

```
Workbooks(libro).Close
Unload Me
```

En un segundo ejemplo, vamos a realizar un ejercicio insertando un nuevo formulario y agregando un **Cuadro de lista** sin alterar sus propiedades. Por tanto, *Name* será "ListBox1"; tendremos, además, un **Cuadro de texto** con el atributo *Name* como "txtAgregar" y un **Botón de comando** con la propiedad *Name* como "cmdAgregar" y *Caption* como "Agregar".

Utilizaremos el **Cuadro de texto** para agregar los elementos que deseemos a la lista y el **Botón de comando** será el que ejecute la acción. Para ello, contamos con un método en los cuadros de lista y combinados denominado *AddItem*.

De modo que el código de nuestro control será:

```
Private Sub cmdAgregar_Click()
 ListBox1.AddItem txtAgregar
End Sub
```

Iniciamos el programa y comprobamos que podemos escribir un nombre en el **Cuadro de texto** y que, al hacer clic sobre el botón "Agregar", se añade al **Cuadro de lista**.

Si deseamos introducir una lista con muchos nombres, podemos hacer que, cada vez que pulsamos "Agregar", se seleccione automáticamente el contenido del **Cuadro de texto**, para que se borre al escribir un nuevo nombre. El código ahora sería:

```
Private Sub cmdAgregar_Click()
  ListBox1.AddItem txtAgregar
  txtAgregar.SelStart = 0
  txtAgregar.SelLength = Len(txtAgregar)
  txtAgregar.SetFocus
End Sub
```

La propiedad *SelStart* indica el comienzo de la selección. *SelLength* es el número de caracteres seleccionados. *Len(txtAgregar)* nos devuelve precisamente la longitud, en caracteres, del texto escrito en la **Cuadro de texto**. Por otro lado, el método *SetFocus* hace que el **Cuadro de texto** sea el control que en ese momento ostente el foco.

Agregaremos otro control de tipo comando (*Name* = "cmdEliminar" y *Caption* = "Eliminar") para poder eliminar un elemento de la lista.

El método *RemoveItem* es el encargado de esta tarea. Necesitaremos únicamente decirle qué elemento de la lista deseamos eliminar.

Para ello, utilizaremos la propiedad *ListIndex,* que viene a ser el puntero de la lista, de modo que podemos identificar cada elemento a través de esta propiedad.

El código del control "cmdEliminar" será:

```
Private Sub cmdEliminar_Click()
 If ListBox1.ListIndex <> -1 Then
    ListBox1.RemoveItem ListBox1.ListIndex
 End If
End Sub
```

La condición impuesta para eliminar un elemento, *ListIndex*, debe tener un valor diferente de —1 con el fin de evitar el error que se produciría al intentar eliminar un elemento cuando no hay ninguno seleccionado o cuando la lista está vacía. En estos casos, el valor de *ListIndex* es —1. Cuando hay un elemento activado, el valor de *ListIndex* va de 0, que corresponde al primer elemento, hasta el número total de elementos de la lista, representado por la propiedad *ListCount*, menos 1.

Para probarlo sólo tenemos que seleccionar un elemento de la lista y pulsar sobre el botón "Eliminar".

Otro botón que podríamos agregar (*Name* = "cmdBorrarTodo" y *Caption* = "Borrar Todo") nos será de utilidad para eliminar todos los elementos de la lista, utilizando el método *Clear*. La instrucción simplemente sería:

```
Private Sub cmdBorrarTodo_Click()
 ListBox1.Clear
End Sub
```

Si deseamos eliminar varios elementos de modo selectivo, podemos hacerlo estableciendo la propiedad *MultiSelect,* del **Cuadro de lista**, como *2-fmMultiselectExtended*. De este modo, podremos seleccionar simultáneamente varios elementos consecutivos pulsando <MAYÚSCULAS> y alternos pulsando <CTRL.>.

Ahora agregamos un nuevo control (*Name* = "cmdEliminarSeleccion" y *Caption* = "Eliminar Selección"). Para escribir el código, debemos saber que existe la propiedad *Selected*, similar a *List*. Esta propiedad guarda en una matriz un valor *boolean*, verdadero o falso, que determina para cada elemento de la lista si está o no seleccionado.

Realizamos un recorrido por la lista, desde el último al primer elemento, comprobando si cada elemento está seleccionado. Si es así, lo eliminamos con el método *RemoveItem*. Para identificar el elemento a borrar, utilizamos la variable del bucle *For ... Next*.

Las instrucciones que componen el código de este control serán:

```
Private Sub cmdEliminarSeleccion_Click()
 Dim I as Integer
 For I = ListBox1.ListCount - 1 To 0 Step -1
   If ListBox1.Selected(I) Then
     ListBox1.RemoveItem I
   End If
 Next I
End Sub
```

La instrucción:

```
If ListBox1.Selected(I) Then
```

equivale a:

```
If ListBox1.Selected(I)=True Then.
```

Vamos a agregar ahora una **Etiqueta** (*Name* = "lblContador") que nos muestre el número de elemento seleccionado (índice) y el número total de elementos de la lista. Para ello, programaremos el procedimiento *Change* del **Cuadro de lista**, de modo que, cuando seleccionemos un elemento o lo eliminemos de la lista, se reajuste nuestro contador. El código de este procedimiento será:

```
Private Sub ListBox1_Change()
 lblContador = ListBox1.ListIndex + 1 & "/" & ListBox1.ListCount
End Sub
```

Añadimos 1 a *ListIndex* para que el primer elemento aparezca como 1 en lugar de 0.

Para que, al eliminar todos los elementos de la lista, se vacíe nuestra etiqueta, podemos agregar, al final del procedimiento para eliminar, las siguientes instrucciones:

```
If ListBox1.ListIndex = -1 Then
   lblContador = ""
End If
```

Otro **Botón de comando** (*Name* = "cmdBuscar" y *Caption* = "Buscar") que podemos crear servirá para buscar un elemento de la lista. Para ello, primero preguntaremos el nombre que deseamos buscar, después recorreremos la lista utilizando la propiedad *List*.

La propiedad *List* representa una matriz que contiene cada elemento de la lista identificado por un índice. Cuando encontremos un elemento de la lista que coincida con el nombre buscado, lo seleccionaremos utilizando la propiedad *Selected* con el índice del elemento coincidente de la lista. El código de este control será, por tanto.

```
Private Sub cmdBuscar_Click()
 Dim r As String
 Dim I as Integer
 r = InputBox("Buscar...")
 For I = 0 To ListBox1.ListCount - 1
    ListBox1.Selected(I) = False
    If ListBox1.List(I) = r Then
       ListBox1.Selected(I) = True
    End If
 Next
End Sub
```

Si además queremos que, al seleccionar un elemento el contenido de éste, pase al

Cuadro de texto, podemos añadir en el procedimiento *ListBox1_Change* las siguientes instrucciones:

```
If ListBox1.ListIndex <> -1 Then
   txtAgregar.Text = ListBox1.List(ListBox1.ListIndex)
End If
```

El formulario creado hasta ahora tendría el aspecto de la Figura 16.4.

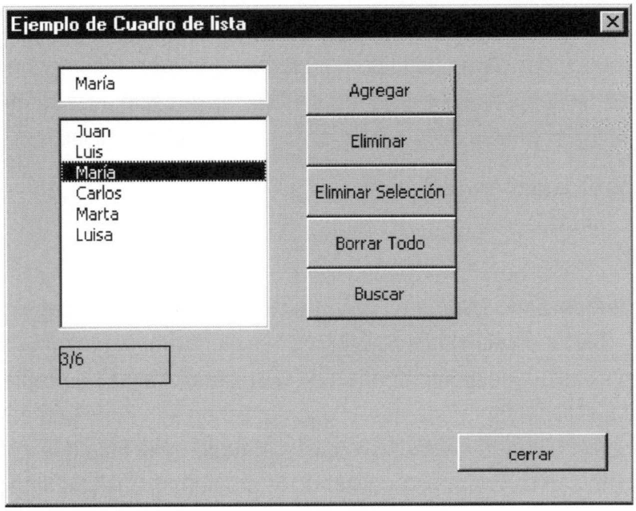

Figura 16.4: Cuadro de lista.

16.4.4. Control RefEdit

RefEdit es un control formado por una caja editable, donde podemos escribir texto o establecer referencias a rangos de una hoja. Además, tiene un botón, en la parte derecha del control, que se utiliza para contraer el formulario en el que está insertado.

De esta manera, si deseamos seleccionar un determinado rango en una hoja, pulsamos sobre el botón de este control y el formulario en el que está contenido se contraerá. Realizamos la selección y pulsamos de nuevo sobre el botón, que ahora presenta una pequeña flecha roja, tras lo cual aparecerá en la caja de texto la dirección del rango seleccionado.

Este control se debe usar en formularios que actúen de forma *Modal*. La propiedad *ShowModal* del formulario debe ser *True*.

Cuando actúa como **Cuadro de texto**, tiene sus mismas propiedades, por ejemplo, *MaxLength*, *MultiLine*, *PasswordChar* o *ScrollBars*.

La propiedad *MaxLength* se ignora cuando establecemos una referencia a un rango.

16.4.5. Página múltiple

MultiPage es un control contenedor que permite establecer varias páginas diferentes donde insertar otros controles.

De esta forma, en tiempo de ejecución y haciendo clic en la pestaña correspondiente a cada página, accedemos al grupo de controles establecidos en dicha página.

Hay que tener en cuenta que, a pesar de que podemos movernos entre las páginas, nos encontramos dentro del mismo control, por lo que no podemos introducir dos controles con el mismo nombre (propiedad *Name*), aunque se encuentren en diferentes páginas.

Efectuando, en tiempo de diseño, un clic con el botón derecho del ratón en la zona superior de este control, accedemos a un menú contextual que nos permite crear, eliminar, cambiar de nombre o mover una página.

La opción **Cambiar nombre** permite establecer el título que aparecerá en la pestaña, así como establecer una tecla rápida con la que cambiar de página sin usar el ratón, mediante la combinación <ALT> más esta tecla. Además, podemos establecer la pista que aparecerá cuando apuntemos a su pestaña, mediante la opción **Texto de información sobre controles**.

Estas últimas opciones se pueden cambiar directamente en la ventana **Propiedades**, seleccionando previamente la página y alterando las propiedades: *Caption*, *Accelerator* y *ControlTipText*.

En tiempo de ejecución, identificamos cada página mediante un número de índice, comenzando por 0 para la primera página.

El número de páginas lo obtenemos mediante *Count*, teniendo en cuenta que el índice de la última página será una unidad menor que el número total.

El siguiente código nos muestra el título de cada página del control "MultiPage1":

```
For I = 0 To MultiPage1.Pages.Count - 1
   MsgBox MultiPage1.Pages(I).Caption
Next I
```

Hay que tener en cuenta que se pueden establecer las propiedades de cada una de las páginas independientemente, seleccionando previamente la página, además de cambiar las propiedades generales del contenedor **MultiPage**.

Entre las propiedades generales, *TabOrientation* permite situar las pestañas con las que seleccionamos las páginas, en las posiciones arriba, abajo, a la derecha o a la izquierda.

La propiedad *Style* nos permite eliminar dichas pestañas o visualizarlas de dos modos diferentes: *Tabs* y *Buttons*.

16.4.6. Barra de tabulaciones

Este control, también llamado **TabStrip,** es similar al estudiado en el apartado anterior, salvo que, mientras que en el anterior control cada pestaña corresponde a una página diferente, en la **Barra de tabulaciones** todas las pestañas corresponden a la misma página.

Para que parezca que nos movemos por diferentes páginas, utilizamos la propiedad *Visible* de los controles contenidos en la página, de modo que, dependiendo de la selección, hacemos unos visibles y otros no.

De la misma forma que en el control **Página múltiple**, podemos crear, eliminar, cambiar de nombre o mover las páginas del control **Barra de tabulaciones**.

Crearemos un pequeño ejemplo que nos aclarará la forma de trabajar de este control.

En un formulario nuevo, insertaremos el control **Barra de tabulaciones**, al que mantendremos el nombre de "TabStrip1" que aparece por defecto. Observaremos que, en la parte superior, aparecen las pestañas "Tabulador1" y "Tabulador2".

Pulsando con el botón secundario del ratón sobre la franja superior del control **TabStrip**, nos aparecerá el mismo menú contextual que teníamos en el control de **Página múltiple**. Este menú nos permitía crear una nueva página, eliminarla, cambiar su nombre o moverla.

Dentro del control **TabStrip**, introduciremos un control **Marco**, cuya propiedad *Name* será "Frame1". Dentro de este último control, crearemos una **Etiqueta** a la que no modificaremos sus propiedades.

Ahora copiamos el **Marco**, seleccionamos el **TabStrip** y pulsamos en **Pegar**. Comprobaremos que tenemos dos marcos, cada uno de ellos con una etiqueta.

Cambiaremos la propiedad *Caption* del segundo **Marco** creado por "Frame2" para que coincida con su propiedad *Name* y así distinguir, en ejecución, el marco que estamos viendo.

También en el caso de la etiqueta "Label2", cambiaremos la propiedad *Caption* para distinguirla de la primera creada.

Por último, estableceremos la propiedad *Visible* de ambos marcos como *False*.

Para que aparezca el **Marco** correspondiente cuando pulsemos sobre una pestaña, en tiempo de ejecución escribiremos el siguiente procedimiento en el evento *Click* del **TabStrip**:

```
Private Sub TabStrip1_Click(ByVal Index As Long)
  Frame1.Visible = False
  Frame2.Visible = False
  Select Case Index
    Case 0
      Frame1.Visible = True
    Case 1
      Frame2.Visible = True
  End Select
End Sub
```

Al pulsar sobre una pestaña, el control **TabStrip** recibe el índice (*Index*) de ésta, a la cual le corresponde el índice 0. De este modo, hacemos visible el marco apropiado, dejando invisibles todos los demás.

El aspecto del formulario podría ser el de la Figura 16.5.

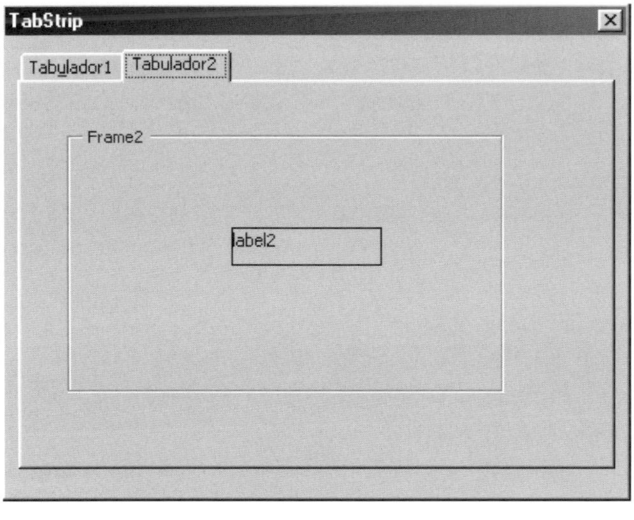

Figura 16.5: Control Barra de tabulaciones.

Dentro de nuestro marco, sólo hay una etiqueta pero, evidentemente, podríamos haber puesto un grupo de ellas o de otros controles.

Hay que recordar que los controles que se sitúan en los marcos deben ser siempre visibles, ya que, al hacer el marco visible, todos se verán y, al hacerlo no visible, todos se ocultarán, lo cual es mucho más simple que ir haciendo visible o no cada uno de ellos.

Por otro lado, podríamos borrar la propiedad *Caption* del **Marco** y eliminar el borde del mismo, estableciendo su propiedad *BorderStyle* a *0-fmBorderStyleNone* y la propiedad *SpecialEffect* a *0-fmSpecialEffectFlat*.

CAPÍTULO 17

ACCESO A ARCHIVOS DE TEXTO

17.1. ARCHIVOS DE TEXTO

Visual Basic puede trabajar con archivos de texto de manera secuencial o directa como se hace en el lenguaje Qbasic.

Indudablemente, no tiene mucho sentido crear una base de datos sofisticada utilizando este tipo de ficheros.

Sin embargo, en ocasiones nos puede venir bien poder guardar o leer un listado de forma rápida y sencilla con unas pocas instrucciones.

Realizaremos un ejemplo sencillo utilizando el formulario creado en el capítulo "Formularios en Visual Basic", en el segundo ejemplo del apartado "Cuadro de lista y Cuadro combinado".

Introduciremos en este formulario los dos controles de comando siguientes:

"Guardar": Con este control guardaremos de modo secuencial en un archivo la lista que contenga en ese momento el cuadro de lista.

"Abrir": Para poder leer del fichero secuencial el listado e introducirlo en el cuadro de lista.

El control "Guardar" tendrá como propiedad *Name* "cmdGuardar" y abrirá un nuevo fichero secuencial llamado "lista.txt" donde guardará todos los elementos del cuadro combinado. Tal como lo escribimos, si el fichero "lista.txt" ya existe, se borrará y se creará uno nuevo con la lista actual.

Las instrucciones del evento *Click* de este control serán:

```
Private Sub cmdGuardar_Click()
  Dim I As Integer
  Dim x As String
  Open "c:\CursoExcel\lista.txt" For Output As 1
  For I = 0 To ListBox1.ListCount - 1
     ListBox1.ListIndex = I
     x = ListBox1.List(I)
     Print #1, x
  Next I
  Close #1
End Sub
```

La instrucción *Open* abre el fichero de nombre "lista.txt" en el directorio **C:\CursoExcel**.

For Output indica que se abrirá como nuevo y en modo escritura. Si el fichero ya existiera, esta instrucción lo destruye, ya que crea otro archivo con el mismo nombre.

Utilizamos *As 1* si necesitamos abrir varios ficheros a la vez empleando números de canales diferentes.

El bucle lo utilizamos para mover el índice del **Cuadro de lista** a través de todos sus elementos. Así, asignamos el valor de la variable a la propiedad *ListIndex*.

Recogemos en la variable *x* el valor de cada elemento de **ListBox** y lo escribimos en el fichero con la instrucción *Print #1, x*.

Por último, con *Close #1* se cierra el fichero.

En el control "Abrir", realizamos la operación contraria: leemos el fichero secuencial del disco y añadimos cada elemento al **Cuadro de lista**. Hay que tener en cuenta que, si en el **ListBox** hay alguna lista previa, los elementos que leemos del fichero se añadirán a esa lista.

El procedimiento de este botón sería el siguiente:

```
Private Sub cmdAbrir_Click()
  Dim I As Integer
  Dim x As String
  Open "c:\CursoExcel\lista.txt" For Input As 1
  While Not EOF(1)
     Input #1, x
     ListBox1.AddItem x
  Wend
  Close #1
End Sub
```

En este caso, abrimos el fichero con la expresión *For Input* (para entrada), que dispone el archivo en modo de lectura.

Con las instrucciones:

```
While Not EOF(1)
Input #1, x
```

leemos cada elemento del fichero hasta que lleguamos al final del mismo.

Con el método *AddItem* añadimos cada elemento al **Cuadro de lista**.

Ejecutamos el proyecto e introducimos varios elementos en la lista y pulsamos el botón "Guardar". Eliminamos los elementos con el botón correspondiente y después activamos el control de "Abrir". Comprobaremos que la lista que había al pulsar "Guardar" vuelve de nuevo al **Cuadro de Lista**.

El fichero de texto generado de esta forma es visible desde cualquier editor de texto, como el Bloc de notas de Windows, donde podremos abrirlo y modificarlo.

En los dos procedimientos anteriores, hemos utilizado un archivo concreto: "lista.txt". Si deseamos decidir el nombre y la ruta del archivo, tanto para guardarlo como para abrirlo, podemos hacerlo con una variable a la que previamente hayamos asignado el camino y nombre de fichero, por ejemplo:

```
Archivo = InputBox("Nombre completo del fichero...")
Open Archivo For Input As 1
```

Si sólo varía el nombre del archivo mientras la ruta se mantiene constante, podríamos escribir:

```
Archivo = InputBox("Nombre completo del fichero...")
Open "c:\CursoExcel\" & Archivo For Input As 1
```

Si el camino donde está el fichero de texto coincide con la ruta del libro activo, podemos utilizar la propiedad *Path* de *ActiveWorkbook*, de la forma siguiente:

```
Open ActiveWorkbook.Path & "\" & Archivo For Input As 1
```

Por otro lado, también podemos utilizar los métodos *GetOpenFilename* y *GetSaveAsFilename* del objeto *Application* para visualizar las pantallas de Windows de **Abrir** y **Guardar como**.

En el caso de abrir un archivo para lectura, las instrucciones serían:

```
Archivo = Application.GetOpenFilename
Open Archivo For Input As 1
```

Si lo abrimos para escribir en él o se trata de un fichero nuevo, escribimos:

```
Archivo = GetSaveAsFilename
Open Archivo For Output As 1
```

CAPÍTULO 18

PROCEDIMIENTOS EN LAS HOJAS DE UN LIBRO

18.1. INTRODUCCIÓN

Además del código generado en los procedimientos dentro de los módulos y en los controles situados sobre las hojas o en los formularios, podemos escribir un código que se ejecute en un procedimiento de evento sobre una hoja o un libro.

Desde el editor de Visual Basic, y dentro de la carpeta **Microsoft Excel Objetos**, observamos un objeto **Hoja** por cada una de las hojas que contiene nuestro libro, además de un objeto **ThisWorkbook** que corresponde al libro.

Seleccionando un objeto hoja, cualquiera puede comprobar que en el cuadro desplegable de objeto aparece el objeto *Worksheet*. Seleccionamos dicho objeto y observamos los diferentes eventos donde escribir el código en el cuadro de procedimientos.

18.2. SelectionChange

El evento por defecto es *SelectionChange*. Este evento sucede cuando realizamos un cambio de celda en la hoja.

Podemos comprobar cuándo se activa si escribimos:

```
MsgBox "Cambio de celda"
```

Desde este momento, si en la hoja cambiamos de celda con el ratón, con las flechas de desplazamiento del teclado o con las teclas <REPÁG> o <AVPÁG>, aparecerá el mensaje correspondiente.

En el inicio de este procedimiento, podemos leer:

```
Private Sub Worksheet_SelectionChange(ByVal Target As Range)
```

Es posible emplear *Target* para reconocer la celda sobre la que nos hemos posicionado. Si cambiamos el aviso anterior escribiendo:

```
MsgBox Target.Row
```

aparecerá un mensaje indicándonos el número de la fila de la celda seleccionada. También podríamos utilizar la instrucción:

```
Msgbox Activecell.row
```

La diferencia se manifiesta al realizar una selección múltiple con la tecla de control. *ActiveCell* nos devolvería la última celda seleccionada, *Target* la primera.

18.3. Activate - Deactivate

Con estos procedimientos, podemos controlar si activamos o desactivamos la hoja. Lo probamos escribiendo una instrucción *MsgBox* en cada procedimiento:

```
Private Sub Worksheet_Activate()
  MsgBox "Activo"
End Sub

Private Sub Worksheet_Deactivate()
  MsgBox "Desactivo"
End Sub
```

Seleccionamos otra hoja, en cuyo caso pasamos por *Deactivate,* y después, al seleccionar la hoja que queremos controlar, por *Activate.*

18.4. BeforeDoubleClick - BeforeRightClick

Cuando hacemos doble clic en una celda, Excel activa el modo de edición de dicha celda. Esto es equivalente a usar la barra de fórmulas o a pulsar la tecla <F2> del teclado.

Por otro lado, al pulsar el botón derecho del ratón se abre un menú contextual para realizar diferentes tareas.

Podemos controlar ambos eventos con los procedimientos *BeforeDoubleClick* y *BeforeRightClick*. En estos procedimientos, se registra en *Target* la celda seleccionada.

Además, tenemos la posibilidad de cancelar el menú contextual en el caso de *BeforeRightClick* o la edición en el caso de *BeforeDoubleClick*, estableciendo *True* en la variable *Cancel*, que por defecto es *False*.

```
Private Sub Worksheet_BeforeDoubleClick(ByVal Target As Range, _
  Cancel As Boolean)
  Cancel = True
End Sub

Private Sub Worksheet_BeforeRightClick(ByVal Target As Range, _
  Cancel As Boolean)
  Cancel = True
End Sub
```

18.5. Calculate

Pasamos por el procedimiento *Calculate* cada vez que Excel realiza un recálculo de la hoja.

Podemos probar este procedimiento escribiendo una instrucción *MsgBox* al igual que en los anteriores.

18.6. Change

Se produce al realizar un cambio en una celda. No se da en otras celdas que pudieran verse afectadas por dicho cambio.

Target representa la celda modificada. Con el ejemplo siguiente, podemos cambiar el color de las celdas modificadas y observar que, si están implicadas en cálculos de otras celdas, éstas no cambiarán de color.

```
Private Sub Worksheet_Change(ByVal Target As Range)
 Target.Interior.Color = vbYellow
End Sub
```

Podemos combinar la acción de dos eventos para conseguir propósitos más complejos. Por ejemplo, supongamos que quisiéramos proteger las celdas de una hoja de posibles cambios de contenido. Declaramos una variable en la zona de declaraciones generales de la hoja con el objetivo de guardar el contenido de las celdas que vayamos seleccionando:

```
Dim EstaCelda As Variant
```

En el evento *SelectionChange*, asignamos a la variable *EstaCelda* el valor de la celda que seleccionamos:

```
Private Sub Worksheet_SelectionChange(ByVal Target As Range)
 EstaCelda = ActiveCell.Value
End Sub
```

Por último, en el evento *Change* de la hoja, si asignamos la variable *EstaCelda* a la celda que ha cambiado (*Target*), recuperamos el valor de dicha celda:

```
Private Sub Worksheet_Change(ByVal Target As Range)
 Target.Value = EstaCelda
End Sub
```

Probamos a escribir algo en una celda vacía y, al desplazarnos a otra celda, desaparecerá lo escrito. Si cambiamos el contenido de una celda por otro valor, también al movernos se recuperará el contenido anterior.

Este código no funciona si realizamos una selección de varias celdas y borramos su contenido, ya que la variable *EstaCelda* sólo recordará la celda activa y no las otras que forman parte del rango seleccionado

18.7. FollowHyperlink

Este evento, por último, se produce al hacer clic sobre un hipervínculo situado en una hoja de cálculo.

Target, en este caso, representa el propio hipervínculo. *Target.Range* sería su nombre.

Podemos probarlo escribiendo en una celda el nombre del hipervínculo (por ejemplo "Hoja3"), estableciendo un hipervínculo (**Insertar-Hipervínculo**), elegiendo marcador y seleccionando una hoja (Hoja3) y una celda (A1).

Para probar el procedimiento escribimos:

```
Private Sub Worksheet_FollowHyperlink(ByVal Target As Hyperlink)
  MsgBox Target.Range
End Sub
```

Al pulsar sobre el hipervínculo, nos aparecerá su nombre. Éste, a su vez, se podría introducir en otra celda o ser agregado a un **Cuadro combinado** o **Cuadro de lista**, por ejemplo.

CAPÍTULO 19

PROCEDIMIENTOS EN EL LIBRO

Dentro del libro también podemos establecer una serie de procodimientos para controlar los eventos que habitualmente se producen.

19.1. Open

Open es el evento que se presenta por defecto al seleccionar el objeto *Workbook*. Este evento se produce al abrir el libro, lo que nos permite efectuar una serie de acciones iniciales, como establecer claves de acceso, activar cálculos o actualizar.

También podríamos ejecutar macros, aunque para ello se debe crear una macro con el nombre **Auto_Open**. Con esto obtendríamos el mismo resultado que llamando a una macro cualquiera desde el procedimiento *Open* de *Workbook*.

Por otro lado, si nos interesa abrir un libro en concreto al arrancar la aplicación, lo podemos efectuar guardándolo en el subdirectorio "Iniciar" que depende del directorio "Office". El camino completo podría ser, para una instalación típica que hubieramos realizado:

C:\Archivos de programa\Microsoft Office\Office\Iniciar

Si el directorio "Iniciar" no existe, deberemos crearlo.

19.2. Activate - Deactivate

Son eventos que se producen al activar o desactivar el libro, bien seleccionando la ventana directamente a través del menú **Ventana**, bien desde la barra de tareas, en el caso del Office 2000.

19.3. NewSheet

Se produce al insertar una nueva hoja de cálculo en el libro. Podríamos realizar tareas automáticamente, como rellenar la celda A1 con el nombre de la empresa, escribiendo:

```
Private Sub Workbook_NewSheet(ByVal Sh As Object)
 [A1] = "Empresa XYZ"
End Sub
```

19.4. BeforeClose

Este evento se produce cuando cerramos el libro. Disponemos de la variable *Cancel* que nos permite anular la acción de cerrar el libro.

Podemos establecer un control que pregunte si estamos seguros de cerrar con el siguiente código:

```
Private Sub Workbook_BeforeClose(Cancel As Boolean)
  r = MsgBox("Estas seguro", vbOKCancel)
  If r = vbCancel Then
     Cancel = True
  End If
End Sub
```

De la misma forma, podríamos controlar los eventos *BeforeSave* y *BeforePrint*.

19.5. SheetActivate - SheetDeactivate

Son procedimientos similares a *Activate*, que ya hemos comentado para el objeto hoja. Con la variable *Sh* podemos obtener las propiedades de la hoja que se activa o desactiva. Por ejemplo, escribiendo:

```
Private Sub Workbook_SheetActivate(ByVal Sh As Object)
  MsgBox  Sh.Name
End Sub
```

al activar la hoja nos aparecería un cuadro de mensaje con su nombre.

19.6. SheetSelectionChange

Este evento se produce al cambiar la selección en cualquiera de las hojas que contenga el libro. Es similar al evento *SelectionChange* comentado anteriormente. La diferencia estaría en que este evento se produce en una hoja determinada, por lo que habría que programarlo para cada hoja donde quisiéramos que actuara.

Podemos obtener las propiedades del rango seleccionado y de la hoja que lo contiene, tales como *Sh.name* o *Target.Address*.

Otros procedimientos como *SheetBeforeDoubleClick*, *SheetBeforeRightClick*, *SheetCalculate*, *SheetChange* o *SheetFollowHyperlink* funcionan de forma similar.

19.7. WindowResize

Con este evento, controlamos el cambio de tamaño de la ventana que contiene el libro. Disponemos en esta ocasión de una variable que nos ofrece las propiedades de dicha ventana. Por ejemplo, podríamos controlar que la ventana no sobrepase una anchura de 300 con el siguiente código:

```
Private Sub Workbook_WindowResize(ByVal Wn As Window)
  If Wn.Width > 300 Then
     Wn.Width = 300
  End If
End Sub
```

19.8. WindowActivate - WindowDeactivate

Se producen al activar o desactivar la ventana que contiene el libro. Son similares a los eventos *Activate* y *Deactivate*, estudiados anteriormente. También disponemos de la variable *Wn* para leer o alterar sus propiedades.

CAPÍTULO 20

DEPURACIÓN Y CONTROL DE ERRORES

20.1. HERRAMIENTAS Y VENTANAS DE DEPURACIÓN

Visual Basic nos ayuda a desarrollar nuestros programas en diferentes niveles.

El editor de Visual Basic nos proporciona, desde el momento en que escribimos un objeto seguido de un punto, las propiedades de que dispone dicho objeto y los métodos que podemos utilizar sobre el mismo.

Podemos seleccionar dichos métodos o propiedades sin necesidad de escribirlos. Utilizamos las teclas de movimiento arriba y abajo para buscar y el tabulador para seleccionar.

Cuando terminamos de escribir una instrucción y pulsamos <INTRO>, se produce un control de errores de tipo sintáctico.

Por ejemplo, si escribimos la línea:

```
If Cells(fila, 4) < 10
```

Visual Basic detecta que no hemos escrito *Then* y nos aparece una ventana de error indicándolo, tal como podemos apreciar en la Figura 20.1. Además, la línea cambia a color rojo para indicar el error.

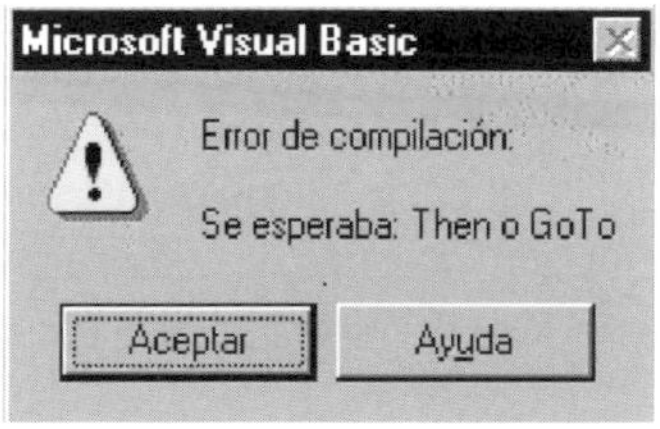

Figura 20.1: Mensaje de error.

Al ejecutar el programa, se detectan errores de compilación. Por ejemplo, si la línea *Option Explicit* está presente, se producirá un error en la ejecución del programa al utilizar una variable no declarada.

Disponemos además de herramientas de depuración que nos hacen más fácil investigar posibles errores en nuestro programa, especialmente cuando estos errores no causan paradas en la ejecución del código. Estas herramientas las podemos encontrar en el menú **Ver - Barras de herramientas — Depuración**.

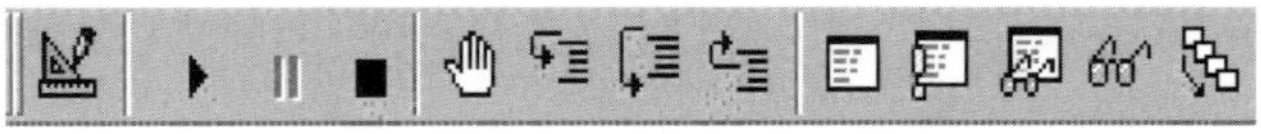

Figura 20.2: Herramientas de depuración.

20.1.1. Puntos de interrupción

Visual Basic dispone de una ayuda a la depuración de programas que se llama punto de interrupción.

El objetivo es poder ejecutar el programa hasta una instrucción para comprobar, en un punto de nuestro código, los valores de las variables que estamos utilizando.

Un punto de interrupción es una marca que situamos en una instrucción de nuestro programa y que hará que la ejecución del procedimiento se pare en dicho punto.

Para establecer un punto de interrupción, hacemos clic con el botón izquierdo del ratón en el margen izquierdo de la instrucción donde deseamos parar el programa. Aparecerá un círculo rojo y se sombreará, también en rojo, la instrucción. Otra forma de hacerlo es mediante el menú **Depuración — Alternar punto de interrupción** o utilizando la tecla rápida <F9>.

Cualquiera de los sistemas anteriores sirven para poner y quitar los puntos de interrupción. Esto lo podemos hacer en una o varias líneas de nuestro programa.

Pues bien, si establecemos un punto de interrupción y ejecutamos el programa, al efectuarse la parada podemos recorrer con el ratón las variables, o bien objetos como *Cells*, y Visual Basic nos informará del valor contenido en ellas, como vemos en la Figura 20.3.

Si utilizamos puntos de interrupción, después de cada detención debemos volver a ejecutar nuestro programa hasta llegar al final del mismo, o bien pararlo con el botón **Restablecer**.

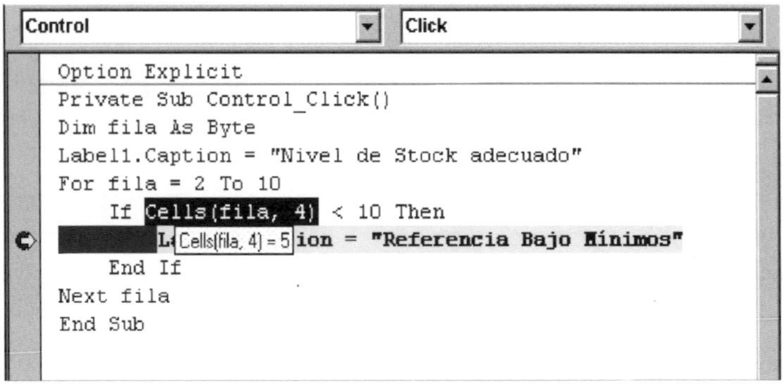

Figura 20.3: Puntos de interrupción.

20.1.2. Paso a paso por instrucciones

Esta herramienta es también muy importante en los procesos de depuración, pues nos permite ejecutar las instrucciones de nuestro código de una en una.

Cada vez que pulsamos sobre el icono que representa esta herramienta se ejecuta una nueva instrucción.

Visual Basic nos indica la línea que se ejecuta en cada momento sombreándola de amarillo.

20.1.3. Ventana Inmediato

Cuando el programa se para, bien porque ha encontrado un punto de interrupción, bien porque lo estamos ejecutando paso a paso, podemos abrir la **Ventana Inmediato**.

En esta ventana, y anteponiendo la instrucción *Print* o el signo *?*, podemos escribir expresiones lógicas o de cálculo y comprobar su resultado.

```
? 8*9
 72
Print (9*7)+4
 67
? fila>7
Falso
```

En la versión 5.0 de Excel, esta ventana era más necesaria que ahora, pues Visual Basic no mostraba el valor de una variable al situar el ratón sobre ella como ocurre ahora en las versiones de Office 97 y Office 2000.

20.1.4. Ventana de Inspección

La ventana de **Inspección** se utiliza también cuando ejecutamos el código paso a paso o introducimos un punto de interrupción.

Nos permite arrastrar una variable de nuestro código a dicha ventana, de modo que, a medida que el programa se está ejecutando, observamos los cambios de valor en la variable, como vemos en la Figura 20.4.

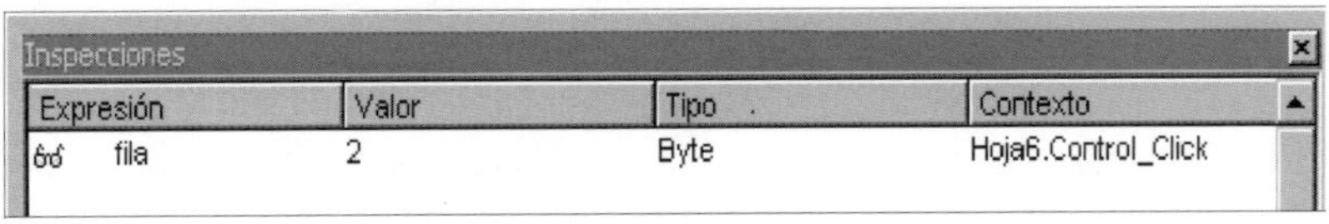

Figura 20.4: Ventana de Inspección.

20.2. CONTROL DE ERRORES

En ocasiones, se puede producir un error durante la ejecución del programa en el proceso de entradas de información, bien a través de las celdas de una hoja de cálculo, bien a través de la instrucción *InputBox*.

Algunas veces, realizamos controles en nuestro programa para que no se produzca el error. Generalmente, programamos las instrucciones necesarias para que no se ejecute un procedimiento cuando los datos son erróneos.

Otras veces, alertamos al sistema mediante la utilización de instrucciones que eviten la parada del programa por error, y se solicita una alternativa en función del tipo de error producido.

Por ejemplo supongamos que escribimos el siguiente programa:

```
Public Sub prueba()
  Dim x As Byte
  x = InputBox("Dime un valor...")
End Sub
```

Al ejecutarlo, cuando *InputBox* nos pregunta por el valor, escribimos 768.

El programa se detiene y aparece un mensaje de error por desbordamiento.

Hemos introducido en una variable de tipo *Byte,* que admite valores de 0 a 255, un valor excesivo.

Con la instrucción *On Error* podemos controlar la situación de error. Modifiquemos ahora el programa anterior escribiendo:

```
Public Sub prueba()
  On Error GoTo control
  Dim x As Byte
  x = InputBox("Dime un valor...")
  Exit Sub
  control:
```

```
  If Err = 6 Then
    MsgBox "Valor introducido es incorrecto"
  End If
  Resume
End Sub
```

La instrucción *On Error GoTo control* hace que, en caso de producirse un error, el programa se dirija a la etiqueta "control".

Una etiqueta es un punto de nuestro programa que hemos nombrado, con un número o palabra seguido de dos puntos, para poder dirigirnos a él desde otro lugar.

Aunque la instrucción *GoTo* se puede utilizar para propósitos diferentes al control de errores, no resulta aconsejable hacerlo, ya que contraviene la estructura de nuestro programa.

La palabra "control" es una etiqueta, por lo que podríamos haber utilizado cualquier otra que clarifique la acción que se está realizando.

Con la instrucción: *If Err = 6 Then* comprobamos si el error producido es por desbordamiento. Todos los errores tienen un código que recoge la variable *Err* cuando se producen.

La instrucción *Resume* hace que se vuelva a ejecutar la línea que provocó el error.

No siempre deseamos que se vuelva a ejecutar la línea que provoca el error. Hay otras alternativas como las que veremos a continuación.

La instrucción *Resume Next* indica que se debe ejecutar la línea siguiente a la que provocó el error.

Resume Línea envía la ejecución al número de línea o etiqueta especificado por *Línea*.

Hemos escrito antes de la etiqueta control la instrucción *Exit Sub*. Esto se hace para evitar que, tras ejecutar el código, se haya producido error o no, el programa entre en las instrucciones que controlan los errores.

De esa manera, sólo se pasa por la etiqueta "control" y las líneas siguientes si se ha producido un error.

Para más información, es posible consultar la ayuda sobre las instrucciones *On Error* y *Resume*. Si deseamos ver los códigos de error, podemos ver en ayuda el capítulo "Errores interceptables".

CAPÍTULO 21

REFERENCIAS Y COMPLEMENTOS

21.1. REFERENCIAS A OTROS PROYECTOS

A medida que se crean nuevos procedimientos y funciones para una diversidad de libros, se hace necesario poder utilizar estas macros en nuevos libros.

En el apartado "Macros", comentamos la utilización del **libro de macros personal** para satisfacer esta necesidad. Se pueden escribir procedimientos en diferentes módulos de este libro para ser llamados desde otros libros.

Una solución más amplia es crear una referencia a un libro desde otro, lo cual nos permite utilizar un procedimiento creado en cualquiera de los libros a los que tengamos acceso.

Para crear esta referencia tenemos que situarnos en el Editor de Visual Basic, dentro del proyecto en el que deseemos incluir referencias a otro libro. Hay que tener en cuenta que las referencias son particulares de cada libro.

En el menú **Herramientas** seleccionamos **Referencias** y, a continuación, **Examinar** en la ventana que nos aparece. Buscamos en esta ventana el libro que contiene los procedimientos a los que queremos acceder. Para ello habrá que seleccionar **Microsoft Excel Files (*.xls; *.xla)**, en **Archivos de tipo**.

Seleccionamos el libro y pulsamos en **Abrir**. Observaremos que aparece en la ventana de **Referencias disponibles**, con la casilla de verificación activada.

Puede que no veamos el nombre del libro en esta ventana y sí un nombre genérico como **VBAProject**. Esto es debido a que no se cambió el nombre del proyecto de Visual Basic; es decir, su propiedad *Name*. Si esto es así, podría crearnos problemas al tratar de referenciar otro libro con el mismo nombre, con lo que aparecería la pantalla de la Figura 21.1.

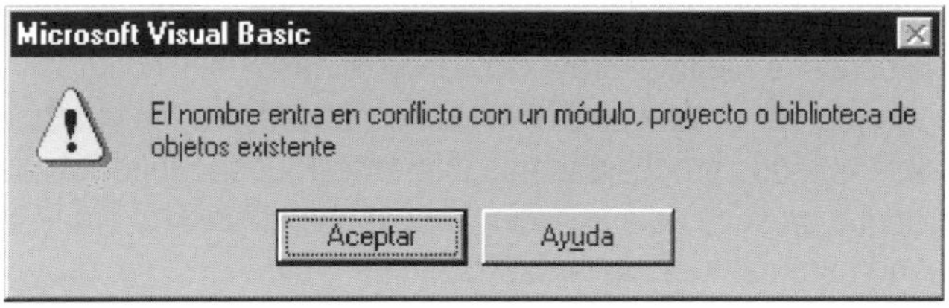

Figura 21.1: Mensaje de error.

En este caso, sería necesario, dentro del editor de Visual Basic, seleccionar el proyecto, elegir propiedades y cambiar la propiedad *Name*.

Una vez realizado el cambio de nombre, volveríamos a establecer la referencia.

Para comprobar que vamos por buen camino, hay que observar que se ha creado una nueva carpeta amarilla en el proyecto, con el nombre de **Referencias**, que incluye la referencia que hemos establecido.

En un mismo libro, podemos establecer referencias a varios libros. Hay que tener en cuenta que cada libro referenciado se abrirá como proyecto y se mostrará, asimismo, en la ventana de Excel. Si sólo deseamos utilizar sus procedimientos puede ser conveniente ocultarlo en Excel con el menú **Ventana - Ocultar**.

Para eliminar una referencia, basta con que, situándonos en el proyecto que la contiene, hagamos clic en el menú **Herramientas - Referencias** y desactivemos la **Casilla de verificación** de la referencia en cuestión.

Esto eliminará la referencia, pero el libro permanecerá abierto hasta que salgamos de Excel o lo cerremos específicamente.

Se puede dar el caso de que un libro, por ejemplo "libro3.xls", utilice una función escrita en otro, por ejemplo: "libro2.xls", y dicha función llame a otra función escrita en el "libro1.xls". En este caso, el "libro3" deberá tener una referencia al "libro2" y éste, a su vez, otra al "libro1".

En realidad, podemos comprobar que, cuando se establece una referencia a un proyecto que, a su vez tiene establecida otra, esta segunda referencia se activa automáticamente al crear la primera.

21.2. COPIAR MÓDULOS ENTRE DIFERENTES PROYECTOS

Si un libro necesita utilizar funciones contenidas en diferentes módulos de otros tantos libros y no deseamos establecer referencias a varios libros, podemos optar por copiar los módulos necesarios a nuestro libro en particular o a otro libro concreto al que luego establezcamos una referencia.

Para copiar un modulo, dentro del editor de Visual Basic, basta con arrastrarlo desde el proyecto que lo contiene hasta el proyecto donde lo deseamos copiar.

Por otro lado, si creamos un proyecto con muchos procedimientos distribuidos en varios módulos, es posible que dos procedimientos diferentes puedan tener el mismo nombre. Para evitar el error que provoca esta situación, deberíamos llamar al procedimiento o función utilizando el nombre del módulo que lo contiene o incluso el del proyecto donde se encuentra dicho módulo.

Esto puede ser útil incluso si dudamos que el nombre de la función sea una palabra reservada de Visual Basic. Desde Excel escribiríamos:

Proyecto.Módulo.Función

Para mayor información sobre este problema, podemos consultar en leal texto de ayuda contenido en **Referencia de VB de Microsoft Excel - Método abreviado de referencia de Microsoft Excel - Índice - Funciones, procedimientos Function - Llamar a procedimientos con el mismo nombre - Evitar conflictos de nombres**.

21.3. CREAR COMPLEMENTOS

En Excel 5.0 y 7.0, las macros se escribían en módulos situados junto a las hojas de cálculo. No existía el editor de Visual Basic como lo conocemos en las versiones de Excel de Office 97 y de Office 2000.

En estas versiones citadas, se puede crear una macro automática a partir de un módulo que contiene procedimientos y funciones. La macro automática es en realidad una copia del libro que sustituye la extensión "xls" por "xla" y tiene la particularidad de poder utilizarse, estableciendo una referencia a él, sin necesidad de hacerlo visible en pantalla.

Esto confiere una protección que evita que el usuario manipule la macro durante su utilización.

Si deseamos modificar la macro automática, abrimos el fichero "xls", lo modificamos y la volvemos a generar.

En la versión de Excel para Office 97 y Office 2000, también es posible hacer esto siguiendo los siguientes pasos:

1) Creamos el proyecto "xls" con sus módulos, procedimientos y funciones.
2) Guardamos el archivo como **Libro de Microsoft Excel (*.xls)**. Esto no es estrictamente necesario, ya que podemos modificar el fichero "xla" en el editor de Visual Basic y salvarlo con **Archivo - Guardar**
3) Guardamos el archivo una vez más como **Complemento de Microsoft Excel (*.xla)**. No debemos escribir nosotros la extensión, ya que nos arriesgamos a que el nombre del archivo se convierta en "Libro.xla.xls" y no funcione como complemento.
4) Para utilizar los procedimientos y funciones de este libro en otros diferentes, hay que establecer el complemento a través del menú **Herramientas — Complementos - Examinar**, seleccionando el fichero "xla" que nos interese.

En Office 2000, los complementos "xla" se guardan por defecto en:

C:\Windows\Application Data\Microsoft\Complementos

Hay que tener en cuenta que las referencias a proyectos realizadas en el editor de Visual Basic se crean para un libro en concreto, mientras que los complementos son generales para la aplicación.

Esto significa que, si establecemos un complemento, éste se podrá utilizar dentro de cualquier libro abierto, sin tener que crear un complemento específico para cada libro.

Tanto si utilizamos el sistema de crear complementos como la referencia específica, dispondremos de las funciones de los libros complemento o referenciados a través del asistente para funciones y dentro de la categoría **Definidas por el usuario**.

Por último, hay compatibilidad entre Excel 97 y Excel 2000 para abrir, por cualquiera de los dos programas, un complemento creado por el otro.

21.4. PROTEGER EL CÓDIGO

Para evitar que el código de los procedimientos o funciones sea visible y editable, podemos protegerlo desde el editor de Visual Basic.

Si, dentro del editor, pulsamos sobre **Herramientas - Propiedades de VBAProject — Protección**, nos aparecerá una ventana (Figura 21.2) donde podremos escribir una contraseña de visualización.

De esta forma, en el explorador del editor de Visual Basic aparecerá el nombre del proyecto cuyas funciones y procedimientos podremos utilizar. Si queremos ver el código Visual Basic, nos pedirá la contraseña.

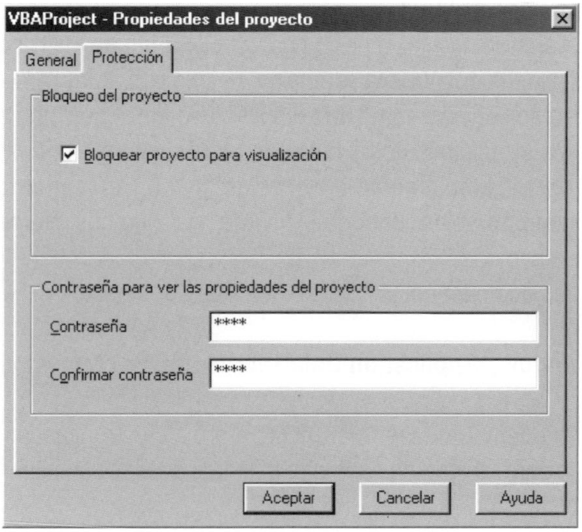

Figura 21.2: Protección del código del proyecto.

CAPÍTULO 22

OBJETOS DE ACCESO A BASES DE DATOS (DAO)

En este capítulo, aprenderemos a utilizar objetos para crear bases de datos, así como para introducir datos, modificar su contenido o crear consultas. Lo haremos utilizando los objetos de acceso a datos.

22.1. CREAR UNA NUEVA BASE DE DATOS

Para utilizar los objetos de acceso a datos, lo primero que debemos hacer es crear una referencia a estos objetos. Esto lo haremos dentro del editor de Visual Basic en el menú **Herramientas — Referencias**.

Seleccionaremos **Microsoft DAO 3.51 Object Library** para utilizar posteriormente la base de datos con Microsoft Access de Office 97. En cambio, si queremos usarla con Access de Office 2000, tendremos que seleccionar **Microsoft DAO 3.6**.

Cuando cargamos esta referencia, se crea de forma predeterminada un primer objeto, denominado *DBEngine*, del que derivan todos los demás objetos de acceso a datos.

A partir del objeto *DBEngine*, aparecen los objetos *Workspaces* o espacios de trabajo. También de forma predeterminada se crea el *Workspace(0)*.

Dentro de un *Workspace* se encontrarán cada uno de los objetos de base de datos denominados *Database*.

A partir de *Database*, se obtienen los objetos *TableDef* para cada tabla que vayamos a crear y los objetos *Field* para cada campo e *Index* para el índice de cada tabla.

Realizaremos un ejemplo sencillo para ver los pasos que tenemos que dar para la creación de una base de datos llamada "Prueba.mdb". Esta base de datos contendrá una tabla denominada "Tabla" con dos campos: "Nombre" y "Valor". Las instrucciones las introduciremos en el evento *Click* de un control de comando dentro de un formulario.

1) Declaramos las variables que emplearemos para los objetos *Workspace* y *Database*.

```
Dim ws As Workspace
Dim db As Database
```

2) Creamos la base de datos con el método *CreateDatabase*.

```
Set ws = DBEngine.Workspaces(0)
Set db = ws.CreateDatabase("c:\CursoExcel\Prueba.mdb",dbLangGeneral)
```

En este caso, hemos declarado un espacio de trabajo pero, como se ha comentado anteriormente, al hacer una referencia a Microsoft DAO (*Data Access Objects*), ya se crea de forma predeterminada un *Workspace,* de modo que si sólo utilizamos uno no necesitamos declararlo. El código se podría reducir a las siguientes líneas:

```
Private Sub cmdCrearBase_Click()
  Dim db As Database
  Set db = CreateDatabase("c:\CursoExcel\Prueba.mdb",dbLangGeneral)
End Sub
```

En el método *CreateDatabase*, escribimos la ruta y nombre del fichero que vamos a crear. Si no escribimos extensión, Visual Basic asume que es "mdb". Para realizar este ejemplo, deberíamos haber creado previamente una carpeta con el nombre de "CursoExcel".

El segundo argumento, "dbLangGeneral", es la información regional. Se puede añadir, de manera opcional y separada por una coma, una constante. Por ejemplo "dbVersion30" crearía la base de datos accesible para aplicaciones de 32 bits.

Si, realizando pruebas, intentamos crear una base de datos que ya existe, se produce un error. Para evitarlo, vamos a crear un segundo control de comando de nombre "cmdBorrarBase", que borre el fichero "mdb" creado. Lo haremos con las instrucciones siguientes:

```
Private Sub cmdBorrarBase_Click()
  Kill ("c:\CursoExcel\Prueba.mdb")
End Sub
```

Desde el explorador de Windows podemos observar el fichero "Prueba.mdb" creado e, incluso, podríamos abrirlo en Access.

El siguiente paso será crear una tabla con algún campo de ejemplo. Utilizaremos para ello el método *CreateTableDef*, utilizando como argumento el nombre de la tabla que vamos a crear.

Necesitamos una variable, "td", de tipo tabla. La declararemos en la zona de declaraciones generales del formulario junto con la variable "db" de tipo *Database*. De este modo, dispondremos de las dos variables para la ejecución de cualquiera de nuestros botones de comando.

```
Dim db As Database
Dim td As TableDef
```

3) Creamos la tabla y los campos que componen su estructura declarando las variables que utilizaremos para ello. Escribiremos las siguientes instrucciones para que la tabla contenga los campos: "Nombre", de tipo texto y tamaño 30 y "Valor" de tipo entero.

```
Dim fldnombre As Field
Dim fldvalor As Field
Set fldnombre = td.CreateField("Nombre", dbText, 30)
Set fldvalor = td.CreateField("Valor", dbInteger)
```

Los argumentos del método *CreateField* serán el nombre, tipo y tamaño del campo a crear.

4) A continuación, añadimos los campos creados a la tabla con estas dos instrucciones:

```
td.Fields.Append fldnombre
td.Fields.Append fldvalor
```

Las seis instrucciones anteriores se pueden reducir a las dos siguientes, sin utilizar variables intermedias y añadiendo directamente el campo creado:

```
td.Fields.Append td.CreateField("Nombre", dbText, 30)
td.Fields.Append td.CreateField("Valor", dbInteger)
```

o bien, si son mucho campos, usando *With:*

```
With td.Fields
   .Append td.CreateField("Nombre", dbText, 30)
   .Append td.CreateField("Valor", dbInteger)
End With
```

Por último, añadimos la tabla a la base de datos con la línea de programa siguiente:

```
db.TableDefs.Append td
```

El código completo de nuestro botón de comando que crea la tabla podría ser como este que vemos a continuación:

```
Private Sub cmdCrearTabla_Click()
  Dim fldnombre As Field
  Dim fldvalor As Field
  Set td = db.CreateTableDef("Tabla")
  Set fldnombre = td.CreateField("Nombre", dbText, 30)
  Set fldvalor = td.CreateField("Valor", dbInteger)
  td.Fields.Append fldnombre
  td.Fields.Append fldvalor
  db.TableDefs.Append td
End Sub
```

Si paramos la ejecución del programa, entramos en Access y abrimos la base de datos "Prueba.mdb" dentro del directorio "CursoExcel", comprobaremos que se ha creado la tabla con los dos campos "Nombre" y "Valor", y que éstos son del tipo y tamaño especificado en nuestro programa.

22.2. CREAR ÍNDICES

Creamos índices con el método *CreateIndex* de una tabla. Utilizaremos un objeto *Index* y lo añadiremos a la colección *Indexes*.

Se pueden establecer los índices en dos momentos; bien al crear la tabla, o bien al abrirla en otra ocasión.

Realizaremos un ejemplo en el que abriremos la tabla creada anteriormente en la base de datos "Prueba.mdb". Estableceremos un nuevo campo llamado "Código", tal como lo hemos realizado en el apartado anterior. Después crearemos un índice primario para este campo.

Primero declaramos las variables objeto que vamos a utilizar:

```
Dim db As Database
Dim td As TableDef
Dim fldcodigo As Field
Dim idxindice As Index
```

A continuación abrimos la base de datos dentro del *Workspaces(0)* con la línea siguiente:

```
Set db=DBEngine.Workspaces(0).OpenDatabase _
("c:\CursoExcel\Prueba.mdb")
```

En realidad, la base de datos se abrirá en el *Workspaces(0)* por defecto. Luego también podríamos escribir:

```
Set db = OpenDatabase("c:\CursoExcel\Prueba.mdb")
```

Asignamos la tabla a la variable objeto "td".

```
Set td = db.TableDefs("Tabla")
```

Creamos un campo de nombre "Código", de tipo texto y tamaño 5, y se lo agregamos a la tabla.

```
Set fldcodigo = td.CreateField("Código", dbText, 5)
td.Fields.Append fldcodigo
```

Creamos un índice primario y lo asignamos al campo "Código", creado anteriormente. Se puede asignar más de un campo a un índice.

```
Set idxindice = td.CreateIndex("PrimaryKey")
idxindice.Primary = True
Set fldcodigo = idxindice.CreateField("Código")
idxindice.Fields.Append fldcodigo
```

Por último, el objeto índice creado se agrega a la colección *Indexes* de la tabla y cerramos la base de datos.

```
td.Indexes.Append idxindice
db.close
```

El código de un botón de comando ("Crear Indice") que ejecute este procedimiento podría quedar:

```
Private Sub cmdCrearIndice_Click()
  Dim fldcodigo As Field
  Dim idxindice As Index
  Set db = OpenDatabase("c:\CursoExcel\Prueba.mdb")
  Set td = db.TableDefs("Tabla")
  Set fldcodigo = td.CreateField("Código", dbText, 5)
  td.Fields.Append fldcodigo
  Set idxindice = td.CreateIndex("PrimaryKey")
  idxindice.Primary = True
  Set fldcodigo = idxindice.CreateField("Código")
  idxindice.Fields.Append fldcodigo
  td.Indexes.Append idxindice
  db.Close
End Sub
```

22.3. BORRAR UN ÍNDICE Y UN CAMPO

Si necesitamos eliminar un campo asignado a un índice, tenemos que borrar previamente el índice. Utilizamos el método *Delete* en ambos casos. En nuestro ejemplo, para suprimir el índice primario y el campo "Código", escribiríamos estas instrucciones:

```
Private Sub cmdBorrarIndice_Click()
  Set db = OpenDatabase("c:\CursoExcel\Prueba.mdb")
  db.TableDefs("Tabla").Indexes.Delete ("PrimaryKey")
```

```
    db.TableDefs("Tabla").Fields.Delete ("Código")
    db.Close
End Sub
```

Para no tener que abrir y cerrar la base de datos en cada procedimiento, podríamos crear dos botones de comando, uno para abrir y otro para cerrar, con las instrucciones correspondientes.

22.4. CREACIÓN DE UN CAMPO AUTONUMÉRICO

Si queremos añadir un campo autoincrementable a nuestro diseño de la tabla, tenemos que asignar el atributo *dbAutoIncrField* al campo deseado.

Para ello, declaramos las variables y abrimos la base de datos.

```
Dim db As Database
Dim td As TableDef
Dim fldcontador As Field
Set db = OpenDatabase("c:\CursoExcel\Prueba.mdb")
Set td = db.TableDefs("Tabla")
```

Creamos el campo "Contador", que debe ser de tipo *dbLong*.

```
Set fldcontador = td.CreateField("Contador", dbLong)
```

Asignamos el atributo que lo convertirá en autoincrementable.

```
fldcontador.Attributes = dbAutoIncrField
```

Agregamos el campo a la tabla y cerramos la base de datos.

```
td.Fields.Append fldcontador
db.Close
```

22.5. CREAR UNA CONSULTA

El proceso de crear una consulta utiliza el método *CreateQueryDef*, que contendrá una selección de registros de tipo *SQL* a la que podremos añadir una o más condiciones.

Declaramos las variables y abrimos la base de datos.

```
Dim db As Database
Dim qd As QueryDef
Set db = OpenDatabase("c:\CursoExcel\Prueba.mdb")
```

Podemos crear la consulta con una sola instrucción, incluyendo la selección como un argumento más.

```
Set qd = db.CreateQueryDef("Consulta", "Select * From Tabla _
Where Contador>3")
```

Otra alternativa es crear la consulta y añadirle después la propiedad *SQL* que define dicha consulta en dos instrucciones separadas.

```
Set qd = db.CreateQueryDef("Consulta")
qd.SQL = "Select * From Tabla Where Contador>3"
```

En ambos casos hay que tener la base de datos abierta.

22.6. BORRAR TABLAS Y CONSULTAS

Para borrar una tabla o una consulta, escribimos una instrucción que la elimine de la colección *TableDefs* o *QueryDefs*, indicando el nombre de la tabla o consulta:

```
db.TableDefs.Delete ("Tabla")
db.QueryDefs.Delete ("Consulta")
```

22.7. REPARAR Y COMPACTAR UNA BASE DE DATOS

En alguna ocasión necesitaremos reparar una base de datos, generalmente por algún error debido a un apagado inadecuado del equipo. Si trabajamos en Access, esta aplicación avisa de la eventualidad de tener que realizar una reparación y dispone la herramienta necesaria para hacerlo.

Desde Visual Basic, se puede utilizar el método *RepairDatabase* del objeto *DBEngine* para efectuar una reparación, utilizando como argumento entre comillas el nombre y la ruta de la base de datos. Para realizar una reparación en el ejemplo utilizado en los apartados anteriores, escribimos la siguiente instrucción:

```
DBEngine.RepairDatabase "c:\CursoExcel\Prueba.mdb"
```

De vez en cuando, es recomendable compactar la base de datos. Cuando realizamos eliminaciones de datos, para no perder fluidez y a costa de espacio en el disco, los registros no son eliminados ni tampoco el espacio es reajustado de manera definitiva.

Cuando necesitamos recuperar espacio, compactamos la base de datos. Desde Visual Basic, utilizamos el método *CompactDatabase* del objeto *DBEngine*.

Escribimos tres argumentos separados por comas. El primero es el nombre y ruta del fichero a compactar, el segundo es el nombre que daremos al fichero compactado y el tercer argumento es la configuración regional, la que hemos utilizado al crear la base de datos, por ejemplo: *dbLangGeneral* o *dbLangSpanish*.

Para nuestro ejemplo, podemos escribir la instrucción siguiente:

```
DBEngine.CompactDatabase "c:\CursoExcel\Prueba.mdb", _
"c:\CursoExcel\prueba2.mdb", dbLangGeneral
```

El fichero de destino no debe existir cuando ejecutamos la instrucción de compactar.

Podríamos realizar un pequeño procedimiento que borre, si existe, el fichero de destino ("Prueba2.mdb"). Después compactamos "Prueba.mdb" en "Prueba2.mdb". A continuación, borramos el fichero original ("Prueba.mdb") y renombramos el fichero compactado ("Prueba2.mdb") para que vuelva a llamarse "Prueba.mdb".

Las instrucciones serían las siguientes:

```
On Error Resume Next
Kill "c:\CursoExcel\Prueba2.mdb"
DBEngine.CompactDatabase "c:\CursoExcel\Prueba.mdb", _
"c:\CursoExcel\Prueba2.mdb", dbLangGeneral
Kill "c:\CursoExcel\Prueba.mdb"
Name "c:\CursoExcel\Prueba2.mdb" As "c:\CursoExcel\Prueba.mdb"
```

Kill borra el fichero escrito entre comillas. La instrucción *On Error Resume Next* evita un error si el fichero a borrar no existe, en cuyo caso pasamos el control de ejecución a la línea siguiente a la que provoca el error.

Name cambia el nombre de un fichero. El primer argumento es el nombre del fichero a cambiar; después de *As* escribimos el nombre que deseamos asignar, el cual debe ser completamente nuevo.

22.8. OBJETO RECORDSET

Se puede tener acceso al contenido de los campos de una tabla o consulta mediante el objeto *Recordset*.

Para realizar el ejercicio siguiente, se recomienda introducir varios datos en la tabla de la base de datos "Prueba.mdb" creada anteriormente. Aunque lo podríamos realizar desde Excel, lo haremos un poco más adelante, pues de momento es más sencillo visualizar datos que escribirlos en la tabla

Realizaremos un ejemplo que nos muestre el contenido de los campos "Nombre", "Valor", "Código" y "Contador" elaborados en la tabla "Prueba.mdb".

Insertaremos un formulario (**UserForm**) en cuya propiedad *Caption* escribiremos "Ficha de Prueba.mdb".

Agregaremos tres cajas de texto a dicho formulario para los tres primeros campos, cuya propiedad *Name* será respectivamente "txtNombre", "txtValor" y "txtCodigo", y una etiqueta para el campo "Contador", con "lblContador" en su propiedad *Name*, ya que, al ser autonumérico, no es posible su modificación.

Crearemos un primer control de comando que abra la tabla, utilice un objeto *Recordset* y muestre el primer registro, con *Name* "cmdCrearRecordset" y *Caption* "Crear Recordset".

Declararemos las variables "db" y "rs", correspondientes a los objetos *Database* y *Recordset*, en las declaraciones generales del módulo, en lugar de hacerlo en cada procedimiento.

```
Dim db As Database
Dim rs As Recordset
```

El código para el botón de comando sería el siguiente:

```
Private Sub cmdCrearRecordset_Click()
  Set db = OpenDatabase("c:\CursoExcel\Prueba.mdb")
  Set rs = db.OpenRecordset("Tabla")
  txtNombre = rs!Nombre
  txtValor = rs!Valor
  txtCodigo = rs!Código
  lblContador = rs!Contador
End Sub
```

Se pueden utilizar diferentes sintaxis para obtener el valor de un campo del registro activo. Por ejemplo:

```
txtNombre = rs!Nombre
txtValor = rs![Valor]
txtCodigo = rs.Fields("Código")
txtCodigo = rs.Fields(2)
```

En nuestro caso, podemos utilizar cualquiera de ellas. Si la tabla cuenta con un campo cuyo nombre contiene algún espacio en blanco, tendremos que utilizar los corchetes. Por ejemplo, un campo denominado [Fecha de Nacimiento].

Al ejecutar el proyecto y pulsar sobre el botón de comando, nos encontraremos con el primer registro reflejado en los controles de texto y etiqueta que hemos añadido al formulario, como muestra la Figura 22.1.

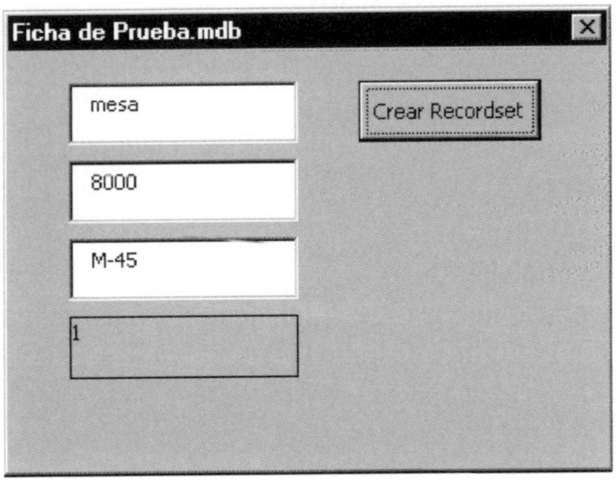

Figura 22.1: Objeto Recordset.

Al crear el objeto *Recordset*, podemos especificar el tipo de objeto que deseamos abrir. Utilizaremos *dbOpenDynaset* si queremos efectuar lecturas y modificaciones de datos. Si, en cambio, queremos abrir el *Recordset* sólo en modo lectura, emplearemos *dbOpenSnapshot*. Con *dbOpenForwardOnly* ganamos en velocidad, pero no podremos realizar movimientos de puntero a registros anteriores. Finalmente, con *dbOpenTable* accedemos a los datos de la tabla. Este último tipo tiene la ventaja de poder utilizar los índices de la tabla como método de búsqueda más rápido, con la desventaja que no sirve para abrir consultas.

Para crear un objeto *Recordset* especificando el tipo, hay que añadir una constante al argumento, separado por una coma, detrás del nombre. En nuestro ejemplo, si quisiéramos crearlo de tipo *Dynaset* escribimos:

```
Set rs = db.OpenRecordset("Tabla", dbOpenDynaset)
```

22.8.1. Movimientos por el Recordset

Añadiremos un control para movernos hacia los siguientes registros de la tabla utilizando el método *MoveNext*. Controlaremos la eventualidad de alcanzar el final del fichero comprobando el valor de la propiedad *EOF* (End Of File), que puede ser verdadera o falsa. *EOF* se convierte en verdadera cuando, encontrándonos con el puntero en el último registro, activamos el método *MoveNext*.

Se producirá un error al activar *MoveNext* si nos encontramos al final del fichero, posición en que EOF tendrá valor verdadero, al no haber ningún registro adonde dirigir el puntero.

En nuestro botón de comando, cuya propiedad *Name* es "cmdMoversiguiente" y *Caption* es "Mover al siguiente", programaremos el evento *Click* de la siguiente manera:

```
Private Sub cmdMoverSiguiente_Click()
  rs.MoveNext
  If Not rs.EOF Then
     txtNombre = rs!Nombre
     txtValor = rs!Valor
     txtCodigo = rs!Código
     lblContador = rs!Contador
  Else
     MsgBox "Has llegado al final del fichero"
     rs.MovePrevious
  End If
End Sub
```

Con el método *MovePrevious*, hacemos que la posición del puntero retroceda un lugar. En este caso, al encontrarse en posición de *EOF* verdadero, el puntero retrocede a la posición ocupada por el último registro.

De forma similar, se puede crear otro control que mueva hacia atrás el puntero, controlando la eventualidad de que *BOF* se convierta en verdadero, con el método *MovePrevious*.

Esta vez, introduciremos las instrucciones de asignación del contenido de los campos de la tabla a las cajas de texto y etiqueta de nuestro formulario en un procedimiento llamado "Rellenar". Esto nos evitará repetir varias veces estas instrucciones.

El código del control "Mover al Anterior" sería:

```
Private Sub cmdMoverAnterior_Click()
  rs.MovePrevious
  If Not rs.BOF Then
     Rellenar
  Else
     MsgBox "Has llegado al principio del fichero"
    rs.MoveNext
  End If
End Sub
```

Dos controles más pueden hacer que vayamos directamente al primer o último registro de nuestra tabla. En este caso, utilizamos los métodos *MoveFirst* y *MoveLast* del objeto *Recordset*.

Para el control que accede al último registro, escribimos la instrucción de movimiento del puntero, además de activar el procedimiento "Rellenar".

```
Private Sub cmdMoverUltimo_Click()
  rs.MoveLast
  Rellenar
End Sub
```

El control que nos lleva al primer registro es similar al anterior:

```
Private Sub cmdMoverPrimero_Click()
  rs.MoveFirst
  Rellenar
End Sub
```

En el procedimiento "Rellenar", se puede controlar la eventualidad de que *BOF* o *EOF* sean verdaderos, para evitar el error que produciría esta situación. Las instrucciones de dicho procedimiento serían:

```
Public Sub Rellenar()
  If Not rs.EOF And Not rs.BOF Then
     txtNombre = rs!Nombre
```

```
        txtValor = rs!Valor
        txtCodigo = rs!Código
        lblContador = rs!Contador
    End If
End Sub
```

El procedimiento utilizado por el control de mover al siguiente registro puede provocar errores en el caso de que no exista ningún registro. Además, sería conveniente presentar un mensaje, tanto de que no hay registros, en su caso, como de que hemos alcanzado el final del fichero.

Para ello podemos valernos de la propiedad *RecordCount*, que nos informa del número de registros contenidos en nuestro *Recordset*.

El código del control puede ser el siguiente:

```
Private Sub cmdMoverSiguiente_Click()
    If rs.RecordCount <> 0 Then
        rs.MoveNext
        If Not rs.EOF Then
            Rellenar
        Else
            MsgBox "Has llegado al final del fichero"
            rs.MovePrevious
        End If
    Else
        MsgBox "No hay ningún registro"
    End If
End Sub
```

La primera instrucción controla que exista algún registro en el *Recordset* antes de iniciar el movimiento. Si *RecordCount* vale 0, se muestra un mensaje y se abandona el procedimiento.

De forma similar, podemos escribir el procedimiento para el método *MovePrevious*.

En el código, para ir al primer y último registro, también conviene controlar la eventualidad de que no exista ningún registro, pudiendo utilizar también la propiedad *RecordCount*.

Por tanto, para el método *MoveFirst*, las instrucciones pueden ser:

```
Private Sub cmdMoverPrimero_Click()
  If rs.RecordCount <> 0 Then
    rs.MoveFirst
    Rellenar
  Else
    MsgBox "No hay ningún registro"
  End If
End Sub
```

Hay que tener en cuenta que *RecordCount* puede darnos una información errónea del número de registros en el momento de iniciar el *Recordset*. Para evitarlo, una solución es moverse inicialmente al último registro, pudiendo pasar después al primero. De esta forma, nos aseguramos que la propiedad *RecordCount* contenga el número real de registros.

Para efectuar este movimiento de puntero, podemos programar, en el procedimiento *CrearRecordset*, dos líneas escritas después de la instrucción que contiene el *OpenRecordset*

```
rs.MoveLast
rs.MoveFirst
```

22.8.2. Número de registro

El número de registro lo podemos conocer con la propiedad *AbsolutePosition* del objeto *Recordset*. Es utilizable cuando el *RecordsetType* del control "Data" es *Dynaset* o *SnapShot*.

Esta propiedad comienza a contar en el valor 0, por lo que habrá que sumar 1si deseamos que nuestro contador de registros comience en la unidad.

Vamos a agregar una etiqueta donde se refleje el número de registro que vemos en nuestra ficha. La etiqueta tendrá por propiedad *Name* "lblNumeroRegistro". Eliminaremos su propiedad *Caption* y cambiaremos la propiedad *BorderStyle* a 1.

Podríamos escribir la siguiente instrucción dentro del procedimiento "Rellenar", para visualizar en el *Caption* de dicho control el número de registro actual y el total de registros que tiene nuestro *Recordset*:

```
lblNumeroRegistro = rs.AbsolutePosition + 1 & "/" & rs.RecordCount
```

También se puede utilizar la propiedad *PercentPosition*, que nos dice el porcentaje aproximado que representa la posición de nuestro registro actual con respecto al total. Para poder utilizarlo, tenemos que movernos previamente al ultimo registro.

Para que aparezca en la etiqueta, se puede sustituir la línea de código escrita anteriormente en el procedimiento "Rellenar" por la siguiente:

```
lblNumeroRegistro = Int(rs.PercentPosition) & "%"
```

Si lo deseamos, podemos establecer un formato, eligiendo el número de decimales, con una línea de código como ésta:

```
lblNumeroRegistro = Format(rs.PercentPosition, "##0.0") & "%"
```

22.8.3. Utilización de Bookmark

La propiedad *Bookmark* identifica el registro activo de un objeto *Recordset*. La utilizamos para guardar, en una variable, el registro activo en un momento determinado con el fin de volver a él cuando nos interese.

Probamos esta propiedad con dos controles de comando que llamaremos "Guardar Posición" e "Ir a Posición" en sus respectivas propiedades *Caption*. Las propiedades *Name* de estos controles serán "cmdGuardarPosicion" y "cmdIraPosicion".

Utilizaremos la variable *NumReg* de tipo *Variant* para recoger el valor de *Bookmark*. Declararemos globalmente esta variable para que pueda conservar el valor entre los dos procedimientos.

El código de los dos controles sería el siguiente:

```
Private Sub cmdGuardarPosicion_Click()
  NumReg = rs.Bookmark
End Sub

Private Sub cmdIraPosicion_Click()
  rs.Bookmark = NumReg
  Rellenar
End Sub
```

Ejecutamos el código y nos desplazamos a un registro determinado. Accionamos el control de "Guardar Posición" y nos movemos a otros registros. Después, haciendo clic sobre el control "Ir a Posición" se vuelve al registro cuya posición habíamos guardado.

22.8.4. Búsqueda de registros con los métodos Find

Para proceder a la búsqueda de registros, utilizamos los métodos siguientes:

FindFirst: Busca el primer registro del *Recordset* que cumpla con el criterio especificado.

FindLast: Busca el último registro.

FindNext: El primer registro que cumpla el criterio, comenzando la búsqueda desde el registro activo en adelante.

FindPrevious: Busca desde el registro activo hacia atrás.

Para poder utilizar los métodos *FindFirst*, *FindLast*, *FindNext* y *FindPrevious* en un objeto *Recordset*, éste tiene que ser configurado como un tipo *Dynaset* o *SnapShot*.

Cuando la propiedad *RecordsetType* es de tipo *Table*, hay que utilizar el método *Seek*.

Para observar el comportamiento de estos métodos de búsqueda de registros, vamos a crear, en nuestro ejemplo, una caja de texto de nombre "txtBusqueda" (propiedad *Name*), que nos servirá para escribir la condición que deseamos encontrar.

Por otro lado, pondremos un control de comando que ejecute la orden de buscar el primer registro que coincida con el criterio escrito en la caja de texto. La propiedad *Name* de este control será "cmdBuscarPrimero" y su propiedad *Caption* "Buscar Primero".

En este control, escribiremos las siguientes instrucciones:

```
Private Sub cmdBuscarPrimero_Click()
  rs.FindFirst txtBusqueda.Text
  Rellenar
End Sub
```

Al escribir la condición en la caja de texto, tendremos en cuenta algunas consideraciones.

Si hacemos la comparación con un campo de tipo texto, escribiremos la cadena a buscar entre comillas sencillas, por ejemplo:

```
Nombre = 'Juan Pedro'
```

Las comillas exteriores no hacen falta, pues están implícitas en la propia caja de texto.

Si el campo es numérico, la expresión será similar al ejemplo anterior, pero sin comillas. Por otro lado, si el campo es de tipo fecha utilizamos el carácter **#** para englobar el valor de la fecha. Por ejemplo:

Fecha > #14/11/98#

Cuando el nombre del campo esté compuesto por más de una palabra, de modo que contenga algún espacio en blanco, lo encerraremos entre corchetes. Por ejemplo:

[Fecha Nacimiento] = #12/08/75#

En campos de tipo lógico (*Boolean*), se puede escribir una igualdad, como en los casos anteriores, o simplemente el nombre del campo si buscamos que sea cierto, o la negación seguida del nombre del campo si buscamos que sea falso.

Algunos ejemplos podrían ser:

Casado = True
Casado = False
Casado
Not Casado

Se pueden realizar búsquedas con dos condiciones utilizando *And* y *Or*. Por ejemplo, para buscar el primer nombre que coincida con Ana o Sofía escribimos:

Nombre='Ana' Or Nombre='Sofia'

Si se quiere encontrar una fecha entre el 1/1/80 y el 31/12/84, escribimos:

[Fecha Nacimiento] > #14/05/80# And [Fecha Nacimiento] < #31/12/84#

Se pueden usar funciones dentro de expresiones de búsqueda. Por ejemplo, para buscar una persona casada en el año 1980, escribimos:

Casado And Year([Fecha Nacimiento])=1980

Year es una función que devuelve el año de una determinada fecha. Hay que observar que utilizamos paréntesis para englobar el argumento de la función.

Para utilizar los cuatro métodos de búsqueda, vamos a crear en nuestro ejemplo otros tres controles iguales a "Buscar Primero" cuyas propiedades *Caption* sean: "Buscar Siguiente", "Buscar Anterior" y "Buscar Último". Por otro lado, sus propiedades *Name* serán respectivamente: "cmdBuscarSiguiente", "cmdBuscarAnterior" y "cmdBuscarUltimo".

Modificamos la línea de código que activa el método de búsqueda generada anteriormente y escribimos el código siguiente:

```
Private Sub cmdBuscarSiguiente_Click()
  rs.FindNext txtBusqueda.Text
  Rellenar
End Sub
```

```
Private Sub cmdBuscarAnterior_Click()
  rs.FindPrevious txtBusqueda.Text
  Rellenar
End Sub

Private Sub cmdBuscarUltimo_Click()
  rs.FindLast txtBusqueda.Text
  Rellenar
End Sub
```

Con estas líneas de código podríamos tener un pequeño problema. Supongamos que todos los registros tienen como provincia "Madrid" y que en la caja de texto escribimos:

Provincia <> 'Madrid'

Si ahora pulsamos los botones de "Buscar Siguiente" o "Buscar Anterior", el registro actual permanecerá en pantalla y ninguna señal nos avisará de que no hay ningún registro de fuera de Madrid.

Si pulsamos los botones de "Buscar primero" o "Buscar Último", el registro activo pasará a ser el primero o el último de nuestra base de datos y parecerá que ha encontrado el registro que cumple la condición. La razón es que, cuando buscamos el primer o último registro que cumpla una determinada condición, el puntero se mueve a la primera o última posición del objeto *Recordset* antes de iniciar la búsqueda.

Para evitar este desconcierto, podemos generar un aviso de registro no encontrado utilizando la propiedad *NoMatch*, que se hace verdadera cuando esta situación ocurre.

Las líneas de código siguiente, añadidas al final de nuestro procedimiento de búsqueda, controlarán esta situación:

```
If rs.NoMatch Then
   MsgBox "Registro no encontrado"
End If
```

Para cualquiera de los procedimientos de búsqueda, sería conveniente realizar unos controles que eviten que la ejecución se pare o bien que no se encuentre el registro y no sepamos por qué razón.

Utilizaremos la instrucción *On Error GoTo* para controlar errores que pararían la ejecución del programa. Se enviarán mensajes a la pantalla cuando olvidemos escribir la condición en la caja de texto o cuando no se encuentre el registro.

El procedimiento para buscar el primer registro que cumpla la condición sería el siguiente:

```
Private Sub cmdBuscarPrimero_Click()
 On Error GoTo control
 If txtBusqueda <> "" Then
   rs.FindFirst txtBusqueda
   Rellenar
   If rs.NoMatch Then
     MsgBox "No se ha encontrado el registro"
   End If
 Else
   MsgBox "No hay condición de búsqueda"
 End If
   Exit Sub
   control:
   If Err.Number = 3070 Then
   MsgBox "No se reconoce la expresión de búsqueda"
   Resume Next
   Else
   MsgBox "Error núm.: " & Err.Number & Chr(10) & Err.Description
   Resume Next
   End If
End Sub
```

La primera instrucción envía la ejecución a la etiqueta control en caso de producirse un error.

En el control de errores, emitimos un mensaje cuando la condición escrita en la caja de texto no se ajusta a una expresión válida o se han utilizado nombres de campos que no existen.

La propiedad *Number* del objeto *Err* nos indica el número de error que ha provocado la parada en la ejecución.

Tiene un efecto similar escribir *Err.Number* o simplemente *Err*, ya que *Number* es la propiedad por defecto del objeto *Err*.

Si la parada se produce por un error diferente al 3070, lanzamos un mensaje que nos muestre el número de error y su descripción, utilizando para esto último la propiedad *Description* del objeto *Err*.

Empleamos *Chr(10)* para que estas dos informaciones aparezcan en líneas diferentes.

Si la propiedad *NoMatch* es verdadera, se presenta un mensaje avisando de que no se ha encontrado el registro.

Por último, podríamos guardar la posición del registro actual antes de iniciar cualquier búsqueda y, si no se encuentra el registro buscado, volver a la posición guardada, tal como hemos hecho anteriormente con la propiedad *Bookmark*.

22.8.5. Agregar un registro

Para añadir un registro, utilizamos los métodos *AddNew* y *Update*. Con *AddNew* se consigue el mismo efecto que cuando en Access nos situamos por debajo del último registro, en la zona de registro nuevo. En este punto, debemos asignar un contenido a cada uno de los campos del registro y después utilizar el método *Update* para actualizar éste.

En nuestro ejemplo, podríamos rellenar las cajas de texto con el contenido que queremos pasar al registro nuevo y luego pulsar un control que llamaremos "Agregar" y que podría contener las siguientes instrucciones:

```
rs.AddNew
rs!Nombre = txtNombre
rs!Valor = txtValor
rs!Código = txtCodigo
rs.Update
```

En el proceso para agregar un registro nuevo, no utilizamos la etiqueta asociada al campo "Contador", ya que este campo se rellena automáticamente al ejecutar *AddNew*.

Las líneas escritas más arriba pueden provocar algunos errores. Por ejemplo, cuando el contenido de las cajas de texto no se ajuste al tipo de campo de la estructura de la tabla donde se intenta introducir.

Como más adelante crearemos un control para modificar datos que utilizará instrucciones similares, vamos a crear un procedimiento denominado "Actualizar" que asigne el contenido de las cajas de texto a cada campo, controlando los posibles errores que se puedan producir.

El procedimiento "Actualizar" será:

```
Public Sub Actualizar()
  rs!Nombre = Left(txtNombre, rs.Fields(0).Size)
  If Len(txtValor) <= 4 Then
     rs!Valor = txtValor
```

```
    Else
        MsgBox "El campo Valor no ha sido modificado" + Chr(10) + _
        "su tamaño excede al admitido"
        txtValor = rs!Valor
    End If
    rs!Código = Left(txtCodigo, rs.Fields(2).Size)
    rs.Update
End Sub
```

En primer lugar, para asignar el contenido de la caja de texto "txtNombre" al campo "Nombre" de nuestra tabla, recortaremos previamente su longitud para que no sobrepase el tamaño permitido por el campo.

Esto lo conseguimos mediante la propiedad *Size* de la colección de campos (*Fields*) del objeto *Recordset*.

El campo "Nombre" es el primero y tendrá el índice 0 de la colección *Fields*.

La función *Left* toma, en una cadena, el número de caracteres deseados por la izquierda. Esto hará que, al realizar la asignación, si la caja de texto tuviese más caracteres que la longitud del campo, éstos sean despreciados.

En el caso del campo "Valor", como es numérico, no podemos recortarlo, por lo que comprobaremos que el número de bytes necesarios para guardar el contenido de la segunda caja de texto no exceda de 4. Recordamos que el campo "Valor" es de tipo *Long* y son necesarios 4 bytes para guardar un número de este tipo.

En caso de que se escriba un valor superior, no se guardará. Se presentará un mensaje indicándolo y se recuperará el valor que tenía el campo antes de modificar la caja de texto.

El campo "Código" es de tipo texto y podemos escribirlo de forma similar al campo "Nombre".

Otra forma de resolver esta situación, conociendo la longitud de los campos, es utilizar la propiedad *MaxLength* de la caja de texto, para limitar el número de caracteres a introducir en ella. Esto serviría para los campos de tipo texto, no para los de tipo numérico.

El código del control "Agregar" quedaría como sigue:

```
Private Sub cmdAgregar_Click()
    On Error GoTo control:
    rs.AddNew
    Actualizar
```

```
        rs.Bookmark = rs.LastModified
    Exit Sub
    control:
    If Err = 3022 Then
        MsgBox "No actualizado: Este registro crearía valores duplicados"
        Resume Next
    Else
        MsgBox "Error núm.: " & Err.Number & Chr(10) & Err.Description
    End If
End Sub
```

En este caso, establecemos un control de error para evitar la escritura de un código que ya exista en el fichero. Dado que "Código" es la clave principal, si lo repetimos en algún registro, tendremos el error asegurado.

Si esto sucede, la instrucción *Resume Next* ejecutará la línea siguiente a la que provocó el error.

En el caso de que el error no sea el número 3022, entonces presentaremos un mensaje que indique el número y descripción del error.

Con la instrucción:

rs.Bookmark = rs.LastModified

conseguimos que el registro agregado pase a ser el registro activo.

Esto resulta bastante práctico, ya que parece razonable que el registro que estemos viendo en las cajas de texto sea el registro actual.

Además, evita el error que se produciría si, teniendo el fichero vacío, con *EOF* en verdadero, agregamos una ficha y después tratamos de ejecutar el control de *MoveNext*. El error se produce por no haber ningún registro activo en ese momento.

De hecho, la propiedad que indica la posición del puntero de registros, que es *AbsolutePosition*, indicaría —1, que es el valor que se genera cuando *EOF* o *BOF* son verdaderos o no existe ningún registro.

22.8.6. Borrar un registro

Para eliminar un registro, utilizamos el método *Delete* del objeto *Recordset*.

En nuestro ejemplo, bastaría en principio con escribir la instrucción:

```
rs.Delete
```

Ahora bien, esto podría causar algunos problemas. Por ejemplo, utilizar el método *Delete* cuando no hay ningún registro activo provoca un error. Esto puede suceder cuando *EOF* o *BOF* son verdaderas.

Si el objeto *Recordset* no contiene ningún registro, también se producirá un error.

Diseñaremos un procedimiento que borre un registro y avance una posición rellenando las cajas de texto y etiqueta con el registro siguiente, siempre que no lleguemos al final del fichero.

Si, al realizar un movimiento de puntero con el método *MoveNext*, llegáramos al final del fichero (esto puede darse, por ejemplo, cada vez que borremos el último registro), nos moveríamos una posición hacia atrás con *MovePrevious*.

Podría ocurrir que borráramos el único registro del fichero. En este caso, avisaremos con un mensaje y descartaremos utilizar el procedimiento "Rellenar", pues nos daría un error. Ejecutaríamos limpiar para vaciar la etiqueta y las cajas de texto.

Además, la primera instrucción del procedimiento realizará un control para ver si el *Recordset* está vacío. Si antes de borrar un registro, la propiedad *RecordCount* tiene el valor 0, será que el *Recordset* está vacío.

En este caso, no permitiremos volver a borrar, pues también obtendríamos un error, al tratar de utilizar el método *Delete* sin ningún registro activo.

Las instrucciones del procedimiento para borrar registros podrían quedar como sigue:

```
Private Sub cmdborrar_Click()
 If rs.RecordCount <> 0 Then
    rs.Delete
    rs.MoveNext
    If rs.EOF Then rs.MovePrevious
    If Not rs.BOF Then
       Rellenar
    Else
       MsgBox " Se ha borrado el último registro"
       limpiar
    End If
 Else
    MsgBox "No hay ningún registro"
 End If
End Sub
```

Hemos creado un procedimiento "limpiar", que vacía el contenido de las cajas de texto y etiqueta, para poder llamarlo desde cualquier otro procedimiento que lo necesite y evitar repetición de código.

```
Public Sub limpiar()
 txtNombre = ""
 txtValor = ""
 txtCodigo = ""
 lblContador = ""
End Sub
```

22.8.7. Modificar un registro

Para modificar un registro, realizamos primero una edición del mismo con el método *Edit*. Esto hace que una copia del registro activo pase a un buffer de memoria. Después de modificarlo, el método *Update* actualiza el fichero.

Si entre *Edit* y *Update* se produce un movimiento a otro registro, se pierden las modificaciones realizadas y el registro no será actualizado.

En nuestro ejemplo, situaremos en un mismo botón los dos procesos, de modo que primero, teniendo el registro activo en las cajas de texto, realizaremos las modificaciones. Cuando activemos el control, se editará el registro activo, ejecutándose el procedimiento "Actualizar", creado también para "Agregar" registro y que incluye el método *Update*.

Las instrucciones serán:

```
Private Sub cmdModificar_Click()
 If Not rs.EOF And Not rs.BOF Then
    rs.Edit
    Actualizar
 Else
     MsgBox "No hay ningún registro"
 End If
End Sub
```

22.8.8. Utilización de órdenes de SQL

Aunque el ejemplo de los apartados anteriores está realizado sobre una tabla abierta en modo *Dynaset*, también podríamos haber abierto una consulta creada anteriormente.

Ya hemos visto en el apartado "Crear una consulta" cómo se puede hacer esto.

Además, cuando abrimos un *Recordset*, podemos utilizar como argumento de origen una orden de *SQL*, en lugar de una tabla o consulta ya realizada.

Esto nos permite una mayor flexibilidad, aunque perdamos rapidez con respecto a una consulta ya grabada.

Realizaremos ahora el ejercicio anterior basado en una consulta que seleccione los registros cuyo valor sea superior a 10.

La instrucción que abre el *Recordset*, dentro del control "Crear Recordset", debe ser modificada por la siguiente:

```
Set rs = db.OpenRecordset("Select * From Tabla Where Valor>10", _
dbOpenDynaset)
```

También podemos crear una caja de texto de nombre "txtsql" donde escribamos la orden *SQL* que queremos aplicar al *Recordset*.

El argumento de la instrucción *OpenRecordset* indicaría entonces el contenido de la caja de texto y quedaría así:

```
Set rs = db.OpenRecordset(txtsql, dbOpenDynaset)
```

Si sólo deseamos ver el contenido de unos campos, podemos escribir en la caja de texto:

```
Select Nombre, Valor From Tabla
```

aunque antes deberíamos introducir la instrucción:

```
On Error Resume Next
```

dentro del procedimiento "Rellenar", ya que si no se producirá un error al intentar asignar en las cajas de texto el contenido de campos no seleccionados en la orden de *SQL*.

Si deseamos visualizar los registro en un orden diferente al establecido en la tabla, lo podemos efectuar con *Order By* en *SQL*. Por ejemplo, podemos escribir:

```
Select * From Tabla Order By Nombre
```

Si el control utilizado para crear el *Recordset* se utiliza tanto si escribimos una instrucción en *SQL* como si el argumento es el propio nombre de la tabla, podemos realizar una variante sobre el código del procedimiento para que pueda hacer ambas cosas:

```
If txtsql <> "" Then
   Set rs = db.OpenRecordset(txtsql, dbOpenDynaset)
```

```
Else
   Set rs = db.OpenRecordset("Tabla", dbOpenDynaset)
End If
```

Necesitaríamos además un control de errores para el caso de que la consulta en *SQL* estuviera mal escrita.

El procedimiento "Crear Recordset" podría quedar por tanto con las siguientes instrucciones:

```
Private Sub cmdCrearRecordset_Click()
  Set db = OpenDatabase("c:\CursoExcel\prueba.mdb")
  If txtSql <> "" Then
     Set rs = db.OpenRecordset(txtSql, dbOpenDynaset)
  Else
     Set rs = db.OpenRecordset("Tabla", dbOpenDynaset)
  End If
  rs.MoveLast
  rs.MoveFirst
  Rellenar
End Sub
```

Si queremos establecer una selección mediante *SQL* y no sabemos cómo escribirla, podemos utilizar las consultas de Access como medio de aprendizaje.

Cuando creas una consulta en Access, tienes una herramienta que te permite visualizar la instrucción *SQL* generada. El contenido de esa instrucción es lo que debemos escribir en la caja de texto de nuestro ejemplo.

22.8.9. Seek: buscar registros en Recordset de tipo Table

Si creamos un *Recordset* de tipo *Table*, no podremos utilizar los métodos de búsqueda *FindFirst*, *FindLast*, *FindNext* y *FindPrevious* que hemos estudiado anteriormente para *Recordset* de tipo *Dynaset* o *SnapShot*.

Para el tipo *Table* utilizamos el método *Seek*, basado en un índice de la tabla.

Antes de usar *Seek*, tenemos que establecer el índice a utilizar en el *Recordset*.

Para ver su funcionamiento, vamos a insertar, en nuestro ejemplo, un control de comando con el que crearemos un *Recordset* de tipo *Table*.

Estableceremos como índice la clave principal, puesto que es el único índice que tenemos en nuestro ejemplo, denominado "PrimaryKey".

Además, cambiaremos la propiedad *Caption* del control "Buscar Primero" y pondremos "Seek" Esto nos indicará que la expresión a utilizar en la caja de texto es diferente.

Las instrucciones para este control, cuya propiedad *Caption* es "Crear Rs-Table", serán, por tanto, las siguientes:

```
Private Sub cmdCrearRsTable_Click()
  Set db = OpenDatabase("c:\CursoExcel\prueba.mdb")
  Set rs = db.OpenRecordset("Tabla", dbOpenTable)
  If rs.RecordCount <> 0 Then Rellenar
  cmdBuscarPrimero.Caption = "Seek"
  rs.Index = "PrimaryKey"
End Sub
```

En el control "cmdBuscarPrimero", realizaremos una modificación para que funcione tanto para un *Recordset* de tipo *Dynaset* como de tipo *Table*.

Para ello, utilizaremos la propiedad *Type*, que identificará la forma en que hemos creado el *Recordset*.

La línea a modificar será:

```
rs.FindFirst txtBuscar
```

que cambiaremos por:

```
If rs.Type = dbOpenDynaset Then rs.FindFirst txtBuscar
```

Además, añadiremos la siguiente línea para controlar que el *Recordset* es de tipo *Table*:

```
If rs.Type = dbOpenTable Then rs.Seek "=", txtBuscar
```

Como vemos, *Seek* necesita al menos dos argumentos. Uno de ellos indica el tipo de comparación, que puede ser ">", "<", ">=", "<=", "=". El otro argumento es el contenido buscado en el campo índice especificado anteriormente.

El resto de las líneas de este control se pueden utilizar para ambos tipos de *Recordset*, incluida la propiedad *NoMatch* para detectar si se ha encontrado o no el registro buscado.

Ejecutamos el proyecto, pulsamos en el botón "Crear Rs-Table", introducimos en la caja de texto "txtBuscar" un número de código, que es el índice de nuestra tabla, y pulsamos en el botón "Seek".

Si el código introducido en la caja de texto existe en la tabla, el puntero alcanzará dicho registro y se rellenarán las cajas de texto y etiqueta con sus datos, tal como funcionaba con los métodos *Find*.

El formulario con los controles introducidos podría tener el aspecto de la Figura 22.2.

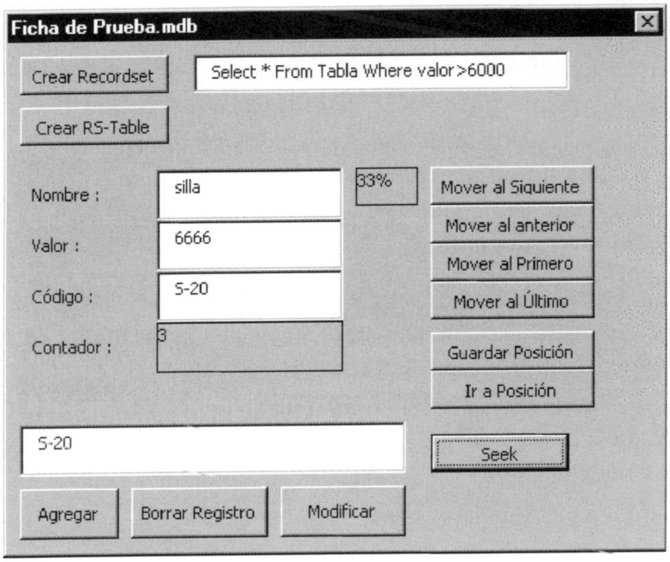

Figura 22.2: Métodos y propiedades del objeto Recordset.

22.9. TRANSACCIONES

Las transacciones son operaciones temporales que se pueden realizar en una base de datos y después convertirse en operaciones definitivas que alterarán la base de datos, como modificaciones, eliminaciones o agregado de registros. También podremos anular la transacción descartando todos los cambios realizados desde el inicio de la misma.

Esto puede representar una primera ventaja, ya que evita que una modificación se realice de forma parcial si un error anula el proceso en un punto intermedio del procedimiento.

Por otro lado, nos da la oportunidad de anular operaciones que después de realizadas no son deseadas.

Los métodos utilizados para realizar transacciones dependen del objeto *Workspace* y son tres:

BeginTrans: Realiza la operación de comienzo de una transacción.

CommitTrans: Termina la transacción grabando las operaciones realizadas desde la ejecución del método *BeginTrans*.

RollBack: Anula las operaciones realizadas desde el comienzo de la transacción.

Para utilizar transacciones, podemos crear dos controles de comando, uno que inicie la transacción y otro que la finalice.

El control de iniciar transacción sólo debe contener el método *BeginTrans*. Si no hemos declarado un objeto *Workspace*, utilizamos el predeterminado *Workspaces(0)*; en caso contrario utilizaremos el declarado.

```
Private Sub cmdIniciarTransacción_Click()
  Workspaces(0).BeginTrans
End Sub
```

En el control que finaliza la transacción, solicitamos confirmación para guardar los cambios y, según la respuesta, ejecutamos el método *CommitTrans* o *RollBack*.

```
Private Sub cmdFinalizarTransaccion_Click()
  Dim r
  r = MsgBox("Guardar cambios de las operaciones" & Chr(10) & _
  "realizadas durante la transacción", vbOKCancel)
  If r = vbOK Then
     Workspaces(0).CommitTrans
  Else
     Workspaces(0).RollBack
  End If
End Sub
```

En *Msgbox* hemos introducido el valor *vbOKCancel*. Esto, recordando lo estudiado en el apartado "InputBox y MsgBox", es una constante para que aparezcan los botones **Aceptar** y **Cancelar** en el cuadro de diálogo.

Utilizamos la variable *r* la para recuperar la respuesta efectuada por el usuario, que en este caso será *vbOK* si pulsa **Aceptar** y *vbCancel* si pulsa **Cancelar**.

Se pueden utilizar, en lugar de estas constantes de Visual Basic, los valores que representan: 1 en lugar de *vbOK* y 2 en lugar de *vbCancel*.

También podemos prescindir de la variable *r* si escribimos la condición como:

```
If MsgBox("Guardar cambios de las operaciones" & Chr(10) & _
"realizadas durante la transacción", vbOKCancel) = vbOK Then
```

De cualquiera de las formas, probamos los botones pulsando en primer lugar sobre el control de "Iniciar Transacción".

Modificamos un registro, borramos otro y agregamos uno nuevo a nuestro *Recordset.*

Por último, pulsamos sobre "Finalizar transacción", elegimos no guardar y comprobamos que las operaciones efectuadas anteriormente se han anulado.

Repetimos el proceso, pero esta vez elegimos guardar. Comprobaremos que los cambios se han efectuado convirtiéndose en definitivos.

22.10. ACCESO MULTIUSUARIO

Cuando dos o más usuarios pueden acceder simultáneamente a una base de datos, debemos predeterminar la utilización de las aplicaciones para tener el control de lo que pueden abrir, leer y modificar de la información contenida en la base de datos.

22.10.1. Control a nivel de la base de datos

En principio, al abrir una base de datos desde Microsoft Access, podemos seleccionar una casilla de verificación que nos permite realizar su apertura en modo exclusivo, de forma que ningún otro usuario pueda usarla hasta que no la cerremos.

En Visual Basic, se puede utilizar una opción para abrir en exclusiva una base de datos. Modificando la instrucción que ejecuta el método *OpenDatabase*, introducimos la opción *True* detrás del nombre y la ruta de la base de datos que deseamos abrir.

```
Set db = OpenDatabase("c:\CursoExcel\prueba.mdb", True)
```

Si ejecutamos nuestro proyecto y, sin cerrarlo, abrimos desde Access el mismo fichero "prueba.mdb", aparecerá un error que nos indica que el fichero ya está en uso y no es posible abrirlo.

Si un usuario abre la base de datos no en exclusiva y otro usuario pretende abrirla en exclusiva, la aplicación le presentará un error. Access abrirá la base de datos en modo compartido presentando un mensaje informativo. Desde Visual Basic tendríamos que controlar el error para evitar que el programa se pare.

Con el método *OpenDatabase*, también podemos indicar que deseamos abrir la base de datos en modo de sólo lectura.

```
Set db = OpenDatabase("c:\CursoExcel\prueba.mdb", False, True)
```

Esto supone que no podremos realizar modificación alguna de sus datos.

Hay que tener en cuenta que, si la base está abierta en modo exclusivo por otro usuario, no podremos abrirla ni con el modificador de sólo lectura.

Si un usuario tiene abierta la base de datos, aunque lo haya hecho en modo lectura, tampoco podrá otro usuario abrirla en modo exclusivo.

Cuando la abrimos en modo no exclusivo y sin el modificador de sólo lectura, podemos comprobar que ambos usuarios pueden leer los datos de la tabla. Cada uno de ellos puede tener el puntero de registros en uno diferente.

Ambos usuarios pueden modificar, eliminar o agregar un registro.

Si editamos un registro en Access y, mientras tanto, otro usuario modifica este registro, cuando cambiemos de registro en Access (con lo que se produce una actualización), la aplicación mostrará un mensaje de aviso para informar que la modificación que acaba de realizar otro usuario anulará nuestra actualización.

Mientras un usuario utiliza *Edit* desde Visual Basic en un registro, Access no permite la modificación de ese mismo registro hasta que el usuario de Visual Basic efectúe *Update*. Después, al modificar en Access, se mostraría el mensaje comentado en el párrafo anterior.

22.10.2. Control a nivel de tabla

El siguiente control lo podemos hacer a nivel de tabla. Al efectuar en Visual Basic el método *OpenRecordset*, se bloquea la tabla para otros usuarios.

El argumento es una opción que escribimos después del tipo de *Recordset* que vamos a crear. Si deseamos bloquear la tabla para que otro usuario no pueda leer ni escribir en ella mientras nosotros la tengamos abierta, escribimos:

```
Set rs = db.OpenRecordset("Tabla", dbOpenTable, dbDenyRead + _
dbDenyWrite)
```

Con esta instrucción, otro usuario no puede abrir la tabla de datos. Desde Access sí se podría visualizar el diseño de la tabla, pero sin realizar ninguna modificación.

Si utilizamos sólo la opción *dbDenyWrite*, otro usuario puede abrir la tabla en modo lectura.

22.10.3. Control a nivel de página

El bloqueo a nivel de página es el que permite más flexibilidad. Otros usuarios pueden realizar lecturas de datos de cualquier registro. Podrán realizar modificaciones de registros, siempre que no lo hagan en una página que contenga un registro editado por otro usuario.

Microsoft Jet accede a los datos en páginas de 2.048 bytes. Esto significa que el número de registros bloqueados dependerá del tamaño de los registros.

Con registros de pocos campos, siendo éstos de tamaño pequeño, se pueden quedar bloqueados varios registros a la vez cuando un usuario edita uno.

Dentro de este bloqueo de página, existen dos niveles diferentes. La propiedad *LockEdits* determina estos dos niveles.

Esta propiedad del *Recordset* puede ser *True*, en cuyo caso el bloqueo se realiza en el momento de editar el registro, o *False* que, por el contrario, no realiza ningún bloqueo hasta el momento en el que se ejecuta el método *Update*, para actualizar los cambios realizados al registro.

Por ejemplo, supongamos que separamos en dos botones los métodos *Edit* y *Update*, de modo que en el primero escribimos estas dos instrucciones:

```
rs.LockEdits = False
rs.Edit
```

Esto hará que, cuando pulsemos este botón, editemos un registro sin bloquearlo.

De este modo, por ejemplo, editamos desde Access el mismo registro y lo modificamos. Comprobaremos que Access no tiene ningún problema en actualizarlo.

Si *LockEdits* fuese *True*, entonces Access no realizaría la actualización, ya que desde la aplicación de Visual Basic tendríamos el registro bloqueado.

Volvamos a nuestro ejemplo. Una vez que Access ha actualizado el registro, pulsamos en Visual Basic el botón que contiene el método *Update*. Se genera un error. Visual Basic reconoce que el registro editado ha sufrido una variación, realizada por otro usuario, en el tiempo transcurrido desde que realizamos la edición.

A este tipo de bloqueo que se produce al efectuar *Update* se le llama optimista Y, si bloqueamos desde la ejecución de *Edit*, pesimista.

22.10.4. Actualizar una selección de registros

Otro problema que se puede plantear es haber realizado una selección de registros en un *Recordset* de tipo *Dynaset* y que otros usuarios hayan modificado o añadido registros que ahora cumplan la condición establecida en la selección.

Por ejemplo, creamos una selección como:

```
Select * From Tabla Where Valor>100
```

Recorremos desde nuestra aplicación los registros comprobando cuáles son. Después, desde Access, realizamos variaciones en algunos registros haciendo que su valor sea superior a 100.

Si volvemos a la ventana de Visual Basic, comprobamos que los registros modificados en Access no aparecen .

Para actualizar, en este caso, los registros modificados por otros usuarios en nuestro *Recordset*, utilizamos el método *Requery*. En nuestro ejemplo, puede ser un botón con la instrucción:

```
rs.Requery
```

22.10.5. Registro de usuarios

Por último, comentaremos en este capítulo cómo podemos registrar a los usuarios que realizan modificaciones en los registros y la fecha y hora en que se realizan estos cambios.

Esto puede ser útil en muchas tablas que manipulan diferentes usuarios. Por ejemplo: ventas, reservas, entradas y salidas de almacén, etc.

Un modo de realizarlo es crear en la tabla dos campos más, uno para contener al usuario, de tipo texto, y otro para la fecha y hora de la modificación.

En el programa, añadimos dos instrucciones después de la línea que ejecuta el método *Edit*:

```
rs!usuario = Workspaces(0).UserName
rs!fecha = Now
```

En este caso, guardamos por un lado el contenido de la propiedad *UserName* del objeto *Workspace* y, por otro lado, la fecha y hora en que se ejecuta la edición con la función *Now*.

CAPÍTULO 23

CONEXIÓN CON OTROS PROGRAMAS

23.1. CONEXIONES

Desde Excel se pueden realizar conexiones a otros programas de Windows, de modo que podamos enviar y recibir información entre Excel y, por ejemplo, programas de Microsoft Office como Word o Access.

23.2. INTERCAMBIO DE INFORMACIÓN CON ACCESS

Como ya hemos visto en el capítulo sobre DAO, se puede acceder a bases de datos y realizar lecturas directas de sus tablas, registros, campos índices, etc.

Para poder utilizar datos contenidos en bases de datos de Access utilizando directamente ordenes del propio programa de Microsoft, tenemos en primer lugar que establecer una referencia desde Excel a dicho programa.

Para ello, desde el editor de Visual Basic, pulsamos sobre **Herramientas - Referencias** y seleccionamos **Microsoft Access 9.0 Object Library**, para referirnos al Access del Office 2000, o bien la versión 8.0 si se trata del Access del Office 97.

En cualquiera de los casos, hay que evitar la existencia de un módulo o formulario que tenga por nombre Access, ya que entraría en conflicto con la referencia que intentamos establecer.

Después declararemos una variable de tipo objeto, que será utilizada para crear el objeto o conectar con él, en el caso de que el programa de Microsoft Access ya esté en memoria.

En el primer caso, utilizaríamos las instrucciones:

```
Dim x As Object
Set x = CreateObject("Access.Application")
x.OpenCurrentDatabase "c:\Mis Documentos\Coches.mdb"
x.Visible = True
```

Con *OpenCurrentDataBase*, abrimos una base de datos situada en una unidad y ruta específica. Después, si lo deseamos, hacemos visible el programa.

Hay que tener en cuenta que la variable objeto *x* desaparecerá al finalizar el procedimiento, lo que dará lugar a que se cierre Access.

Para evitar esta situación, podemos declarar públicamente la variable, por ejemplo, en las declaraciones generales del módulo, o bien, ejecutar un comando, como, por ejemplo, abrir un informe en vista preliminar, tal como haría la siguiente instrucción:

```
x.DoCmd.OpenReport "coches", acViewPreview
```

Si en algún momento nos interesa destruir la variable, lo hacemos con la instrucción:

```
Set x = Nothing
```

Por otro lado, si el programa Access ya está abierto, incluso con una base de datos activa, en lugar de crear el objeto, nos conectaremos a él a través de la instrucción *GetObject* escribiendo:

```
Set x = GetObject(, "Access.Application")
```

Para comprender mejor estas y otras acciones vamos a insertar un formulario cuya propiedad *Name* sea "frmAccess" y en el cual escribamos "Formulario de Access" en *Caption*. En él agregaremos una serie de botones con los que podremos experimentar esta forma de conexión entre Excel y Access.

En principio, agregaremos tres botones de comando cuyas respectivas propiedades *Name* serán: "cmdCrearObjeto", "cmdConectar" y "cmdDestruirObjeto". Las propiedades *Caption* se llamarán igual pero eliminando el prefijo "cmd".

En los procedimientos *Click* de estos tres botones escribiremos el siguiente código:

```
Dim x As Object
Private Sub cmdConectar_Click()
  Set x = GetObject(, "Access.Application")
End Sub

Private Sub cmdCrearObjeto_Click()
  Set x = CreateObject("Access.Application")
  x.OpenCurrentDatabase "C:\Mis Documentos\Coches.mdb"
  x.Visible = True
End Sub

Private Sub cmdDestruirObjeto_Click()
  Set x = Nothing
End Sub
```

De este modo, si mostramos el formulario, pulsaremos sobre el botón "Crear Objeto" si Access no está en memoria. El botón de comando "Conectar" lo usaremos si tenemos activa la base de datos "Coches.mdb". Haremos clic sobre "Destruir Objeto" si deseamos eliminar la variable objeto *x*.

Para abrir una tabla, crearemos un nuevo comando (*Name*: "cmdAbrirTabla").

Utilizaremos *OpenTable* para efectuar la apertura de la tabla "COCHES" mediante el siguiente procedimiento:

```
Private Sub cmdAbrirTabla_Click()
 x.DoCmd.OpenTable "COCHES", acNormal, acEdit
End Sub
```

Con el parámetro *acNormal* provocamos que la apertura de la tabla se realice en vista normal. También podemos utilizar *acViewDesign* para vista diseño o *acViewPreview* para presentación preliminar.

Por otro lado, *acEdit* nos permite editar la tabla de modo que podamos modificar, borrar o agregar registros. Si usamos *acReadOnly*, la tabla se abre en modo sólo lectura; *acAdd* lleva directamente a un registro en blanco para agregar registros.

Crearemos un botón con propiedad *Name*: "cmdCerrarTabla" y *Caption*: "Cerrar Tabla", con el que podamos cerrar la tabla "COCHES" abierta anteriormente. La línea a incluir en dicho botón será la siguiente:

```
Private Sub cmdCerrarTabla_Click()
 x.DoCmd.Close acTable, "COCHES"
End Sub
```

Insertaremos ahora un comando que nos permita realizar la búsqueda de un registro. Su propiedad *Name* será "cmdBuscar", y podría tener la siguiente línea de código:

```
x.DoCmd.FindRecord "SEAT", acEntire, False, , False, , True
```

Donde "SEAT" es el texto a buscar.

Usamos *acEntire* si deseamos que el texto a buscar coincida por completo con el campo. Con *acStart* se buscaría al comienzo del mismo.

En el siguiente argumento, establecemos si queremos distinguir entre mayúsculas y minúsculas (*True*) o deseamos buscar en cualquier caso (*False*).

El cuarto argumento es, de manera predeterminada, una búsqueda completa *acSearchAll*. También podemos seleccionar *acDown* y *acUp*.

Con el quinto argumento, elegimos la búsqueda con formato (*True*) o sin formato (*False*), que es la opción predeterminada.

En el penúltimo argumento decidimos si la búsqueda se hará en el campo actual (*acCurrent*), de forma predeterminada, o en cualquier campo de la tabla (*acAll*).

Para finalizar, el último argumento indica si la búsqueda comenzará en el primer registro (*True*), que es la opción por defecto, o bien en el registro siguiente al actual (*False*).

Podríamos crear otro comando, con propiedad *Name*: "cmdBuscarSiguiente", para que buscara los registros siguientes que pudiera haber en la tabla.

La instrucción necesaria sería:

```
Private Sub cmdBuscarSiguiente_Click()
 DoCmd.FindNext
End Sub
```

Crearemos ahora otro comando, cuya propiedad *Name* será: "cmdAbrirFormulario", para abrir un formulario previamente creado en Access.

El procedimiento sería:

```
Private Sub cmdAbrirFormulario_Click()
  DoCmd.OpenForm "Formulario Coches", acNormal, "", "", , acNormal
End Sub
```

Por último, crearemos un botón de comando, de propiedad *Name*: "cmdVerInforme", para visualizar un informe previamente realizado en la base de datos de "coches".

En el procedimiento *Click*, escribiremos:

```
Private Sub cmdVerInforme_Click()
  x.DoCmd.OpenReport "coches", acViewPreview
End Sub
```

Al igual que al abrir la tabla, también aquí podemos utilizar las opciones *acViewNormal*, *acViewDesign* o *acViewPreview*, para abrir el informe en vista normal, diseño o presentación preliminar.

En realidad, si hemos establecido convenientemente la referencia con Microsoft Access, como se ha comentado al principio de este capítulo, no sería necesario utilizar *GetObject* y podríamos prescindir de la variable objeto *x*. Escribiendo directamente *DoCmd* y el comando que deseamos ejecutar con sus argumentos, obtendríamos resultados semejantes.

BIBLIOGRAFÍA

BIBLIOGRAFÍA

ALFONS GONZÁLEZ: Programación de bases de datos con Visual Basic, ra-ma.

ALFONS GONZÁLEZ: Visual Basic Programación cliente/servidor, ra-ma.

EVANGELOS PETROUSTSOS: Bases de datos con Visual Basic 6, Anaya.

FRANCISCO CHARTE: Excel 2000 (Guía Práctica), Anaya.

FRANCISCO CHARTE: Programación con Visual Basic 6, Anaya.

FRANCISCO JAVIER CEBALLOS: Enciclopedia de Visual Basic, ra-ma.

JOHN WALKENBACH: Programación en Excel 2000 VBA, Anaya.

JUAN DIEGO GUTIÉRREZ GALLARDO: Visual Basic 6 (Manual imprescindible), Anaya.

MICHAEL HALVORSON y CHRIS KINATA: Microsoft Word 97 Visual Basic, McGraw-Hill, Microsoft Press.

PAUL MCFEDRIES: Programación en Office 2000 con VBA, Anaya.

ÍNDICE ALFABÉTICO